消費者の歴史

江戸から現代まで

田村 正紀 著

A HISTORY OF CONSUMERS

千倉書房

はじめに

消費者の歴史は、通史として、今まで一冊も書かれてこなかった。現代社会が消費社会とも呼ばれることからみると、これは不思議なことである。消費社会では、ほとんどの人が消費者であることを明確に意識し、それを生活の主軸に据えている。このような消費社会がどのように生まれて現在に至ったのか。それが今後どのように変貌していくのか。これらについて見通しを得るには、消費者の歴史を通史として展望してみる必要があろう。

消費者はどのように誕生し、社会に拡がっていったのか。消費社会が生まれるまで、人々はどのような住まいに住み、どのように食を求め、何を楽しみ、何を悲しんだのか。その苦楽は何であり、何に希望を感じ何に絶望を感じたのか。そしてこれらはなぜそうであったのか。消費社会の成立によってこれらはどう変わったのか。

これらを問うことは、消費社会を消費者の歴史の過程上に浮かび上がらせるために必要である。消費社会は消費者の歴史のフィナーレではない。消費社会が歴史の所産である以上、その基盤がなくなれば消え去るかもしれない。しかし、消費社会について多くが語られてきた中で、消費者の歴史は暗闇の空洞として放置されてきた。

人間の生活は、モノ・サービスを生産し、それを消費することによって営まれる。職業は人間がこの生産にどうかかわっているかを示すものである。職業に就き働くことにより、生活の糧が得られる。私は誰なの、といった個人のアイデンティティ（同一性）は、かつては個人がどのような職業に就いているかによってなされた。消費社会になると、人々の生活上の関心は職業や労働から消費に移行した。生活の糧を得ることよりも、むしろそれを使って生活をどう楽しむかに重きが置かれるようになった。これにつれ、多くの人の意識では、労働者よりも消費者が前面に出るようになってきた。

この背景には、多くの人が自由裁量所得を得るようになったことがある。自由裁量所得とは、必需品を購入してもまだ余る所得部分である。これが増加するにつれ、人々の欲望も快楽主義に支配されるようになった。快楽主義とは、喜びや楽しみが人生でもっとも重要であるとする考え方である。しかも人々は自由裁量所得を使って、快楽主義的な欲望を満たすために、商品を自由に選択し使用している。武器、麻薬など社会的に有害な商品を除けば、その選択やその使用に関しては拘束を受けない。

自由裁量所得、快楽主義的欲望、そして選択の自由は、個人を消費者として誕生させる基本条件である。この意味でこれらは消費者の主体化条件と呼ぶことができる。主体化条件とその社会的普及は、長い歴史の所産として形成されてきた。消費社会は、ほとんどの人がこの主体化条件を備えるようになった社会である。社会のある特定の階級や階層だけでなく、ほとんどすべての人に主体化条件が普及すること、これがその社会を全体として消費社会とよべる基本的な条件である。この意味で、消費社会はわが国では第二次大戦後の高度成長期になって初めて誕生した。

消費者の歴史は今まで、一般史、経済史、文化史などにおいて断片的に顔を出してきた。例を挙げれば、江戸時代の農民や武家の生活、元禄文化、明治の文明開化、大正文化、高度成長期の生活などの記述である。しかし、それらはそれぞれの時代における消費者についてのいわば写真である。写真であるからそこには動きがなく、歴史的な展望を得ることができない。消費者の歴史を動かすメカニズムについて何も語られていないからである。われわれは写真を比較して、その間の変化を想像するだけである。

消費者の歴史は通史として、なぜ今まで書かれなかったのだろうか。

消費者の歴史では主役がいない。他の歴史では、政治家や政治的事件、経済人や経済的事件、文化人やその芸術作品といった歴史記述を導く主役がいる。消費者の歴史に登場するのは合唱団だけである。社会の人々がその日常生活を通じて歌う合唱が消費者の歴史を構成している。しかもこの合唱団は貧富貴賤、老若男女などにより異なる合唱団に分かれてきた。各合唱団は異なる音色でその日常生活を歌う。全体としての消費者は言わば混声合唱団である。時代によって、合唱団の編成が異なり、それぞれの音色も変わってきた。消費者の歴史を書くことが難しいのは、それがこのような多様性の変化の歴史だからである。

さらに消費がきわめて多面的な活動であるという事情が付け加わる。消費は物理的過程としてみれば、モノあるいはサービスを使い消耗し尽くす活動である。しかし、消費を社会的文脈の中でみると、それは人間相互の多様な社会関係の中で商品を購買し使用する過程である。この過程は社会の中で多面的な様相をみせる。消費対象であるモノやサービスが商品として登場する社会では、消費者はそれを購買するために収入がなければならない。一方、消費者を取り囲む商品世界は、生産者や産業界の動向によって変化していく。どのような商品が消費者を取り囲み、どのような商品を購買できるかは経済の局面である。消費者が商品世界からどのような商品を選択していくかは消費者の欲望によって決まる。消費者の欲望に焦点を当てれば、これは消費者心理の問題である。

消費生活に使う商品について、消費者の階級、階層、性差で差異が生じるとすれば、これは社会の階級や階層の編成の仕方が関連してくる。男と女、社会階層などで商品の使用に慣例上の差があるとすれば、その意味は文化の領域に入る。文化には人々の生活価値、つまり生活のどの局面を重視するかの価値観が表れている。消費者の歴史は、これらの多面舞台で展開していく。これが多様性の変化をさらに複雑にすることは言うまでもない。比喩的に言えば、通史としての消費者の歴史は、消費という多面舞台で歌う混声合唱団の変遷である。

本書はこの変遷を消費様式の変遷として描いている。消費様式とは、消費活動と消費関係の関連である。

消費活動はどのような種類の商品をどれだけ買い、どのように使用するかに現れる。この購買局面に焦点を合わせて社会全体で消費活動を集計すれば、それは個人消費支出の総計、つまり消費市場になろう。また商品の使用局面に焦点を合わせれば、よく使われる生活様式というコンセプトが生まれる。一方、個人的にみると、各人の消費活動は他の人から切り離され孤立した過程ではない。各人の消費活動はその人が属する社会を場として行われるからである。消費関係とは、この社会で消費活動にさいして人々が相互に結ぶ広い意味での人間関係である。消費活動がどのように行われるのかは、この消費関係によって影響される。

消費関係の具体的な姿は実に多様である。いくつかの例を挙げよう。商品の購買に関して親が子供に注意する。身分にふさわしい、あるいは女らしい服装をせよという世間の圧力がある。広告をみてその商品を購買する。特定のブランドに固執する。国家が法令で贅沢を禁止する。これらがその例である。消費関係は、家族、友人、職場仲間などの小集団から、社会階級・階層、さらには国家に至るまでの多層的な関係を含んでいる。

各人が社会で占める位置によって、人々は異なる消費関係を持ってきた。各人の社会的位置は、その人の社会経済的特性によって定まる。この特性には、階級、階層、職業、年齢、性差、居住地域などが含まれる。社会的位置によって、人々の所得、欲望、そして消費への社会的拘束が異なり、それが消費活動の相違を生み出すのである。所得、欲望そして消費への社会的拘束は、消費関係を消費活動に関連づける重要な媒介項である。消費活動に重要な影響を与える社会経済的特性にもとづいて人々を分類すれば、混声合唱団としての消費者の集団編成が明らかになろう。

人々の消費関係は、商品の売り手や国家との関係も含んでいる。とくに売り手がマーケティング活動を推進するマーケターとして登場してくると、売り手と消費者の関係は大きく変わる。マーケターの新製品導入は、人々を取り囲む商品の種類、つまり商品世界を変える。商品世界の変化によって、人々の欲望の構造が変わる。ブランド広告などはブランド忠誠のような固定的な売り手・買い手関係を創り出すかもしれない。マーケターの動きは消費社会を動かす重要なエンジンである。また、各時代での国家による規制も、消費活動に種々な拘束を加えてきた。

それぞれの時代に消費者はどのような商品世界に取り囲まれていたのか。その中の商品を消費しようとするさい、人々の消費関係がどのようなものであったのか。また社会的位置が異なると、消費関係は、所得、欲望、消費への社会的拘束にかんしてどのような差異を生み出したのか。自由裁量所得を十分に持ち、快楽主義的欲望にもとづき、自由に商品選択する消費者を消費者の理想型と呼ぶとすれば、各時代の人々はその社会的位置によって、この理想型からいかに隔たっていたのか。

これらを調べれば、その時代の主体化条件の普及状況がわかるであろう。消費様式は、時代による主体化条件の普及状況の変化と消費活動の関連を捉える枠組みでもある。

人々はその消費関係の相違によって、音色の異なる合唱団に編成されてきた。音色の相違を生み出したのは、所得、欲望、そして消費への社会的拘束の相違である。所得と欲望と消費への社会的拘束、そしてそれらに媒介される消費関係と消費活動との関連、つまり消費様式の変化が消費者の歴史を動かしてきた。本書はこれらの様子を、江戸から現代、つまり歴史としてすでに定着したバブル経済崩壊直前期までたどっている、消費者の通史である。

最後に、本章の出版を引き受けていただいた千倉書房社長千倉成示氏と、編集に関して多大の労をとっていただいた関口　聡氏、そして筆者が指示した資料に基づき挿絵を描いていただいた島　一恵氏に謝意を表する次第である。

二〇一一年二月二十一日

田村　正紀

目次

はじめに

I 江戸の消費様式 …… 1

1 政治権力による消費の抑圧 2

幕藩体制の成立 2
固定的な階級身分構造 5
生活価値の規範 9
奢侈禁止法による政治的抑圧 13
下流武家の生活 18
農民の生活 20

2 上流武家の消費生活 23

生活価値の変化 23
贅沢消費 26

1

義理関係での贈与交換　30

3　町人の浮世消費　36

町人の台頭　36
下流町人の消費生活　39
浮世消費とその普及　44
浮世消費への弾圧　49
他の生活価値の芽生え　54

II　消費近代化の跛行——明治・大正・昭和初期——……59

1　新しい時代の消費者階層　60

四民平等と個人の抑圧　60
士族の没落　64
小作人と地主　67
殖産興業政策による消費者数の増加　72

2　舶来品と日本文化　76

舶来品の洪水　76
衣生活の変化　77
食生活の変化　82
食材の文化融合　84
住生活の変化　90

3　個人消費支出の変化　93
集計行動としての個人消費支出　93
人口増に依存する消費市場　96
貧困な大衆層　99

III　貧と富の消費様式……105

1　下流消費者の生存消費　107
小作人の生活　107
都市貧民の生活　111
都市労働者の生活　118

2　贅沢消費の動向　122
縮図としての東京　122
銀座専門店街の形成　128
勧工場の普及　131
3　贅沢消費の普及　138
和洋の日本的混在　138
マーケターとしての百貨店　144
贅沢消費の内容　147
呉服の流行化　151
贅沢消費の地域的普及　154
IV　戦争と消費者……161
1　消費規制の進展　162
軍国主義の台頭　162
進む統制経済化　168
生活水準の転換運動　171

2　消費規制下の消費様式　176
贅沢消費の禁止　176
生活必需品の配給統制　181
生活水準の限りなき低下　186
3　消費者主体化の新しい基盤　191
経済の民主化　191
個人的自由の拡大　196
戦後経済の混乱　198
経済復興への途　202
V　大衆消費社会の誕生……207
1　消費者の大衆化　208
個人消費支出の動向　208
都市勤労者の所得動向　213
農家の所得動向　218
若者消費者の前兆　221

2 新製品による生活革新 225
マーケターの役割 225
住生活の変化 229
耐久消費財への欲望 233
衣生活の変化 239
食生活の変化 243
3 生活価値の変化 245
大衆型物質主義の定着 245
所得水準を選び取る 249
流通革命の役割 253
VI 消費社会の成熟と揺らぎ……257
1 消費リーダーの交代 258
時代の転換 258
新世代消費者の登場 265

若者消費者の主体化　270
家族消費者の分解　274

2　成熟消費の主要指向　279

ブランド指向の誕生　279
サービス指向　286
ハード・テクノロジーによるサービス革新　288
ソフト・テクノロジーによるサービス革新　291
外食指向　295
買物利便性指向　299

3　消費者意識の変化　302

権利意識の高まり　302
自律意識の高まり　308
格差意識の高まり　311

注記　317
イラストの原画出典一覧　333

I　江戸の消費様式

人々が消費生活の楽しみに目を向け始めたのは、わが国では江戸時代（一六〇三—一八六七年）以降である。しかし、十分な自由裁量所得と選択の個人的自由を持ち、快楽主義に従って消費生活を楽しむことのできた人は少数であった。つまり、消費者として主体化したのは、人口の一部に過ぎなかった。しかもその比率は、長い期間にわたって、緩慢にしか増加しなかった。消費者の主体化条件とその社会的普及、そして消費文化の開花に関して、多くの人々の置かれた消費関係が、種々な抑圧的要因として作用してきたからである。

江戸時代を全体としてみると、まさに抑圧的消費様式が支配した時代であった。しかし、この時代に、たとえ部分的であるにせよ、消費者としての自律を目指す人々がいた。かれらの想いは火山のマグマのように溜まり続けた。それは種々な機会に噴火口をみつけ、激しく流出した。この時代における消費者の歴史の特徴は、消費主体化、その社会的普及、そして消費文化の開花への動きと、それへの政治権力による抑圧のせめぎ合いにある。

1　政治権力による消費の抑圧

幕藩体制の成立

人々が置かれた消費関係とはどのようなものだっただろうか。

一六〇三年の徳川幕府の成立によって、長く続いた戦乱時代は幕を閉じた。その後は、全国的戦乱のない太平の時代が幕末まで続くことになる。全国は戦国割拠の状態を保持したまま、将軍直轄地と数百の大名領地へ、石高制によって分割された。大名は徳川家との過去の関係に基づき、親藩、譜代、外様に分けられた。大名領地の地理的位置は、将軍家領地の軍事的防御を考慮してなされた。各大名はその領地での徴兵と徴税の権限を持ち、一般武士に知行俸禄を与えた。

諸侯とその家臣の一般武士、また将軍とその旗本は、君臣関係で結ばれていた。しかし、諸侯の家臣と将軍の間に、君臣関係は存在しなかった。将軍といえども、実質的には大きい大名に過ぎなかったのである。政治、経済、軍事という点からみると、幕藩体制は中央集権と言うよりも、地方分権の体制である。これらの点で同時代に西洋のイングランド、スペイン、フランスなどで成立しつつあった絶対君主制とは大きく異なっている。

一六一五年の一国一城令で群小の城は破壊された。それをきっかけに、各藩は軍事力と準自立的な経済の中心として一つの城下町を形成した。地方知行制を俸禄制に切り替え、家臣の武士を城下町に群居させた。家臣はその知行地から切り離され、その石高に応じて藩財政から蔵米を給付されるようになった。武士のサラリーマン化である。また農民の武装能力をそぐため、鍛治職人も城下町に居住させた。また領国各地で開催されていた定期市を城下町に吸収した(1)。

しかし、幕府・各藩が相互に完全に分断されていたわけではない。むしろ政都江戸、商都大坂、そして古都京都と各藩の城下町との間には、ヒト、モノ、情報の大量移動があった。ヒトと情報の移動は、主として参勤交代によって生み出された。参勤交代は大名に隔年ごとに江戸に出仕させる制度である。そのさい、各大名はその軍勢の主要部分を率いた。いわゆる大名行列である。石高の大きい大大名になると、その人数は数千人に及んだ。この参勤交代に伴う大量のヒトの移動と江戸滞在によって、江戸と各藩との間に種々な情報の流れが生じた。

関ヶ原の戦い以降、このような慣行が始まったが、それが制度化されたのは一六三五年以降である。さらに、一六四二年にはそれまで免除されていた譜代大名にまで拡大され、若干の例外を除くすべての大名が義務として参勤交代を行うようになった。また、すでに一六二二年には、諸大名に妻子をその江戸屋敷に居住させるよう要請があり、その後この妻子在府制が定着していった。

モノの移動は、商品経済の普及に伴う、種々な商品の取引ネットワークの全国的拡大に伴って生じた。まず、参勤交代制や妻子在府制によって、大名生活を支える高級品の取引ネットワークが拡大した。参勤交代に伴う大名行列は世間の目に触れる。妻子たちの江戸生活の様子も、奉公人たちの話から世間に伝わる。ある大名が豊かな生活をしているのに、別の大名は貧しい暮らしをしている。このような情報は大名の評価にもつながりかねない。大名は他家並みの生活をするという無言の圧力を受けた。

江戸の生活水準は領国の生活水準より高い。しかし、右のような無言の社会的圧力により、大名の生活水準は江戸の生活水準へと標準化されていった。江戸での標準的な生活水準を維持するために、大名は妻子の呉服や高価な手工業品を京都から取り寄せねばならなかった。京都は伝統工芸による手細工の一大生産地であり、その商品は日本全国で売られた。

さらに、もっと大量のモノの移動が、年貢米、油、木綿、酒、薬や各地特産物の流通によって生じた。その卸売中心地は大坂であった。大坂には各藩の蔵屋敷があり、各藩の米や産品が運び込まれ現金化された。大坂に収集された物品は、そこから全国にそれぞれの藩の必要に応じて分散流通した。

固定的な階級身分構造

江戸時代に先立つ戦国時代は、国盗り物語など流動的な実力競争の時代であった。また、階級間の社会的移動も流動的であった。豊臣秀吉の例のように百姓から武士になったり、あるいは戦いに敗れた武士が百姓になって隠れ住むということが生じた。また、百姓と武士の間だけでなく、さらに商人、職人も加えた身分間での社会的移動はかなり流動的であった。

それと比較すれば、江戸時代は武家を頂点とする固定的な秩序を指向する時代になった。幕府は三重の固定枠を設定して国民をその中に閉じ込めようとした。一番大きい外枠は対外的な鎖国制であり、その内に厳格な階級身分制度を置き、さらに家長世襲主義にもとづく家族主義を配置した。

幕府は武家政権であり、武家の地位を確実にし、その生計を安定させることを目指した。そのために、士農工商とも呼ばれる厳格な階級身分制度を導入した。この制度の実質は、武士を支配階級とし、百姓、都市在住の職人、商人、奉公人などを被支配階級とするものである。農、工、商の間には、身分上の区別はほとんどなかった。しかし、とくに武士と他の階級との間には、厳格な階級身分格差があった。これによって、支配階級と被支配階級との間の社会的移動は停止した。この点は同じ時代の西欧とは大きく異なる。西欧では新興成金の大部分を貴族に列し、支配階級に組み込んでいったからである(2)。

厳格な階級身分制度の導入により、支配階級の上流武家身分への移動はほとんどなくなった。残された社会移動の例を挙げれば、まず、百姓の町人化がある。これは百姓の都市への出稼ぎや商家などへの奉公を通じて行われた。また、町人・百姓から下級武士（徒士、足軽）への移動もあった。これは、養子縁組、婿入り、御家人株の取得、武家奉公人からの登用などを通じて行われた。婚姻もほぼ同じ階級身分間で行われた。被支配階級の女子が上流武家の側室に入る場合はあっても、その身分はお部屋様と呼ばれ、正室とは明確に区分された。

この固定的な階級身分秩序は、とくに武家と百姓における、家長世襲制度によって世代間にわたっても固定された。家長とは、一家の家督（家長権）を継承して家族を統括し、その祭祀を主宰する者であり、「家」とは同じ家屋に居住する数世代にわたる親子など、血縁集団の結合体である。武家の知行俸禄、百姓の耕地などの家産は、次の家長になる者のみへの世襲であった。長男が嗣子《しし》となるのが原則であった。

この結果、下級武家など多くの武家や百姓では長男を除くと、他の子供たちはその生活基盤を失った。芸術、工芸など専門的、特殊技能を持ち、それで生計を立てることができる者を除けば、他家に養子に行くか、江戸、大坂などの大都市に出て町人になった。それらができない者は、「厄介者」として居候生活を強いられ、肩身の狭い人生を送らねばならなかった。

家長世襲制度は、生活の基盤である職業を、個人ではなく「家」に置いている。武士の俸禄や地位は個人ではなく「家」に与えらた。耕地など農民の家産も同様である。そのため、社会組織の単位は個人ではなく「家」になる。ここから、個人の意思を尊重する個人主義ではなく、「家」の利益を優先する集団主義が生じることになる。家長世襲制度とそれによる集団主義は、武家と百姓だけでなく、町人でも子供がその親の職業を家業として継ぐかぎり、多かれ少なかれみられた。

「家」という集団は、消費様式を決める種々な基盤要因に作用した。まず、個人の自由意思は家長を除けば、「家」によって大きく制約された。それだけではない。「家」の問題はその存続が最大の問題であったから、夫妻関係よりも親子関係を主に考えられた。とくに婚姻の相手は家長の重要な決定事項であった。女は妻の座を得なければ社会的には認められなかった。今日で言えば押しつけ結婚などが多く生じたから、夫婦の情愛が深くない場合も多かったであろう。

しかし、男は財に応じて畜妾したり、遊里に理想の女を求めた。それはまさしく男の甲斐性の指標とみなされた。男支配の下で、女の情念は、固く閉ざされた城のような「家」に閉じ込められた。江戸時代の女の教訓書、「女大学宝箱」(3)は、男が浮気しても嫉妬してはいけない、「若《も》し夫不義過《あやま》ち有らば、我が色を和《やわ》らぎ、声を雅《やわ》らかにして、諫むべし」と諭している。ちなみに、ここでいう「大学」は教育機関としての大学ではなく、儒教の重要経書である四書五経の一つ、「大学」に対応している。

このような階級身分制度の下で、社会全体として人口はどのように構成されていただろうか。歴史人口学(4)によれば、江戸時代に入って当初は人口が急速に増加した。徳川幕府成立直前の一六〇〇年の推定人口は一、二二七万人である。一七二一年に行われた初めての人口調査によると、武家、公家、被差別民を除く人口は二、九〇五万人であり、これに調査除外人口を加えると、推定全人口は三、一二八万人になる。大きい人口増である。

しかし、その後、人口増は止まる。一七五六年には三、一二八万人、一七九八年には三、〇五七万人、一八四六年には三、二三〇万人と、ほぼ横ばい状態が続いた。この人口停滞は、種々な生活条件が許容する上限(5)に、人口がほぼ達したことを示している。生活条件には、上記の固定的な階級身分構造だけでなく、災害、疫病、食料生産力などが含まれる。これらが有配偶率、出生率、死亡率に影響したのである。

江戸時代の士農工商別の人口比率を直接に示すデータはない。明治初期の戸籍調査から逆推定して、おおよその見当をつけてみよう。一八七二（明治五）年に壬申戸籍と呼ばれる戸籍調査が行われている。それによると総人口は約三、三三〇万人であり、江戸時代とそう変わらない。そのうち武家に該当する士族と卒（足軽、職人、小人など）はそれぞれ三・九％と二・〇％であり、農、工、商などからなる平民は九三％を占める。残りは皇族、華族、僧侶、神職などである。

これらのデータから、江戸時代に、足軽層も含む武家は総人口の六％前後を占めていたと考えられる。また各種の資料からの推定値は、漁業を含む農が七〇～八五％、都市在住の工・商からなる町人層が五～一〇％という数値幅を示している。

しかし、武家と言ってもその石高（所得水準）には、家格によって大きい格差があった。たとえば、御三家の一つとして三五万石（大名石高第一一位）の水戸藩(6)では、藩士の家格を大別して五〇〇石以上を上士、一〇〇～五〇〇石未満を中士、一〇〇石未満を平士と呼んでいた。一〇〇石を現在の賃金水準に大雑把に換算すれば、三六〇万円程度になる(7)。これらの下に士分ではない同心（足軽）層がいた。

藩士の約七割は平士であった。武士の三割を占める百石以上の武士の中でも、上流武士層と言われる五〇〇石以上の比率はさらに少なかった。これらの事情は他の諸藩や将軍直参の旗本層でも同じである。五〇〇石以上の上流武士層は、将軍、大名とその重臣たちの家族である。人口全体に占めるその比率は、現在の高額所得比率と同じく一％をはるかに下回っていたことであろう。

生活価値の規範

このような社会で、消費はどのような様式をとったのだろうか。この様式に大きい影響を与えた生活価値の規範からみてみよう。生活価値とは何を重視して生活していくかということである。それは生活や消費での欲望が向けられる方向を定め、判断するさいの基準になる。規範とはこの基準の手本である。徳川幕府は、少なくとも建前としては快楽主義的欲望にもとづく消費、とりわけ贅沢消費に冷淡であった。幕府が要望した生活価値の規範は倹約であった。これは徳川幕府が武家政権であったことから生じている。

武士階級の身分倫理は、よく知られているように、武士道と呼ばれるものである。武士道は武士の生き方の理想像を述べている。その最終目的は、主君に奉仕して死ぬこともいとわないこと、つまり忠であった。「武士道とは死ぬことと見つけたり」という、「葉隠」(8)の有名な言葉はこのことを指している。この忠のために、武士は幼少の頃から、親に孝を尽くすよう教育された。この徳目が備われば、大人になったとき、主君への忠へ容易に移行できると考えられたからである。その対象が忠と孝では異なるが、永続的盲従という点では同じであった。

忠と孝は没我的な献身を要求する。この要求を満たすために、武士はその日常生活をほとんど禁欲的で質素におくるよう教えられた。それによれば、満ち足りるということ、そのこと自体がいけなかった。満ち足りたと感ずる時には、すでに十分すぎるほどなのだ。十分ということは、多すぎることである。自己を飽満させてはならない、と教えられたのである(9)。

質素な生活をおくるには、日々、これ倹約に努めなければならない。しかし、注意すべきはこの倹約の内容である。それは、ごく普通の生活に必要なもの以上の個人的消費を最大限に減らせということであり、高価なものすべてを購買するなどということではない。主君や家族への義務の履行、またそのような義務を果たすために必要な物品の支出は、この倹約の内容から除外されていた(10)。

山内一豊の妻千代のエピソードはこの例である。信長による馬揃えにさいして、山内一豊は駿馬を買う金一〇両がなかった。千代は嫁入りにさいして父から与えれていた一〇両を差し出し、それで買った駿馬が信長の目にとまって、一豊は出世の糸口をつかむことになった。千代はその内助の功によって、武士の妻の模範としてたたえられた。

倹約せよ。この日常の生活価値は、家事を握る妻への教訓にも現れている。その一例は、「女大学宝箱」での次のような戒めである。「人の妻と成りては、その家を良く保つべし。妻の行ない悪しく放埒《ほうらつ》なれば、家を破る。万事倹《つづま》やかにして、費《つい》えを作《な》すべからず。衣服・飲食《いんしい》なども、身の分限にしたがい用いて、奢《おご》ることなかれ。」(11)と。

このような倹約を目指す生活価値は、武家だけのものではなかった。武家政権の下で、それは時がたつにつれて他の身分・階級にも徐々に普及していった(12)。とくに八代将軍吉宗以降、経済情勢が悪化するにつれて、農民や商人の生活価値にもなって広く普及した。農民層に倹約を広めたのは二宮尊徳の報徳運動である。かれは自ら勤勉と倹約を実践するとともに、周囲にもその重要性を説いた。また、石田梅岩とその弟子たちの石門心学一派は、主として商人階級を対象に勤勉を説き、贅沢を戒めた(13)。これらによって、江戸時代に世俗的禁欲主義は少なくとも理想としては多くの日本人の心を捉えていった。

倹約とは消費の抑制にほかならない。倹約を美徳とする考え方には、消費が悪徳であるという意味が隠されている。この生活価値の源流は、その時代の経済や政治体制にある。江戸時代の経済は農業経済である。生産力は低い水準に留まり、食料など必需品さえも、その生産力は、大衆の安定した生活を保障するには十分ではなかった。大衆の八割前後が農民であり、支配階級である武士の経済基盤も米の生産量にあった。

節約・倹約によって消費を切り詰め、食品ストックの減少をできるかぎり切り詰めなければ、生存さえ不安であった。とくにその収穫期が限られ、収穫量が天候に左右される農業経済では、この種の生活価値は不可欠であった。こうして、倹約を生活価値にすることによって、消費欲求を抑制する政治的・文化的圧力が形成されたのである。

このような経緯は世界的にも共通している。たとえば経済が歴史的にもっとも早く発展した英国の事例を取り上げてみよう。英語では消費者はconsumerであり、消費する（consume）人の意味で使われる。consumeという言葉は一四世紀の英語から登場する。その語源をたどれば、ラテン語のconsumereにたどりつく。「完全に取り上げる、食い尽くす、浪費する、費やす」などの意味があった。

この語源を反映して、初期の英語では消費者（consumer）は、「滅ぼす、使い果たす、浪費する、消耗させる」人などという、悪徳の意味を持っていた(14)。日本語の「穀潰《ごくつぶ》し」と同じような意味である。消費という言葉から悪徳の意味が薄れ始めたのは、英国でも一八世紀の産業革命以降のことである。

奢侈禁止法による政治的抑圧

しかし、理想と現実は異なる。徳川政権の基盤が固まるにつれて、大きい戦乱がなくなり、平和な時代が続くようになった。武士は主君に忠を尽くす主要舞台としての戦場をなくしていった。それにつれて、倹約を旨とする生活価値もその目的を失い、とくに元禄時代にかけて生活は次第に贅沢になっていった。このような気風は、江戸・大坂のような大都市だけでなく、参勤交代に伴う人の移動によって、地方へも拡がっていった。「葉隠」で武士道精神を説いた山本常朝は、江戸・大坂を遠く離れた佐賀藩の武士である。その彼も「世の中がはでになり、暮し向きのことばかり大切に思っている」若侍などが増えてきたことをなげいている(15)。

この傾向を抑止するため、徳川幕府は贅沢禁止法と総称される法令を何度も施行した。贅沢禁止法は、武家政権の憲法ともいうべき武家諸法度の条項として現れる。それは、第二代将軍秀忠のときに「元和令」(一六一五年)として初めて出された。その中で、支配階級である武家に対しても、消費における贅沢を戒め、倹約原則をうたっている。

第三代将軍家光（在職：一六二三年―一六五一年）の時代になると、政権基盤はほぼ固まっていた。この時代に、武家諸法度はさらに「寛永令」（一六三五年）として出された。そこでは、この倹約原則はさらに具体的な事例によって示されることになる。その内容は次のようになっている(16)。

・贈物、贈答、結婚の儀式、宴会や屋敷の建設などが最近華美になってきているので、今後は簡略化すること。その他のことにおいても倹約を心掛けること。

・衣装の等級を乱れさせてはならない。白綾《しろあや》は公卿（＝三位）以上、白小袖は大夫（＝五位）以上に許す。紫袷《むらさきあわせ》・紫裡《むらさきうち》・練《ねり》・無紋《むもん》の小袖は、みだりに着てはならない。家中の下級武士が綾《りよう》羅《ら》や錦の刺繡をした服を着るのは、古くからの定めには無いので、禁止とする。

倹約事例は、種々な儀礼に伴う贈答や儀式、住宅だけでなく、とくに衣服について細かく定められている。衣服の倹約は身分に応じた色彩と素材の制限に及んでいる。条項中の「袷《あわせ》」は裏地つきの着物、「裡《うち》」は衣服の裏側、「練《ねり》」は練り絹、「無紋《むもん》」は柄なしであり、「綾羅《りようら》」は美しい衣服である。

この種の倹約原則は、その後も将軍が変わるごとに、繰り返し出された。「寛文令」（一六六三年、家綱）、「天和令」（一六八三年、綱吉）、「正徳令」（一七一〇年、家宣）、「享保令」（一七一七年、吉宗）などがそれである。

倹約原則による消費への政治的抑圧は、被支配階級である農民、町民に対しても行われた。農民への命令は、一六二八年、一六四二年、一六四三年、一六六七年、一七八八年、一八四二年に相次いで出されている。その内容はとくに衣服を中心に、身分・性差による材質・色彩・デザインなどについての制限である。

この制限は同じ農民でも身分によって異なる場合もある。たとえば、一六二八年の命令は、農民に対しては布・木綿に制限し、名主と農民の妻に対しては紬の使用を許すというものであった。一六四二年の命令では、農民に対しては襟や帯に絹を使用することを禁止し、経営規模が小さく本百姓より身分的に下位に置かれた脇百姓については、男女とも布（麻など植物繊維でつくられたもの）・木綿に制限した。さらに、一六四三年の命令は、紫や紅梅色の使用を禁止した。以後の命令も同じような内容である。

町人に出された命令も内容は似かよっている。一六八三年の命令は、一般町人は絹・紬・麻・木綿以外を着てはならず、下女・端女《はしため》には布・木綿の着用を命じている。その後の一七一八年や一七四五年に奉行所に出された命令では、町人の下着に至るまで贅沢な振る舞いがないかどうか、熨斗《のし》目《め》模様など贅沢な着物を着ていないかの監視を指示している。身分によって、衣服の材質を指定しているところは農民の場合と同じである。

江戸時代の消費は、このような贅沢禁止法によって、政治的に抑圧されていた。その特徴は、まず、支配階級である武士に対しても倹約原則を奨励するとともに、士農工商およびその内部でも、身分差によりとくに着用衣服に格差をつけたことにある。

武家諸法度（寛永令）は、まず「武芸や学問をたしなむこと」から始まる。武芸は忠を尽くす戦場に向けての準備であった。武士にとって学問は、四書五経や、孫氏、呉子など兵法書、史記、十八史略など歴史書を学ぶことであった。しかし、学問は楽しみのための読書ではなかった。それは一旦事あるときに忠を尽くせるように、自己を修養し統制するために必要とされた。学問が、忠に備えて日常の行動を導く原理を提供すると考えられたからである。武芸も学問もともに忠を指向していた。

このような武家の行動規範から言えば、上述のように、贅沢や快楽主義はその敵であった。それにふけることは政権の精神的基盤を危うくするものと考えられた。これは同時代の英国や仏国での支配階級である貴族たちの贅沢消費と大きく異なっている。かれらは贅沢消費を享楽し始めていた。また政治的にもエリザベスI世（一五五八～一六〇三年）の宮廷に代表されるように、それを政治的にむしろ奨励(17)していたのである。贅沢消費によって財力を消尽すれば、貴族たちの経済基盤が弱くなり、それに伴い国王の権力が高まると期待されたからである。

政治的に言えば、社会の階級構造を誰の目にも明らかにして、それを維持することも重要であった。このため、着用衣服の階級的・身分的差別が導入されたのである。なぜ衣服がこのために選択されたのだろうか。

人間にとって衣服はたんに暑さ寒さをしのぐためにあるのではない。人間は衣服の着用によって多様なものを表現する。「衣服は我等に個性を、差別を、社会組織を与えた」(18)のである。衣服のデザインは、素材・柄・色・装飾・シルエットなどから構成される。これらの構成部分は着る人の個性だけでなく、富裕度・社会的地位などを表現し、それを他者に伝達するためにも使われる。

素材からみると、着物の等級はきわめて多階層的である。また、紫や白の色彩は高貴な身分を象徴し、紅色は艶やかさを表している。絹は高級素材であり、木綿・布などは普通素材である。同じ絹でも練、綾(斜線模様の織物)を使えば、より高級感が出る。また、惣鹿の子《そうかのこ》など小さい絞りで生地全体を埋め尽くせば、華美観は一層高まる。また唐絹《からきぬ》(色羽二重《はぶたえ》)など、光沢感のある裏地を使えば高級感が高まる。羽二重は通常の着物の二倍の経糸《たていと》を使っているからである。また染めや色模様も、どのような素材を使うかによって大きく異なってくる。

どのような着物を着ているかによって、その人の富裕度や社会的地位を視覚的に表現できる。もっとも居宅などもこのような伝達機能がある。しかし、着物はその人が行動するところではどこでもついてまわる。より多くの人の目に触れる機会があるから、伝達媒体としては居宅などよりもはるかに効率的であった。社会の階層構造を維持するために、着用着物を政治的抑制の対象にしなければならない理由はここにある。「服装の制限が、普段の着物を、そのまま身分階級に応じた制服」(19)とすることをねらったのである。

しかし、消費者の誕生を探るという点からみると、江戸時代の贅沢禁止法の別の側面にも注意しなければならない。それは、同じ趣旨の武家諸法度や農民・町民への命令が、江戸最盛期の元禄時代をまたがって繰り返し出されたことである。これは倹約原則がかならずしも守られず、発令後すぐに空文化したことを物語る。

この背後には消費者の誕生があるのだろうか。消費者の誕生には、自由裁量所得、快楽主義、そして選択の自由といった要件を満たす個人の登場が必要である。江戸時代にこれらの要件を満たしていたのは誰であったのか。またその数はどの程度であったのか。社会の主要階層別にみていこう。

下流武家の生活

消費者の誕生やその数には、厳格な階級身分制度が大きく影響していた。このことは容易に想像できよう。上流武家層を除くと、武家の自由裁量所得はきわめて少なかった。たとえば、水戸藩では足軽層は半農半工であった。かれらは田畑をつくり内職をしてかろうじて暮らしていた。一〇〇石未満の平士も内職を許されていた。禄高だけでは生活できないからである。中士になると石高は高くなった。しかし、軍役負担も大きくなった。水戸藩の中士は家来三人、女中二人、馬一頭程度を維持しなければならなかった。そのため、自由裁量所得は平士とそれほど変わらなかった。五〇〇石以上の上士を除けば、武家の生活はけっして楽なものではなかった。水戸藩では住宅敷地は藩主から供給された。平士には三〇〇坪、中士以上は六〇〇坪以上の敷地である。しかし、居宅は自分で建てねばならなかった。中・下流の武家住宅(20)は、四間から六間ぐらいまでの一戸建てであり、住空間としてはゆとりがあった。

中流の武家住宅になると、私的空間と公的空間に分かれ、それらは濡れ縁でつながれていた。私的空間は女子供など家族が使い、公的空間は主人や来客用であった。住空間には若干のゆとりがあったが、生活は苦しかった。その証拠に、建坪率が低いため空いた裏庭などに菜園を設けたり、花木・薬木を植えていた。花木・薬木の種類は、栗、柿、桃、梨、梅、杏、椿などであった。

衣服については、冠婚葬祭用には絹物を所有した。しかし、普段着の表地はほとんど木綿であった。絹は着物の裏、裾回し、袖口、下着、襦袢、帯などに使われたに過ぎない。女性には親戚縁者を除けば自分だけの交際はなかった。外出することも少なく、紅おしろいを毎日使う者はなかった。

多くの家庭では、女性が綿から糸を紡ぎ、染めて織り、衣服をつくった。糸くり、機織り、縫い物は、主婦の家事労働の重要な部分であった。着物を縫えることは娘の嫁入り資格でもあった。下級武士の女性の家事は、衣服づくりや炊事だけではない。その他に、畑、水くみ、男や自分の髪結い、出産・育児、義父母の世話などがあった。このため多忙であり、家庭内に完全に閉じ込められていた。

家庭での日常の食生活も贅沢とは言えない。上流以外の武家では、朝は味噌汁に漬け物、昼は野菜の煮付けであった。夜でも、一汁一菜という言葉に代表されるように、主食、漬け物以外は味噌汁に野菜、ときには魚一皿といった簡素なものである。多くの家庭では、一年分の味噌を自家で仕込み、漬け物を四斗樽につけていた。果物は自家あるいは近隣でとれる柿、栗、梨、桃などであり、菓子は珍しかった(21)。

もっとも一家の主人は、女子供とは別に特別の膳をしつらえたから、若干良いものを食べていたかもしれない。またかれらは友人たちの交際にさいして酒店や料亭を利用して、下級武士でも結構うまいものにありつく機会があった(22)。家族のレジャーと言えば、花見や祭り、たまには芝居見物などであった。

農民の生活

支配階級の武家でさえ、その大部分を占める下流層はこのような状態であったから、人口の八割前後を占める農民の生活には、いわゆる豪農を別にすれば、さらにゆとりはなかった(23)。豪農は年貢を払えない者の土地を小作化したり、さらには地方特産品の事業化などによって生まれた。豪農は自由裁量所得を持っていたが、快楽主義や選択の自由は、農民であるという身分によって制約されていた。しかも豪農の数は少なく、全国に散在していたにすぎない。

江戸時代での一般的な百姓の所持石高は三～一〇石であり、家族数は五～八人であった。二世代あるいは三世代の直系家族が同居していた。四公六民で所持石高の四〇％を年貢で納めるとすれば、手元に残る米は一・八～六石である。大人一日の米消費量を五合（七五〇グラム）とすれば、大人一人当たりの年間に必要な米の量は一・八二五石（一、八二五合）になる。米を自給するにしても、家族全員に米を常時食わせる余裕はなかった。商品経済の普及により、種子、農具、農作業用の馬などは商品として買わねばならず、その費用がかかった。そのため、米の一部を売却して貨幣収入を得る必要があった。

一般の百姓の住宅は、土間、便所以外に、台所、居間、座敷、納戸があった。それらは田の字型に配置されていた。台所の囲炉裏を家族が囲んで食事や団らんをした。米以外にも綿、麻、煙草、野菜などを作り、その農作には男だけでなく女も従事した。さらに副収入を得るための仕事があった。女は糸取り、機織りであり、男は山仕事、職人仕事、あるいは日雇い、奉公人などである。

ゆとりのある農家では冠婚葬祭用に絹織物を所有する者もあったが、衣服の基本は木綿であった。朝と晩にはうどん、そば、粥を食べ、昼食は米と麦に大根の葉などを混ぜた「麦飯」を食べていた。豪華な食事をする機会は冠婚葬祭時だけである。そのさいには、米だけの飯や餅、種々な総菜、魚、鳥などが出た。

一般農民の生活は、このように露命を何とかつなぎ、雨露をしのげる生活であった。遊楽としては年に数度の盆踊りや祭礼を楽しみ、ときたま城下町に出たりした。少し財のある者には、一生に一、二度は、伊勢参宮や京詣の機会もあったであろう。しかし、ほとんどの日常は決まり切った農作業に従事し、よく見知った村人たちとの出会いだけであった。外部情報は寺院の僧侶によって得られるぐらいだったであろう。この単調な日常生活に彩りを添えるものは、年に数度の祭以外は、四季の移り変わりによる自然の変化ぐらいであった。

もっともこのような生活状態も、それ以前の戦乱の時代に比べれば、はるかに豊かになっていた。戦乱時代には、たえず田畑を荒らされたり収奪を受けた。また生命の危険にもさらされた。江戸時代にはこのような危険は去った。質素ながらも平和な生活を送ることができた。

しかし、農作は、天候など自然現象の状態に大きく依存する。低い生活水準のため、地域によっては不作による飢饉発生の危険性は残った。寛永（一六四二―四三年、とくに東日本日本海側）、享保（一七三二年、とくに瀬戸内海沿岸）、天明（一七八二―八七年、とくに東北）、天保（一八三三―一八三九年、とくに東北）の大飢饉はその例である。倹約はこのような事態に備えるためにも、不可欠な生活価値であった。

商品経済の普及に伴い、たしかに一般農民もその生活物資の一部を商品として購買しなければならなかった。したがって、商品の購買者という意味の消費者になった。しかし、農民は商品経済に全面的に巻き込まれたわけではない。食料品など生活物資のかなりの部分を自給していたからである。農民はいわば準消費者としての生活を続けた。準消費者とは、生活物資の一部分しか商品として購買しないという意味である。

いずれにせよ、江戸時代の人口の大半を占めた農民や下級武士の以上の生活状況の中には消費者誕生の芽はない。自由裁量所得も、快楽主義も、選択の自由もその生活には十分に備わっていないからである。消費者の主体化条件はひとつも芽生えていない。幕府に贅沢禁止法を繰り返し発令させた動きは人口の他の部分にある。まず支配階級の頂点に立つ上級武士の生活からみてみよう。

2　上流武家の消費生活

生活価値の変化

上流武家とは、武家の石高上位一割に入る層である。禄高ほぼ五〇〇石以上が目安になる。全人口比では〇・四%前後であり、現在のいわゆる高額所得者にほぼ該当する層である。上流武家には、将軍・大名などの領主層と、それの治世を支える上流旗本や各藩の重臣層などがある。このような上流武家がどのような消費生活をおくっていたのか。まず、彼らの生活様式の基本的な方向を決める価値観、つまり生活価値からみてみよう。

武士はもともと職業軍人である。戦国時代には、かれらは放縦な官能的快楽を求め、華麗豪奢を喜び、刺激的な華やかさを好む気風があった。彼らには、その職業から来る自然の性癖として、もともと制欲の観念がなかった(24)。

しかし、江戸時代になって、階級身分構造は変化した。これによって、少なくともその前半期では、武士は豪華な檻に閉じ込められることになった。武士の生活が、生産的労働に従事しない遊民の生活になったからである。とくに石高の高い上流武士ほどそうであった。社会的身分が子孫にまでわたって保証され、十分な自由裁量所得がある。平和が続けば、本来業務の軍役やその準備も軽くなる。日常勤務も閑散である。しかし、資産を使って独立の生業・事業を行うことは、身分上禁じられていた。

この単調な高級遊民の生活に彩りを添えようとすれば、何があったであろうか。快楽主義の追求しかなかった。その内容は、詩作、俳諧、茶の湯、道具や植木いじりなどの道楽にふけるか、あるいは大方の上流武士がそうであったように、物質的に贅沢な生活や官能的快楽の追求であった。多くの大名屋敷を焼き尽くした明暦大火（一六五七年）まで、その屋敷は桃山風の華やかなものであった。その日常の出仕にさいしても、武士たちは緞子《どんす》などを使った華美な肩衣や袴を着けた。このような贅沢消費を楽しみ、江戸吉原などの遊里に遊び、数人の妾をかかえ官能的快楽を追求したという(25)。

江戸前期には、新田開発などもあって、武士の経済基盤はますます安定していった。平和な世が続き、また合戦経験のない世代へと代替わりしていった。それにつれて、快楽主義の追求はますます強まっていった。このような事態を背景にして、一六一五年の「元和令」以降、一八世紀の前半にかけて、武家諸法度がほぼ将軍が変わるごとに出された。それによって、武士の贅沢を戒めようとしたのである。

武士の所得は、家門に与えられる一定の知行俸禄に依存している。戦国時代には各藩は軍事集団であり、武芸・兵法を磨き戦場で武勲をたてれば、知行俸禄を増やす機会があった。しかし平和な時代が続くとこのような機会はなくなる。また、武士は別途に生業・事業を行って収入の増加をはかることは身分上禁止されている。知行地を持つ上流武士は、その知行地の百姓を油種のごとく絞り上げ、年貢を増やす途もあるが、百姓耕作地が限られているかぎり、それにも限度がある。

平和な時代では諸藩は徴税、商人との折衝、あるいは将軍家との政治折衝のための官僚組織に変わる。しかもこの官僚組織内でも、家格によってその職位がほぼ固定的に世襲的に決められていた。家老の息子に生まれれば、いずれ家老になる。領主やその重臣のよほどの寵を受け、関係性を強化しなければ、このような組織で出世し、石高を増やすことはできなくなった。このわずかな機会を求めて、多くの人が殺到するようになった。

このような状況は、武士の出世ゲームのルールを大きく変えた。それに伴い贅沢消費の性格も変わっていった。贅沢消費は個人消費における快楽主義の追求のためだけではなくなってきた。それに加えて、出世や保身のための不可欠な手段ともなってきたのである。このような贅沢消費の変質の代表事例は、江戸期でのピラミッド・クライマーの代表格である柳沢吉保（一六五八―一七四一年）の生涯にみることができる。

贅沢消費

吉保は一六八〇年、第五代将軍綱吉の就任とともに、その小納戸役から出発した。これは小姓に次ぐ将軍側近職で、五〇〇石程度の禄高であった。その後も将軍の寵愛を受け、最終的には一五万石の甲府藩主、大老にまで上り詰める。そして、一七〇九年将軍の死とともに隠退した。

綱吉の時代は商品経済が広く浸透し、京都、大阪など上方を中心に元禄（一六八八―一七〇三年）文化が花咲いた時代でもある。また、武士と言っても国盗りなどピラミッド・ビルダーの時代から、出世のためには既成ミラミッドを駆け上がらねばならないピラミッド・クライマーの時代に変わっていた。

吉保はこの新しい時代のピラミッド・クライマーの代表格であった。彼は将軍の意を的確に遂行していく能吏であった。綱吉生母の桂昌院を従一位を叙するよう公家に働きかけ、実現するなどしている。吉保はその栄華な生活を、その側室、正親町町子《おおぎまちまちこ》（名門公家、正親町公通の妹）に書かせた。「松陰日記」(26)がそれである。

上流武家、とくにその家長は十分な自由裁量所得を持っていた。戦乱の危険がある場合には、所得の主要部分は、有事に備えた家来数の拡大、武具・馬などの充実、そして兵糧や軍用金の蓄積に向けられていた。これらの経費は上流武家にとって必要経費であった。しかし、大きい戦乱もなく、幕藩体制が確立してから数十年を経過していた綱吉の統治時代には、諸藩も文治政治に移行した。それにつれて、自由裁量所得も増加した。

それとともに、上流武家の所得の支出先も、生活も変化した。禄高が個人ではなく家門に与えられたので、それを維持するため、より上流になるほど、正室以外にもいく人かの側室をかかえて多くの子供をもうけようとした。そのうえ養女をとり、子供の数以上に姻戚関係を拡大しようとした。たとえば吉保には、正室以外に七人の側室がおり、一五人の子供をもうけただけでなく、五人の養女を迎えている。

将軍あるいは藩主から広大な土地を拝領し、そこに門構えの居宅を建てた。吉保ほどになると、一六八九（元禄二）年には三、五三〇坪の敷地に、渡り廊下によってつながったいくつかの別棟からなる屋敷に住んでいる。上流武家たちはこれらの屋敷を高級素材によってつくろうとしただけでなく、その造園にも意匠を凝らした。その見事さは、現在も残る吉保の下屋敷、東京駒込の六義園などからもうかがうことができる。

すでに前述の一六三五年の武家諸法度「寛永令」が屋敷建設の華美化に警告を発していることからも、このような傾向が早くから現れていたことがうかがえる。屋敷を飾り立てるには、名匠・名工のつくった絵襖、絵屛風、掛け軸、陶器、茶道具、種々な調度品などが必要だった。上流武家の贅沢は衣服にも拡がった。同じ絹物と言っても、織り目糸や染め色合いに高級感のある衣服、帯が好まれた。例を挙げれば、唐絹などの高級素材、また綾織物《あやおりもの》、色物繻子《しゅす》、縮み織り、猩々緋《しょうじょうひ》（鮮やかな深紅色のラシャ）などである。

上流武家が求めた贅沢品の多くは、素材の希少性とそれを製品化するさいの匠の技に基礎を置いている。贅沢品は、高級素材を使い、匠の技によって製品をより洗練させたものである。それ故に希少であり高価なものであった。さらに高級呉服や美術工芸品に代表されるように、これらの贅沢品はそのものが持つ独特の雰囲気、つまりアウラを放っていた。贅沢品はこのアウラによって、所有者や使用者に喜び・快楽を与えた。

上流武家は、これらの贅沢品を家長本人だけでなく、正室・側室・子供たちにも使用させた。外出、来客、あるいは使用人を通じた世間の目に対して、家長の社会的地位を誇示するために必要だったからである。家族の贅沢消費は、ヴェブレン(27)の言う家長のための代理消費にほかならない。それは家長を代理して、家族が家長の社会的地位を世間に誇示する消費であった。

しかし上流武家たちのこのような贅沢消費は、たんにかれらの私的な楽しみのために行われたのではない。むしろ贅沢消費は、上流武家の家格を維持するための社会的な目的のために行われた。現代風に言えば、いわゆる社会的交際のためである。かれらには相互に居宅を訪問する機会が実に多かった。冠婚葬祭、昇進祝い、火事見舞い、新築祝い、病気見舞いなどである。そのさいには、同輩だけでなく、上下の間でも訪問とその返礼のための訪問が繰り返された。

また、種々な通過儀礼があった。たとえば、出産、子供の成長に伴う場合を例にとれば、着帯(妊娠五ヶ月目)、出生、三ツ目(誕生三日目)、七夜(誕生七日目)、初詣、箸初《はしぞめ》(食べ始め)、髪置《かみおき》(二歳、髪伸ばし始め)、着袴《ちゃっこ》(四歳、袴をはき刀を差す)、角入《すみいれ》(一一歳、前髪に剃り込み)、前髪(一四歳、前髪を剃って元服)などである。このような機会には親戚が集まり、贈答品が贈られ祝宴がはられた。またその返礼も不可欠であった。

さらに上下の間での訪問も行われた。「松陰日記」によれば、将軍綱吉は生涯に吉保邸を毎年三から五回、その生涯に五八回も訪問している(28)。そのさい、将軍は多くのお供を引き連れてきた。吉保側は家来だけでなく、側室も含めた一家総出で出迎え挨拶を交わし、宴をはっている。贅沢消費との関連で、注目すべきはそのさいの相互贈答である。将軍は吉保だけでなく、かれの家族用の引き出物を用意した。それへの返礼として、吉保とその家族はそれぞれ献上品を用意している。

将軍は吉保とその男子に名工・名匠の造った刀、脇差し、馬と鞍、印籠、稀覯本《きこうぼん》、屏風などを用意した。また女たちには唐絹、綾織物、錦、色繻子、染め絹、縮み織り、最高級の香木である伽羅《きゃら》、道具類を贈っている。これへの吉保側の献上品は、名刀、鞍つき馬、御衣・衣装・帯、硯、金・銀、茶壺、酒・肴、お香道具などである。「松陰日記」の著者は、これらの品目のすばらしさを繰り返し賞賛している。

義理関係での贈与交換

贅沢消費は、武家の家長ですら、その個人的使用やその快楽主義を満たすためだけに行われたのではない。むしろ贅沢消費の動因は義理関係での贈与交換のためである。

義理は外国人の目には異なものとして、日本文化特有の行動規範として映る(29)。義理という言葉は、もともと人間行為の正しい筋道や道理を意味した。江戸時代に武家の道徳律を支配した儒教では、仁、義、礼、智、信を重視した。この中で、義は仁に次ぐものである。仁が社会一般に対する普遍的な道徳観であるのに対して、義は恩など個別具体的行為に正しく返礼することである。理はその筋道にほかならない。

しかし、江戸時代以降、人々が使うその用法は変化した。日常語で言う義理は、「人が他に対し、交際上のいろいろな関係から、いやでも努めなければならない行為やものごと。体面。面目。」（広辞苑）を意味するのものになった。現在でもこの用法は続いており、バレンタインデーでの義理チョコなどの言葉に表れている。外国人が奇異に感じるのは、この後者の用法における、不本意な返礼義務としての義理の世界である。

義理は人がその生涯でいろいろな人に接触し、そのことから受けた恩に対する返礼義務である。本来的な意味での義理の関係先は多様である。武家の義理関係で主要なものは、主君、上役、同輩などの職場関係と親族関係である。これらの義理関係での返礼義務の不本意性は、江戸時代にどのようにして生まれてきたのだろうか。

本来、武士は軍事集団である。一旦事あるときは家の子郎党を引き連れ、主君の下に馳せ参じて戦場に出て行くのが基本業務である。この見返りとして知行俸禄が与えられた。戦場で武勲をたてると、それに応じて知行俸禄も加増された。しかし、平和な時代が続くと、領地拡大の機会が少なくなり、武士に分配すべき主君のパイの大きさが固定化する。また武士の仕事も年貢米徴収とその分配、売却処理、あるいは治安維持などの官僚的業務が中心になる。

この種の組織では、戦場と違って誰の目にも明らかな功績をたてることは難しい。旗本内、一藩内の武家階級という狭いムラ社会で出世するには、権力者と良好な関係性を保ち、上役に阿諛追従し、また、同輩つきあいの評判も足を引っ張られないようにするために必要になろう。こうして種々な機会を捉えて贈与が行われるようになる。また、各藩の江戸詰武士たちは、お家安泰のために、他藩の動静をつかみ、幕府の要人たちとの交際を欠かすことはできなかった。

一六九二（元禄五）年、吉保が三万石の加禄を受けたときの様子を、松陰日記は次のように記している。「…御門のところには祝い客や祝儀品を乗せた馬が多数集まっている。みなお祝い申しにおくれたら恐れ多いことだと思って参上したのである。」(30)と。また、江戸時代の人気物語、「忠臣蔵」の悲劇が、吉良上野介への浅野内匠頭の贈答品の貧弱さに端を発していると物語られるのも、この時代の義理贈答の重要性を示唆している。

しかし贈与は受け取った相手に返礼義務を生じさせる。この返礼義務を生じさせる精神的メカニズム(31)は、戦乱時代の終息によって変化した。戦乱時代ならば、主君から馬、太刀などの贈与を受ければ、戦場で武勲をたてて返せばよい。「源平盛衰記」での佐々木高綱の物語はこの代表例である。かれは源頼朝から拝領した名馬「いけづき」を駆って、宇治川合戦で梶原景季との先陣争いを演じた。

平和な時代では主君からの贈与に対しては、準等価物を献上して返礼しなければならない。そうしなければ、寵愛の機会を失う危険がある。将軍と吉保の贈与交換はこのようなメカニズムで生じている。次々に昇進して加増を受けた吉保の場合に、返礼義務に伴う不本意性はなかったであろう。

しかし、中・下流の武士の場合は違う。上役の寵愛を受けるべく献上品を贈与しても、それによって成功する機会は少ない。下層に行けば行くほど、献上者がより多くなり相互の競争が激しくなるからである。しかし贈与をやめれば、寵愛や注目される機会はほとんどなくなる。

さらに中・下流の武士とその上役の贈与関係は双方向的ではない。下から上への片方向になる場合が多いからである。上役にとって重要な下役は、下層へ下るほど少なくなり、上役にとって献上品への返礼義務意識が低下する。しかし、成功確率が低いにもかかわらず、中・下流の武士は片務的な贈与を繰り返さなければならない。ここに義理関係での贈与における不本意性が芽生えることになる。

また、武家階級における贈与交換は親戚相手にも盛んに行われていた。江戸時代の武家における親戚つきあいはきわめて緊密であった。冠婚葬祭や通過儀礼に際して、親戚間での相互訪問が繰り返され、贈与交換が行われた。その理由は、親戚との交際ネットワークが武家社会で生き抜くさいの種々なリスクへの保険機構として働いていたからである。

まず、連座制によって親族は運命共同体であった。親族に不始末が出れば、その累は親族全体に及んだ。そのため、親族同士お互いに事情をよく把握しておく必要があった。家に男子が生まれない場合、お家断絶を避けるには養子をとる必要があった。そのさい、親族はその重要な供給源であった。さらに、とくに下流武士層では、家計の資金繰りに窮することが多かった。そのさい、親族は主要な借金先であり、また親族間の頼母子講は重要な資金源であった(32)。

こうして、親族間の交際ネットワークを緊密にするために、種々な機会での物品の贈与交換は不可欠であった。この贈与交換では贈与とその返礼贈与は等価的に行われ、またリスクへの保険機構を果たしたから、交際ネットワークでの取引条件そのものに関しての不満が少なかったであろう。

義理関係での贈与交換が不本意なものとして意識され始めたのは、それらが江戸末期になって下級武士の家計を圧迫し始めたからではないだろうか。下級武士の家計簿のある事例(33)では、祝儀交際費は消費支出の一一・八％を占め、家計を圧迫した。祝儀交際費の六五・七％を親類相手のものが占めていた。

武家階級における以上のような贈与交換は、江戸時代にきわめて盛んであった。このことは、数多くの「献残屋《けんざんや》」の登場(34)にも示されている。献残屋とは、その名が示すごとく、献上品などの贈答品で、自家消費に回されない残物のリサイクルショップである。献残屋が取り扱った商品は、当時の贅沢な高級食材が中心である。その内容は、干し鮑、金海鼠《きんなまこ》、からすみ、このわた、雲丹《うに》、昆布、塩鳥などであった。

大坂など町人の街にはきわめて少なかったが、武家の街、江戸の城周囲には数多く現れた。武士たちは贈与された物品を自家消費せずにこの献残屋に売り渡した。贈与品の受領が多い上流武士ほど、その売却先として献残屋を利用したことであろう。また贈与先が多いわりには自由裁量所得の少ない中・下流の武士ほど、献上品の調達に献残屋を利用した。この点は、上り太刀といった商品を取り扱っていたことからも推察される。

上り太刀とは、木刀でつくった模造品である。儀礼上、太刀の献上が必要であるがそれを行う余裕がないときに、真の太刀のかわりとして利用された。これに真の太刀価格以下の金銭などを添えたのである。献残屋の立地は、武家の街、江戸へ地域的に集中していた。このことは、武家の間で義理上の贈与交換がいかに盛んに行われていたかを如実に示している。

以上のように、贅沢消費は個人的消費のためだけでなく、贈与交換のためにも行われた。このため、購買と使用からなる消費過程が複雑化した。商品の入手は購買だけでなく贈与によっても行われた。それによって、購買と消費の間に贈与や献残屋への売却という過程が一部介在することになった。このような過程を経て、贅沢品は義理関係での贈与交換ネットワークの中を浮遊したのである。この種の構造は、現在の中元、お歳暮などにもみられる虚礼慣行と、そのリサイクルの中に残響をとどめている。

3　町人の浮世消費

町人の台頭

江戸時代、武家は支配階級として政権を握り、生産力の基盤である土地を占有した。しかしかれらはその身分上の制約によって、その資産を自由に活用して生業・事業を営むことはできなかった。知行俸禄によってその収入は安定していたが、一定の固定したものであった。一方、人口の大半を占めた農民は、武士による徴税の対象であり、その地位は政治的に認められていたが、拘束や抑圧を受けることが多かった。

しかし、江戸時代には、これらの階級とはまったく異なる階級としての、町人が台頭する。町人とは、都市在住の職人や商人である。この町人こそ、消費者の主体化条件を部分的にせよ、最初に芽生えさせた階級である。

政治的には町人の地位は農民の下に置かれたため、政治的な抑圧や束縛は農民に比べると少なかった。また、武家と比較すれば、その活動は自由であった。まず、武士道のような快楽主義を制約する階級倫理はなかった。知行俸禄によって一定の収入を保証された武家とは対照的に、町人はその生業や事業によってその生計を立てねばならなかった。その生業・事業によって町人の収入は大きく変動した。しかし、重要な点は彼らの収入が武家のように固定的なものではなかったことにある。町人はその才覚や努力によって、所得水準を選び取れる機会を持っていたのである。

町人階級の台頭は都市形成と密接に関連している。江戸時代、各大名は兵農分離を進めるため城下町を形成し、そこに武家を住まわせた。武家は物資の生産に従事しない遊民であるから、城下町の形成によって都市に消費が集中した。江戸時代の都市の多くは、生産や流通の拠点よりも、むしろ政治による消費集中によってまず形成されたのである。

都市に集中した消費需要は支配階級によるものであるから、その需要は多様性に富み、質が高かった。彼らの生活を支えるには、職人・奉公人による多くのサービス業務と、商人による生活物資の供給が不可欠であった。こうした需要を当てにして、多くの職人、商人、奉公人が都市に集まり、町方あるいは町人を形成した。江戸時代の城下町での武家人口と町方人口については、いくつかの県・市が出している県史、市史に資料が載せられている(35)。資料が存在する時点はきわめて多様である。

人口が数千から数万の多くの中小城下町の、いろいろな時点での武家人口と町方人口の比率を計算してみると、ほとんどの武家人口比率は、三〇%から五〇%弱の範囲に入る。したがって、概算的に武家人口比率を四〇%弱とみると、武家階級一人に対して一・五弱の町人が在住していたことになる。これらの町人が遊民としての武家の生活を支えるとともに、町人相互の生活を分業によって支え合ったのである。

もっとも、町人数が圧倒的に多かったのは、人口規模がずば抜けて大きかった江戸、大坂、京都の三都である。すでに一六五〇年には江戸四三万人、京都四三万人、大坂二二万人の人口が集積していたと推定されている。江戸時代に三都以外で一〇万人を超えた都市は金沢と名古屋だけである(36)。当時の江戸の武家人口について、二〇万前後という推定値を使うと、江戸の町人比率は五四％である。

一方、大坂や京都の町人人口比率は江戸よりもはるかに高かった。同じ頃の絵図から計算された武家と町人の住区面積（㎢）(37)をみると、江戸は三四・〇六対四・二九（一六四七年）、大坂は三・三六対八・六七（一六五五年）、京都は一・〇五対八・三七（一六四七年）であり、三都での町人に対する武家の住区面積比率は、江戸七・九四倍、大坂〇・三八倍、京都〇・一三倍になるからである。江戸では武家と町人は伯仲していたが、大坂と京都は町人が人口の大部分を占めていた。

江戸への人口集中は、一六四二年以降、参勤交代制によってほとんどすべての大名が隔年ごとに大名屋敷に居住し、それに伴い各藩の武士の三割程度(38)が江戸に在住していたからである。また大坂の人口集積基盤は各藩の年貢米や特産品を販売するための蔵屋敷が置かれ、全国的な卸売流通の中心地しての機能を持つに至ったためである。京都の集中基盤は、皇室、公家の在住、伝統工芸業の集積だけでなく、京詣《きょうもうで》を誘引した神社・仏閣の集中による観光資源である。

時代が経ると、京都の人口は減少したが、江戸と大坂はさらに増加した。推定によると、一七五〇年には江戸人口は一二二万人、大坂は四一万人になる。ちなみに一八世紀でのヨーロッパの大都市であるロンドンは八六万人（一八〇一年）、パリは六四～六七万人（一七七九年）であるから、江戸と大坂は世界的な大都市であった。

都市は生活に必要な物資を周辺地域から集め、それを商品として購買することによって成り立っている。都市住民はほぼ完全に商品経済にその生活を依存している。商品を購買する消費者にならなければ、都市住民として生活していくことはできない。商品経済に完全に依存し、その最終買い手の立場に置かれる者を原消費者と呼ぼう。原消費者は消費者の原型である。消費者の主体化条件は、原消費者を土台にして芽生える。都市はその住民を原消費者の立場に置くことによって、消費者誕生の孵卵器として機能した。

下流町人の消費生活

町人は原消費者であるが、そのすべてが消費者の主体化条件を芽生えさせたわけではない。下級職人、行商人、零細サービス業の従事者、また奉公人など、庶民の所得水準は低く、その生活は質素であった。たとえば、職人の二〇％を占めたと言われる大工のうち、上大工（一人前の大工）の年収さえ二五両程度であったと推定されている(39)。米貨換算で一両を約四万円とみれば、年収は一〇〇万円程度である。

庶民の住宅事情は過密であった。たとえば、江戸の町人住区の人口密度は時代によって異なるが、一㎢当たり四万人から八万人の間を推移している。もっとも、この過密な住区から少し歩けば、広大で樹木の多い寺社、大名屋敷があり、また田畑や林野の拡がる郊外へ近かったから、その住環境についてはコンクリート・ジャングルと化した現代都市と単純な比較はできない。いずれにせよ、商家の奉公人は雇い主の居宅に住み込みであり、その他の町人の多くは、九尺二間の棟割り長屋と呼ばれた共同住宅に住んだ。

この長屋で各戸は間口が二・七メートル、奥行き三・六メートル程度であり、二畳分の土間と四・五畳の部屋に分かれていた。土間には、かまど、流し、水瓶、七輪などがあり、奥の部屋は寝食兼用に使われた。食事は食器入れと膳を兼ねた卓箱膳と呼ばれる四角箱で各自が行い、食事が終わると、それを片付けた。現在で言えば、学生の下宿や独身者のワンルーム・マンションでの生活に似ている。トイレ、井戸、ゴミ箱は長屋共同のものを使用した。長屋はこのような間取りで六軒つながり、二棟ずつ向かい合って立っていた。

町人は都市住民であるから、その生活に必要な財を商品として購買しなければならない。どのような商品を買っていたかを示す直接的な資料は少ない。しかし、江戸時代の小売商業から間接的に推測することはできよう。どのような小売商業が存在したのか。その詳細は、江戸時代の風俗を詳細に記した「守貞謾稿《もりさだまんこう》」(40)などから知ることができる。

この時代、小売店舗はごく少数の品種に限られていた。まず同業種の立地集積がみられる業種は、江戸では刀屋（芝日影町、久松町）、武具店（下谷御成街道）、そして古着屋（富沢町、橘町）である。庶民はその衣服を古着屋から買った。古着屋の同業種集積はこの需要が大きかったことを示している。

それ以外の店舗には、菜屋（種々な煮しめ）、刺身屋、古道具屋、古本屋、菓子屋、米屋、味噌屋などがあった。これらのうち庶民が利用したのは米屋と味噌屋であろう。米と味噌はもっとも基本的な食品であった。しかし、庶民が生活物資購入先として頻繁に利用したのは、小売店よりもむしろ行商人である。たいていの行商人は特定商品を担って、武家屋敷、商家、長屋を巡回した。

守貞謾稿は、生業の例として多様な行商の存在を示している。もっとも多いのは食品である。鮮魚、枯物（塩物、乾物）、八百屋（なす、小松菜など近隣農家の野菜数種）、豆腐、醬油、塩、漬け物、唐辛子、ゆで豆、甘酒、ところてん、ウナギの蒲焼き、飴、菓子などの行商があった。

次に多いのは日用雑貨である。油、炭、たどん、おがくず（火付け用）、七輪、糊（衣服用）、竿竹、針、眼鏡、灰、ほうき、小間物、筆墨、浅草紙、かんこん紙（トイレ、はなかみ用）、渋紙、たばこ、

豆売り

野菜売り

魚売り

箒売り

キセルの竹、ネズミ取り薬、花、虫、鏡、海ほうずき、もてあそび物（おもちゃ）などである。ほとんど当時の生活必需品と言ってよい。

江戸時代の庶民はまた物を大切に使ったり、リサイクルを心がけた。これは古物リサイクルを業とする者が行商人の中に多くいたことに示されている。例を挙げれば、研ぎ師、瀬戸物の焼き接ぎ、臼の目立て、そろばん直し、提灯の張り替え、桶の輪替え、雪駄《せった》直しなどの修繕や、紙くず買い（古い衣類、銅、鉄、器物も買う）、古傘、ろうそくの流れ買い、際物師（正月の宝船、三月雛物、五月端午物、七月七夕など、当日を過ぎると廃物になり来年同日にしか買う人がない物を商う）などである。

以上のことからみると、庶民の生活は貧民ではないが、質素であった。限られた収入の中で生活を切り盛りしている姿が浮かぶ。しかし、彼らの生活に「贅沢」がまったくなかったわけではない。彼らの「贅沢」は主として食に向けれた。守貞謾稿は、「今世、三都ともに士民奢侈を旨とし、とくに食類に至りては、衣服等と異にして、貴賤貧富の差別なきがごとし」(41)と記している。大坂では三、四月になると、安くてうまい鯛や蛸が手に入った。江戸では四月になると鰹が手に入り、庶民も争っててこれを食べた。また牡蠣も安く手に入った。旬の魚を安く入手して、賢い「贅沢」をしたのである。

また、江戸はとくに幕末に至るまでは独身者の男が多かった。たとえば、江戸中期の一七三六年には、町人のうち男が約三三万四、〇〇〇人に対して、女は約一九万三、〇〇〇人しかいなかった。

参勤交代に随伴した武士や、地方からの出稼ぎ人が多かったからである。このためとくに江戸では多様な外食業が発展した。現在のグルメ・ランキングに該当する料理茶屋の番付表が出された。

これらの高級店以外でも、庶民が利用できるような多様な専門店や出店があった。例を挙げると、専門店としては茶漬け、うどん・そば、鰻、どじょう、山鯨（獣肉料理店）、鶏などである。出店としては、寿司、天ぷらがあり、夜間にはうどん・そば、じょうかんおでん（酒とこんにゃく）、茶飯（茶飯とあんかけ豆腐）などがあった。

浮世消費とその普及

消費者誕生との関連でとくに注目すべきは、中・上流の町人層である。職人では大工の棟梁などが入るが、とくに中核を占めたのは店を構えた商人である。江戸には大名相手の御用商人が登場し、経済の中心であった大坂には御用商人などの豪商だけでなく、多数の中小商人も登場した。これらの商人には自分の店を所有する家持町人と借家人がいた。

借家人とは店を借りて営業している商人である。借家人でも一から三人程度の奉公人をかかえていた。借家人は将来に家持商人になることを志した冒険心にあふれた商人予備軍であった。とくに大坂などでは、借家人の方が家持商人よりもはるかに多かった。たとえば、江戸中期の一七六五年頃でも、大坂菊屋町では家持町人が二〇人に対して借家人が一二九人もいた(42)。

江戸初期から中期にかけては、商品経済が浸透し、流通ネットワークが発展していった。その中心地の大坂ではとくに、借家人といえどもその才覚や幸運に恵まれれば家持商人へ、そしてさらに大名に金を貸したり、その業務を請け負ったりする豪商への道を歩める機会があった。豪商は当時の流通の中枢機能、すなわち問屋、金融、運搬を業とする者から多く出ている。

とくに江戸初期では多くの成金が出た。しかし衰退する者も多くいた。商人層には田舎出身が多く、盛衰による新陳代謝によって新しく田舎から出てきた者が勢いを持ち、次第に都会化していくということが繰り返された。西鶴の「日本永代蔵」(43)は、商人の成功事例を集め、冒険精神に富む商人に夢を与え、ベストセラーになった。

元禄時代(一六八八―一七〇四年)頃から、成功した商人層も創業者の苦労を知らない三代目、四代目が登場するようになる。彼らは武家よりも豊かな生活をできる富を先代から受け継ぎ、町人の中ではそれなりの社会的地位も得ていた。その富と地位はかれら自身の努力によって獲得したものではなく、生まれたときに与えられたものであった。かれらの多くは箱入り息子として育てられ、自分の好きなことをしてよいという錯覚を持っていた。与件としての富と地位が生み出した幻想である。

しかし、有力商人たちはその経済力を背景に社会的地位の向上を要求できなかった。この点で、有力商人たちが階級として地位の向上を要求し、貴族化した西欧社会とは異なっている。日本の商人は、社会移動を許さない厳格な階級身分制度によって、つねに武家の下に置かれた。経済力はないが権力を行使する武家に対して、経済力はあるが階級的な社会的地位が低く、権力を持たない有力商人の後継者たちの不満は鬱積した。この不満は世代が代わるとともに、より強くなった。しかも蓄積された富の大きさと比べると、新しい投資機会は鎖国や幕藩体制によって、十分なものとは言えなかった。

かれらはたまり続ける過剰エネルギーのはけ口を求めた。このはけ口になったのは浮世消費である。浮世消費とは何だろうか。この時代、浮世という言葉が流行し、種々な言葉を形容するために使われた。浮世話とは世間話の意であり、浮世模様とは世間で流行している模様である。浮世出家や浮世念仏は表層的な出家や念仏であり、浮世絵や浮世本は色道、好色にかかわる絵や本である。

これらの例にならえば、この時代の商人の消費は浮世消費とよぶことができよう。浮世消費はその時々の刹那的な歓楽のための消費である。それは自分の贅沢だけでなく妻子の贅沢も許容し、流行の先端を追い、果ては遊里での放蕩、散財を目指す消費である。蓄積した財を誰の眼にもみえるように消尽する(44)ことによってのみ、かれらはその経済力を社会に示すことができたのである。

数世代かけて富を蓄積した商人たちは浮世消費に没頭した。「いつまでもあると思うな親と金」、かれらはこの格言を完全に忘れさった。富と地位が永遠に保証されるという与件の幻想におちいっていた。

まず、広壮な屋敷を新築し贅をこらした。大坂の町に君臨した淀屋の四代目の屋敷は、金張りの書院を構え、天井がビードロ（ガラス）張りの金魚水槽になり、四面をビードロの障子で囲まれた夏座敷を備え、将軍以上の贅沢をしたという(45)。同じような屋敷の贅沢の例は、「日本永代蔵」にもみえる(46)。

贅沢は屋敷だけではない。西鶴が挙げる例(47)をみると、まず、食事後の酒とたばこ、美食、蹴《け》鞠《まり》、楊弓《ようきゅう》、香会、俳諧、茶の湯などの道楽、花見、船遊び、当てのない京登りなどの贅沢があった。さらに、妻子の贅沢がある。女房の乗り物外出、娘の琴や歌がるた遊び、鼓や太鼓など息子の遊芸などである。しかし、妻子による代理消費で、もっとも贅を尽くしたのは流行の呉服であろう。

西鶴さえ次のような苦言を呈している。「昔とちがって人の服装がしだいにぜいたくになり、万事不相応に華麗を好むようになった。ことに妻子の衣服を、またこの上もなく奢るとは身のほど知らず、天罰のほども恐ろしい」(48)、「ことに近年は、どこの家でも女房がぜいたくになって、着物に不自由しない身でありながら、その時々の流行模様の正月着物をあつらえるようになった。…昔は大名の奥方でもなさらなかった事をするとは、思えば町人の女房の分際として、天の咎めもおそろしいことである」(49)。

流行リーダーは、歌舞伎役者や遊女たちであった。彼・彼女たちの社会的地位は下層に属したが、上級武家や商人の男色、女色の対象でもあった。これに対抗するため、武家に比べて制約の少ない町人の女性たちは、歌舞伎役者や遊女の流行に追随した。西鶴は言う。「…今時の女は見よう見まねで色っぽい遊女の風俗をうつしている。京都の呉服屋の奥様といわれるほどの人は皆、女郎と見まちがえるような身形をしている。また手代あがりで店を持った男の女房は、一人残らず湯女《ゆな》の風俗に生き写しである。」(50) 湯女とは、江戸時代に市中の湯屋にいた遊女である。

同じ時代の西欧社会では、流行リーダーは社会の上流階層を形成した貴族やその愛人たちであり、その風俗が水が漏れるようにより下層に浸透していった(51)。しかし、日本での流行の普及は水漏れ型(52)ではなく、むしろボトムアップ型であり、また最上層の武家層までは普及しなかった。

武家の女性たちは、「家」という牢獄に閉じ込められ、「女大学宝箱」が示すような教訓の縄でがんじがらめに縛られていたからである。その縄は、「女は、つねに、心遣して、その身を堅《かた》倶《く》慎み護るべし。…歌舞伎、小歌《こうた》、浄るりなどの、淫《たわ》れたる事を見聴くべからず。宮・寺など都《すべ》て、人のおおくあつまる処へ、四〇歳より内は余りに行くべからず」、「身の荘《かざ》も衣裳の染いろ模様なども、目にたたぬようにすべし。」(53) といったものであった。

浮世消費への弾圧

　上流武家の贅沢消費が義理関係での贈与交換に費やされたのとは対照的に、成功した商人の贅沢消費の究極の形態は遊里での散財であった。それは、その財力にもかかわらず、厳格な階級身分制度のもとで抑圧された、町人の欲望の噴火口だった。その財力を消尽できる場所はそこにしかなかったのである。とくに淀屋辰五郎、紀伊国屋文左衛門、奈良茂左衛門などの豪商たちは一気に千金の豪遊を競った。

　遊里はもともと戦国時代に闘いに明け暮れた武士を慰安するために設けられたものである。江戸時代に入っても幕府はそれを公認した。江戸に代表されるように、男女の人口比率が大きく異なる都市があったからであろう。五大遊郭として、江戸吉原、京都島原、大坂新町、長崎丸山、伊勢古市が栄えた。これら以外に、全国の港町、宿場町にも遊郭が現れた。それらは、西鶴の「好色一代男」の主人公、世之介の若い頃の遍歴などからうかがうことができる。

　時代によって増減はあるが、江戸吉原には二、〇〇〇～三、〇〇〇人、大坂新町には一、〇〇〇～二、〇〇〇人の遊女がいた。遊女にもピラミッド型の等級があった。たとえば吉原では、最高級は太夫《たゆう》と呼ばれ、その数は少なく三～一四人程度であった。太夫以下、等級が下がるにつれてその

談笑する客と遊女

数は増えた。太夫に続く等級は、格子、呼び出し、囲、散茶・昼三、座敷持、部屋持、梅茶・埋茶、新造・新艘、局女郎である。等級によって揚代《あげだい》も遊興場所の妓楼も大きく異なっていた(54)。それは色道を猛進する者にとっての豪遊ピラミッドの頂上に登るための階段であった。

この階段を上るにつれて、遊興空間はますます贅沢になった。最高位に近づくと、居室は伽羅《きゃら》の香りがただよい、金屏風、蒔絵などの調度品に飾られていた。これらの調度品は人目を眩ずる華麗・放逸な意匠、精巧な職人芸によってアウラを放っていた。そこに太夫など最高位遊女は、元禄模様の艶やかな衣装をまとって現れた。彼女たちの教養は高く、京都島原の太夫などは貴族的教養さえもつけていた。

しかも遊里は「刀を差そうが差すまいが、侍も町人も客は客」(55)の世界であった。そこでは、財力と「いき」の美学(56)を解することだけが、最高位の遊女の獲得競争の勝者を決めたのである。遊女たちは多様なかたちで「いき」の美学を表現しようとした。

正形から少し崩した髪型で襟足をぬき、しばしば素足であった。薄化粧で薄物の襦袢などを身につけていた。軽く崩した姿勢をとり、上目使いや流し目、手振り、ものの言い方で「いき」を表現しようとした。それは垢ぬけして張りのある色っぽさであり、諦めと意気地と媚態が混り合っていた。「いき」の美学を解する客は、このような遊女たちとの恋の道行きを楽しんだ。

財力を持ち、「いき」の美学を解した町人にとって、遊里だけが、支配階級の武家に対等に対抗して、白昼夢をみられる唯一の場所だった。西鶴は「好色一代男」(57)で、この浮世消費の夢を語ったのである。

主人公の世之介は、幼少の頃より色道に目覚め、親の勘当を受けて全国の遊里を遍歴した。後に親の莫大な財産の相続を得てからは、豪遊ピラミッドの頂上を極めて大夫たちと遊び、最後は女護《にょご》の島に向かう。小説の主人公としては珍しく、世之介は個性がまったくない無色透明な人物として描かれている。世之介の行動を透してみえてくるのは、浮世消費への町人の願望だけである。

浮世消費の主要な担い手であった富裕な町人には、消費者主体化の条件がすべて芽生えている。

そこには自由裁量所得、快楽主義的欲求そして選択の個人的自由がある。しかし、それは遊里というきわめて限られた非日常世界で花開いたにすぎなかった。それでも、幕府はいつまでも、浮世消費の拡がりを許しはしなかった。

江戸中期以降、武士の経済基盤は米価変動に左右され、ますます困窮し始めた。町人の経済力の向上は、幕府にとってその権力基盤にとって脅威であった。元禄時代の終わり、一七〇五年には浮世消費に対する幕府の懲罰の代表事例が生じた。大坂北浜の豪商であった淀屋五代目、淀屋廣當（通称辰五郎）は、町人の分限を超えた驕奢《きょうしゃ》の罪を問われ、闕所《けっしょ》処分を受けた。

闕所とは江戸時代の刑罰の一種である。死罪、遠島、追放だけでなく、罪の軽重に応じて官が財産のすべてであるいは一部を没収した。淀屋廣當の没収資産は巨額にのぼった。金一二万両、銀一二万五、〇〇〇貫（小判換算で二一四万両）、北浜の家屋一万坪、土地二万坪、およびその他の家財などである。さらに大名貸し銀一億貫が帳消しになった(58)。現在価値に換算すれば、数百兆円に上る全資産を没収され、淀屋廣當は追放された。後に残ったのは、現在でも使われている淀屋橋という地名だけである。

浮世消費の花は枯れた。しかし、それは西鶴文学などを通じて後世まで語り継がれることになった。いわば、浮世消費の花は種子をつけ、それをその後の消費者の心の中にも堆積させていったのである。こうして元禄で生じた浮世消費は、少なくとも表面上は、まもまく泡沫のごとく消え去った。幕府や諸藩の財政はますます逼迫していたので、倹約という言葉が主要な消費規範になっていった。

すでに本章の前半でも述べたように、享保（一七一六―一七四五年）、寛政（一七八九―一七九三年）、天保（一八三〇―一八四三年）の三大改革期を始め、幕末に至るまで、幕府と藩によって倹約令が次々に出されていった。享保の改革を行った八代将軍吉宗は、質素倹約の励行を求め、一七二四年には衣服の売価を制限した。寛政の改革で、松平定信はとくに農民に対して倹約を求めた。天保の改革で水野忠邦は贅沢・奢侈をさらに厳しく制限した。

これらの倹約令で一貫して強調されたのは、身分相応の消費であった。しかし、一七五七年、藩の財政立て直しの大役に抜擢された信州松代藩家老の恩田　杢は、まず自分から倹約模範を示すことが重要と考えた。帰宅するやいなや妻子と家の子郎党を集め、今後は衣服を新調するにしても木綿とし、食事は飯と汁以外には漬け物も食べないと宣言していた(59)。リーダーも部下と労苦をともにする。これは日本人によってしばしば賞賛されるリーダー像である。恩田　杢の著、「日暮硯」は、日本型リーダーシップを物語る古典として、その後今日に至るまで読み継がれている。

他の生活価値の芽生え

元禄時代に、流行衣服などを楽しんだ商家の女性たちは、家長の代理消費を楽しんだだけである。そこに近代的消費者を特徴づける個人的自由やそれを支える自我の芽生えはない。自我の追求がみられるのは、近松の心中物に多く現れる遊里の女性たちだけである。彼女たちには自我が芽生え、個人的自由を追求しようとした。

しかし、不幸なことに、彼女たちは厳格な階級身分制度やそれに伴う義理関係の中で悶えていた。情の世界に自我を追求しようとすれば、自分の胸に白刃をたてる以外に途はなかった。近松門左衛門は、このような物語を浄瑠璃や歌舞伎にした。それらは大衆の心を深く捉えていった。これからみると、町人の女たちの心にも、個人的自由へのあこがれが芽生え始めていたのであろう。

江戸時代の生活価値は以上のような義理、欲、色といった価値だけではない。これらの価値が支配する生活とはまったく異次元の世界も元禄時代から誕生している。この別世界では、金銀米銭でいっぱいになった庭蔵の眺めを喜ばなかった。その代わりに、佐渡に向かう荒海にかかる天の川、寒村の田畑に広がる蕎麦の白い花畑を楽しんだ。銀燭輝く金屏風を背景にした艶やかな三絃の音色を心地よいものとは思わなかった。それよりも、古池に飛ぶ込む蛙《かわず》の音に、周囲の静寂の情趣を感じた。脂粉の香りを追って色道修行に憂き身をやつそうとはしなかった。その代わりに、のみ・シラミがうごめき、馬が尿するようなところにも泊まりながら、田園、神社、仏閣での小さな自然が織りなす季節の変化を追って、奥の細道を行脚することを選んだ。

この別世界は、芭蕉のいう風雅の世界である。それは、西鶴の描いた利・色の世界、近松の描いた義・情の世界とも異なっていた。俳諧は第一線を退いた隠居、閑暇の多い武士、あるいは富豪の消閑の仕事として行われ、全国的に拡がっていった(60)。それは義理、欲、色の世界を抜けると、そこに小さな自然の変化に情趣を感じ、風雅を楽しみたいという人々が現れたということを示している。その欲求は、中野孝次のいう「清貧の思想」(61)世界、また心理学者マズローのいう最高次の欲求階層、つまり自我実現の世界とも共鳴しあっていた。

マズロー(62)によれば、人間の欲求は五つの階層をなしている。それは、生理、安全、愛情、評判、自我実現である。通常、人間の欲求追求は最下層の欲求から始まり、ある階層の欲求が満たされると、漸次より上の階層へと進んでいく。欲求が階層をなすとはこのような意味である。

最下層の欲求は、生理的欲求である。生理的欲求には多様なものがある。その中でもっとも基本的なものは飢えをしのぐための食欲である。人間は食べなければ、身体を維持し生きていくことができない。飢えている人間にとって、食べ物以外のあらゆるものへの欲求は二次的なものである。パンがないとき、人間はパンのみで生きる。しかし、パンが豊富にあるとき、聖書にも言うように、人間はパンのみによって生きるわけではない。飢えが充足されれば、新しい欲求が現れることになる。

次に現れるのは安全性欲求である。人間は身体の生存を脅かす種々な脅威に取り囲まれてきた。野生動物、異常気象や地震など自然災害、戦争、社会的騒乱、犯罪、暴行、殺人、伝染病などである。これらは起これば、安全で秩序だった、将来を見通せる安定した生活はできない。安全性欲求とは、これらの脅威から安全でありたいという欲求である。

生理的欲求と安全性欲求が満たされれば、次に愛情欲求が追求される。人間は社会的動物だから、一人で生きて幸せを感じる人は少ない。友人を求め、伴侶を捜し、子供を欲しいと思う。愛情欲求は家族、友人などの小集団を形成し、そこに帰属したいという欲求である。

デフォーの小説「ロビンソン・クルーソー」は、主人公の欲求が生理的欲求から安全性欲求を経て愛情欲求に向けられていく様子を描いている。食人種がいるかもしれない島に漂流した主人公は、まず生存に必要な食物があるかを探し、次に食人種の存在を心配した。生理的欲求と安全性欲求が満たされると、次に彼が求めたのは愛情欲求であった。近隣の島の原住民捕虜であったフライデーを同居者に得て、彼の愛情欲求は一部満たされることになる。

これら三種の欲求が充足されてのちに、次に登場するのは評判欲求の階層である。評判欲求は、自分の能力や業績に自信を持ち、他者から尊敬や名声を得たいという欲求である。評判欲求の特徴は、より広い社会との関連において捉えられた個人の欲求であるという点にある。この欲求が充足されていれば勝ち組と考え、そうでなければ負け組と考えて、劣等感を感じ、弱さや寄る辺なさなど敗者の感情を持つことになる。

評判欲求が満たされても人間の欲求はまだ満たされないことがある。評判欲求を満たされた人間が次に求める欲求をマズローは自我実現と呼んだ。個人としてできることは何なのか、何をなさねばならないのか。個人が持つポテンシャルを完全に実現したいというのが自我実現である。これは芸術家、発明家、あるいは功成り名を遂げた事業家が最後にたどり着く境地でもある。

しかし、人によっては、評判欲求の充足を得ないで自我実現の欲求階層に達する人もいる。たとえば、理想の母を目指す女性などはそうである。また趣味の世界に自我実現を求める人もいる。いずれにせよ自我実現は個人の内的世界から生じる精神的な欲求である。いわば自我実現は、欲求についての悟りの境地とも言えよう。中野孝次は清貧に甘んじ心の豊かさを追求した人々の生活を描いている。良寛、蕪村、芭蕉のような俳人、画家の池大雅、歌人の橘曙覧など、多くの江戸人が登場する。かれらの生活価値は禁欲、倹約、簡素、風雅、心といった言葉で特徴付けられている(63)。

II 消費近代化の跛行——明治・大正・昭和初期——

世の中が変わってしまった。歴史には、誰もがこう感じる時期がある。明治維新もそのような時期だった。多くの人の目に映じたのは、政治、経済、社会の潮流の大変化だった。それらは、鎖国から開国へ、封建国家から近代国家へ、士農工商から一応の四民平等へ、農業国家から産業国家へという変化から成り立っていた。

政治、経済、社会制度などは、革命、戦争などをきっかけにして、急激に変わる。しかし消費様式は、文化に根ざし、社会全体の人間の日常生活の営みである。政治、経済、社会制度が変化しても、それに伴う消費の変化はそれほど急激ではない。米を主食としてきた社会が、短期間の間にパンを主食とする食生活には変わらない。和服を着てきた人間が、急速に洋服を着出すということにはならない。

しかし、数十年という時間単位で変化をみれば、政治、経済、社会制度の変化は消費に影響する。消費生活にも、新しい種々な変化の小川が生まれる、それらは時が過ぎゆくにつれ、相互に合流して大河となり、新しい時代の消費様式を創り出していく。明治維新から大日本帝国の崩壊に至る期間、どのような消費様式の大河が形成されていったのだろうか。

1　新しい時代の消費者階層

四民平等と個人の抑圧

一八六八年の明治維新によって徳川幕藩体制は終わった。それに代わって、天皇を頂点に仰ぎ、薩長藩閥の専制とも言われる新政府が成立した。これによって人々の消費関係が再編成され、消費様式が大変化していくことになる。

この新政府は、欧米列強に追いつくための富国強兵を目標として掲げ、種々な制度改革や政策を断行した。それらのうちで、とくに消費関係に関連する改革は、階級身分制の再編、家長制家族の温存、地租改正、そして殖産興業政策などである。これらはその後、第二次世界大戦終了期まで、日本人の消費様式の制度的な基盤として大きい影響を与えるようになった。

江戸時代には、士農工商の階級身分制があった。それは奢侈禁止法などを生みだし、身分による消費の抑圧を直接的に行った。一八六九（明治二）年、この封建的な階級身分制は撤廃された。それに代わって、華族、士族、平民の新しい身分が定められ、その翌年には平民の苗字も許された。

一八七一（明治四）年には廃藩置県が実施された。それに伴い、翌年には、当時の人口三、三一一万人が、新しい身分別に戸籍登録（壬申戸籍）された。公家、大名、明治維新の元勲は華族に、武士とその二代以上にわたる奉公人（足軽など）、公家の家臣、寺侍などは士族に、そして農・工・商は平民となった。各身分の人口比率は、華族が〇・〇〇八一％、士族が五・五％、平民が九三・四％である。

同年、散髪・脱刀勝手令が発布された。武士は帯刀しなくてもよくなり、ちょんまげを切り、半髪、惣髪、ざんぎり頭などになった。また平民にも羽織・袴の着用が許された。こうして身分の外見的な「制服」がなくなったのである。とはいえ、この新しい制度のもとで、選挙権などに関しては身分的差別、民法上の権利に関しては性差別があった。しかし、消費に関しては、四民（士農工商）間で平等になった。どのような衣服を着てもよいかなど、消費対象の身分別規制や贅沢禁止などがなくなったからである。

しかし他方で、新政府は伝統的な家長的家族制度を温存した。家長制家族は、消費者行動に大きい影響を与えた。とくに、この制度によって、消費活動における個人主義的行動が抑圧されることになる。明治政府は、教育勅語によってこの制度を正当化し、明治民法、とくにその親族と相続の条文によって制度化した(1)。

教育勅語は、一八九〇（明治二三）年に明治天皇の名において出された。その中で、忠と並んで孝という儒教的倫理を強調し、それによって「家」を正当化した。この勅語は、修身・道徳教育の根本規範であり、次のような言葉で始まった。

「朕惟《チンオモ》フニ我《ワ》カ皇祖皇宗國ヲ肇《ハジ》ムルコト宏遠《コウエン》ニ徳ヲ樹《タ》ツルコト深厚ナリ　我《ワ》カ臣民克《ヨ》ク忠ニ克《ヨ》ク孝ニ億兆《オクチョウ》心ヲ一ニシテ世世《ヨヨ》厥《ソ》ノ美ヲ濟《ナ》セルハ　此《コ》レ我カ國體《コクタイ》ノ精華ニシテ教育ノ淵源亦實《エンゲンマタジツ》ニ此《ココ》ニ存ス…」（私の思い起こすことには、わが皇室の祖先たちが国をお始めになったのははるか遠い昔のことで、そこにお築きになった徳は深く厚いものである。わが臣民は忠と孝の道をもって万民が心を一つにして、代々その美をなしてきたが、これこそわが国体の誉れであり、教育の根本もまたここにある。…）。

祝祭日の学校儀式では、校長が全校生徒の前でそれを厳かに読み上げた。一九三〇年以降になると、多くの学校ではその全文暗唱が強く求められた。こうして、孝のために個人欲求を抑え、親に従うことが、学校教育を通じて刷り込まれていった。

家長制家族を制度化したのは、一八九八（明治三八）年施行の明治民法（旧民法）である。その中で一家に一人いる戸主（家長）が、一家の統率者・支配者であることが明記された。具体的に言えば、戸主は、祖先の祭祀と家の財産とを承継し、家族の婚姻・居所指定権などを持つことになった。この家長は家族全員に権力を持った。家長の下に、父、夫という権威序列があった。父は子に対して、夫は妻に対して権力を持った。三世代が同居する直系家族では、若夫婦の嫁は舅や姑の権力にも従った。

服従者は権力者の言うことを抗しがたいものとして意識した。いや、むしろ進んでそれに服従したと言ってよい。権力に従わなければ、叱責だけでなく、廃嫡《はいちゃく》、勘当、離縁といった強力な制裁措置も待っていたからである。このような家族関係の中では、服従者は権力者と対立し、自身の価値観にもとづいて独立の判断を下すことはできなかった。できなかったと言うよりむしろ、独立の行動をしようという意識さえ芽生えることがほとんどなかった(2)であろう。

家長の権力がもっとも強く働いたのは、中流上層から上流にかけての家族であった。この種の家族では、家長以外の家族は家長に寄生していた。家長が他の家族の経済的・社会的な生活基盤を完全に握っていたからである。農業や商業に従事した平民の家族では、家長の権力はいくぶん和らげられた。これらの職業は家業として営まれ(3)、そこでは家族と経営が未分化であり、家族が協働でその業務を遂行する場合が多かったからである。しかし、家業を営むかぎり、平民家族でも家族秩序として共同体的な雰囲気(4)は重要であった。この雰囲気も家族への一種の権力として働いた。家族の成員は、家長も含めて、自己の願望よりこの雰囲気を優先した。

このような家長的家族制度の下で、個人主義的な消費行動が大きく制約された。この制度は消費における個人主義の存在とその芽生えを抑圧した。この結果、第二次大戦が終了するまで、消費者行動の基本単位は、個人ではなく、家族（世帯）であり続けた。

士族の没落

消費者の主体化にとって、所得水準はもっとも重要な要件である。四民平等への身分再編は、従来の支配階級であった士族の経済基盤に大きい影響を与えた。江戸時代に武士は、世襲的な秩禄によって、その経済基盤を保証されていた。しかし、四民平等の下で、士族の多くの経済基盤は完全に解体された。廃藩置県に伴い、秩禄処分が行われたからである。

秩禄処分はまず士族の家禄削減に始まった。藩主（華族）の家禄は、貢租収入の一〇分の一に定めて、それを藩財政から分離された。家臣団の家禄も同じ程度に削減された。その結果、幕末に総計一、三〇〇万石あった家禄は、一八六九（明治二）年には九〇〇万石、一八七一（明治四）年には四九二万石に減少した。さらに一八七六（明治九）年には、家禄支給は平均一〇分の一程度まで減少していた。同年に、政府は、この家禄支給に代えて、その家禄の五～一四年分の額の公債（年五分から一割の金利）を交付した。これによって秩禄処分は完了した(5)。

秩禄処分の影響は禄高によって大きく異なっている。公債受取人三一三、五一七人の身分構成比率をみると、ほぼ領主層に該当する禄高二二〇石以上は〇・二％、上・中士層の禄高二二石～二二〇石未満は四・九％、下士層の二・二石～二二石未満は八三・七％を占めた。残りはほとんど鹿児島が占めた売買家禄の一一・三％である。これらのうち、領主層は高額の金利収入を世襲的に保証された。とくに華族に列せられた大名層がそうである。かれらは新貴族層を形成することになる。

利用できる資料(6)から、公債によって得られる年間金利収入を計算すると、領主層は平均三、〇二六円になる。また華族に列せられた旧大名二八七名に絞ると、そのうち六七名が五、〇〇〇円以上、残りは二、五〇〇円未満になる。上位受領者には島津、前田、毛利、細川、徳川（名古屋）、徳川（和歌山）、山内、淺野、鍋島、徳川（静岡、元の将軍家）などの大大名が名を連ねる。

トップの島津忠義の金利収入は六六、一四二円、一〇位の徳川家達（静岡）は二八、二二一円である。明治期の年間給与水準(7)が、総理大臣九、六〇〇円（一八八六年）、都知事四、〇〇〇円（一八九一年）、国会議員八〇〇円（一八八九年）からみると、華族層の金利収入がいかに高額であるかがわかろう。それは贅沢な生活をしても余剰が生じ、それを投資に向けるに十分な額であった。

しかし、それ以外の士族の金利収入は、少額であった。士族の四・九％を占めた上・中士層でさえ平均で年九八円（月八・二円、日二七銭）であり、士族の大部分を占めた下士層では平均で年二九円（月二・四円、日八銭）に過ぎなかった。一八七四（明治七）年当時の巡査の初任給が四円、大工手間賃が日四〇銭であった(8)ことと比較すれば、上・中士層でさえその水準は高いとは言えない。下士層に至っては、従来、家禄で支えられていたその生活の経済基盤を完全に失ったことになる。

さらに一八七六（明治九）年の廃刀令は、士族階級のシンボルさえ奪ってしまった。一八七四

(明治七)年の佐賀の乱、一八七六(明治九)年の神風連の乱、秋月の乱、萩の乱、そして一八七七(明治一〇)年の西南戦争は、生活基盤を失った士族の不満がいかに大きかったかを示している。

　士族の大半は、その生活を支えるために、新たに職を求めねばならなかった。その就職先の主要なものは、官公吏、公立学校職員、軍人、警察官などであった。しかし、これらの職業で吸収できた士族は一〇万人程度(9)であり、残りの多くは人力車夫、零細小売商など下層社会へと没落していった。

　零落した士族の一例として、二五歳で夭折した女流作家、樋口一葉とその家族がたどった途がある。一葉の短い生涯を一本の縄のようにあざなっているのは、士族としての誇りと貧困生活の現実である。その相克が彼女の日記を貫いている。下町での小さな菓子屋商売にも失敗してしばらくたった頃、彼女は悲嘆にくれ、日記に次のように記した。

「この月をどうして過ごしたらよかろう。ああ、米もなくなってしまった。お金もまったく入ってきそうにない。」(10)

　亡くなる一年前の初春のことであった。

小作人と地主

明治維新前後から東洋の未知の国の実情をみるべく、欧米列強から来たいく人かの外国人が日本の各地や山村にまで足を伸ばした。かれらの見聞に共通する印象は、簡素な生活（シンプル・ライフ）への日本人の指向、物価の安さ、そして何よりも、けっして豊かとは言えない生活状況にもかかわらず、生き生きとした民衆の表情だった。

外国人たちはすでに産業革命を経た国々から来日したため、産業革命が労働者たちをどのような状態に追い込んだかを知っていた。それは二〇歳前半の青年エンゲルスが「イギリスにおける労働者階級の状態」(11)で告発し、マルクスに経済学研究を動機づけた、出口のない極貧の状態であった。外国人たちはこの物差しで近代化以前の日本を眺めた。そのため、貧困の中にもかかわらず、生き生きとした表情をした日本人に強く印象づけられたのである(12)。

実際に明治維新前後の農村は、いまだ江戸時代の面影を残していた。多くの村里は、くすんだ目立たない色彩によって、周囲の山林の中に溶け込んでいた。それは他の村とは隔離され、日常の生活物資については、ほぼ一つの自給自足圏であった。

質素な家とは言え、はるか遠くをみれば季節によって彩りを変える山々がみえ、それらを借景として家の周囲には広々とした田畑が拡がり、その間を小川が流れていた。それらは生活空間としての家の一部であった。気候が温暖なために、木綿や綿入れの衣服があれば十分であり、厳冬の間は囲炉裏を囲み、それを背にして寝れば、何とか過ごすことができた。

田畑での収穫に加えて、春になると周囲の野原でわらび、せり、ふきがとれ、村落の共有地である裏山に入れば、春には竹の子、タラノキやコシアブラの新芽が、秋には各種のキノコ、栗、柿、椎の実、栃の実がとれた。自然の恵みはその時々の食卓を飾るとともに、冬期に備えて貯蔵された。味噌、醤油、豆腐などは各家庭がつくり、山奥の寒村ですら歩荷《ぼっか》とよばれた山越え運搬人が塩などの必需品を背にして運んできた。

これらの衣食住に加えて、村落社会は何よりも温かい人間関係で結ばれた相互扶助的な共同社会だった。火事で焼けると、家の再建のため村人たちが助けの手をさしのべるのが慣例であった。また山林や田畑の水源などを村で共有していた。農民たちが生き生きとした表情をしていたのは、簡素とは言え自然と調和し、温かい人間関係の中で、精神的には充溢した生活をおくっていたからであろう。

しかし農民の生活は明治維新後しばらくすると急速に変貌し始めた。そのきっかけになったのは、一八七三（明治六）年の地租改正である。この年、政府は個人による土地の私的所有権を認めた。安定した税収を確保するため、それに当初は地価の三％という高い地租を課し、従来の米などの物納に代わって現金納付を求めた。税率が高かったことは、国税総額に占める地租の比率は七五年には八五・一％であり、一〇年後の八四年でも六四・六％を占めていた(13)ことからもうかがうことができる。

現金納税になることによって、農民は大きい経済変動に直接巻き込まれることになった。とくに一八八一（明治一四）年から八五年にかけての松方デフレ期の米価低落によって、零細農民の中に多くの租税滞納者が出た。八三年から八七年の五年間に、約三〇万人が所有地を強制処分されている。困窮した農民の多くは、豪農などによる高利貸しの消費金融に頼り、高利を払いきれず土地を高利貸し（豪農）に手放した。

しかし、土地を得た地主は、先進諸国のように、それを利用して大規模な農業経営を展開しなかった。その代わりに、土地を手放した農民を小作人化して、高い小作料を取る途を選んだ。ここに、耕作面積は小さく区画され、各区画を小作人が耕作するという日本農業の基本構造ができあがった。小作人の中には、地主化した高利貸しの作男にまで身を落とす者もいた。

一八七三（明治六）年には推定で二七・四％であった小作地率は、八三―八四年には三五・九％、八七年には三九・五％、そして一九〇八（明治四一）年になると四四・九％にまで上昇した(14)。四四・九％という数字は、同年における小・零細農家（耕作面積一町未満）の耕作面積が総耕作面積に占める比率、約四六％に近い(15)。つまり、このクラスの農家がほぼ小作化したと考えられる。同

小作人

年の農家数は約五二六万戸であり、そのうち小・零細農家は七一％を占めたから、大半の農家が小作人化したのである。高い小作料によって多くの農民の生活は困窮した。

『日本の下層社会』の著者、横山源之助は、「農民、とくに小作人ほど多大の忍苦を投じて得るところの報酬尠《すく》なく、その生活の憫《あわれ》むべきは世に多からざるべし」(16)と論じた。その困窮の程度は、職人の年収が一二〇～一三五円、日稼ぎ人足の年収さえ九〇～一〇〇円であった一九世紀末、中級の小作人ですら、家族の莚《むしろ》織りなどの内職も含めた年収は七四円が限度であった(17)ことからも推察できよう。

小・零細自作農の小作人へ零落過程の反面は、新しい階層としての地主の登場である。一八八六（明治一九）年には、所有地価一万円以上の地主は全国で五、四〇三人になり、地価ベースで民有地の六・四％を占めた。所有地価一、〇〇〇円以上の自作地主を含めると、民有地の三八・一％がかれらによって占められるようになった。

とくに所有地価一万円以上の地主は、地価の高い近畿・西日本では二〇～三〇町歩、地価の安い東北・九州では五〇～八〇町歩を下限とする広大な土地を所有した。かれらは郡会議員定数の三分の一を政府に与えられ、また多額納税すれば貴族院議員への途も開かれていた。高級旅館に宿泊するさい、宿帳の職業欄に無職と記せば、宿の者は畏怖の眼差しでかれらを眺めた。かれらは明治になって登場した新富裕層である。

こうして農村風景も一変した。プロレタリア作家、小林多喜二は「何処の村でも、例外なく、つぶれかかっている小作の掘立小屋のなかに『鶴』のようにすっきり、地主の白壁だけが際立っているものだ。そしてそこでは貧乏人と金持が、ハッキリ二つに分れている。」(18)と書いた。小作の家では、「夫は作男となりて地主の家に苦しみ、妻は子供の泣き叫べるを傍に見て莚を織るに疲る。前を流るる小川は静かにその苦しみを囁きつつあり」(19)といった光景がみられるようになった。

一方、地主はまもなく「文化の余沢が全然なく、肥料や馬糞の臭気がし、腰が曲って薄汚い百姓ばかりいる」農村を嫌って、農場管理者を残し、都会に移住するようになった。不在あるいは寄生地主として、かれらは「ただ『上《あが》り』の計算だけしていれば、それでよかった」(20)のである。

殖産興業政策による消費者数の増加

明治政府の重鎮、大久保利通、伊藤博文などは、殖産興業政策を推進しようとした。その内容は、官庁組織の中に担当部門を設置すること、製糸、紡績、鉱山、造船などの官営工場を設立し後に民間に払い下げること、そして金融制度、道路、鉄道、港湾などの産業インフラを整備することなどを含んでいた。その狙いは富国強兵を目指して産業革命を起こし、先進列強に追いつくことであった。

産業革命は機械制工業が主要産業に広まっていく過程である。イギリスは一八世紀後半、フランスは一九世紀前半、ドイツは一九世紀中期、そしてアメリカは南北戦争後にそれを達成していた。これらの国では産業革命は自生的に発生した。しかし、明治初期の日本には、その自生を促す原動力が民間に存在しなかった。そこで、政府主導の殖産興業によって、外国から技術導入して、いわば上からの産業化を推進しようとしたのである。

こうした政策の下に、新橋・横浜間に鉄道が開通（一八七二年、明治五年）し、七三年には富岡製糸場など官営工場が開業し始めた。一八八一（明治一四）年には、軍事・鉄道・通信を残して官営工場のほとんどが民間に払い下げられ、財閥発展の機会を与えた。一八八六（明治一九）年から八九年にかけては種々な企業が勃興し、八九（明治二二）年には新橋・神戸間の東海道線が全線開通した。

こうして、一八九四（明治二七）年の日清戦争前後に、製糸、綿紡績業などの軽工業に近代産業が確立し、一九〇四（明治三七）年の日露戦争前後には製鉄・造船など重工業部門にまで拡がっていった。工場数は一八六八年に四〇五しかなかったが、一九〇〇年には七、二八四に増えた。一九三四―三六年価格を一〇〇とする指数をみると、鉱工業指数は四・五（一八七四年）から一四・四（一九〇〇年）に、また農業指数も四一・二（一八七四年）から六三・八（一九〇〇年）に増加した(21)。

産業革命は消費に大きい影響を与えた。その第一は、消費者数そのものを増加させたことである。種々な産業の勃興は、農村の余剰人口を労働力として吸収する機会を提供した。これによって、まず人口が急速に増加し始めた。一八七二（明治五）年に三、四八〇万人であった人口は、産業革命をほぼ終了した一九〇四（明治三七）年には四、六一三万人に達した。大正年間（一九一二―二六年）になると、人口増加率はほぼ年々一〇%を超え、一九二六年（昭和元年）には六、〇七四万人になった。明治・大正の間に人口は一・六二倍にふくれあがったのである。

消費者数の増加という観点からみると、とくに重要な点は人口増加が府県間で不均等であったことである。ほとんどの府県で人口増がみられたが、とくに人口増が激しかったのは、国策として屯田兵など開拓移民が行われた北海道を別にすれば、大都市をかかえた東京、大阪、福岡などの府県である。資料が得られる一八八四（明治一七）年と一九二六（昭和元）年を比較すれば、東京は一一五万から四六九万と四・〇七倍に、大阪は一六三万から三一六万へ一・九三倍に、福岡は一一三万から二三四万へ二・〇七倍に増加した。これらの増加の多くは、出生・死亡による自然増ではなく、農村府県からの社会的移動であった。

資源に乏しい日本の産業は、原材料輸入、完成品輸出という基本構造を持つ。そのため産業立地は国際物流ネットワークの便宜性からみて、巨大港湾を利用できる沿岸立地が有利である。こうして産業革命の担い手となった企業、工場が京浜、阪神沿岸部を中心に立地し、また江戸時代から農村で発達していた種々な軽工業も大都市へ立地移動し始めた。

これらの企業、工場は、小作人化によって窮乏した農村の余剰人口雇用の受け皿になった。また都市住民の増加はさらにその生活を支える流通・サービス業への従事者を吸引した。都市住民は、ほぼ全面的に商品経済に依存して生活するから、都市住民は少なくとも原消費者であり、都市化はさらに多くの消費者を生み出す過程でもあった。

東京などの大都市はとくに、種々な消費者層を創り出した。そこでは上をみるに限りなく下をみるも限りない、貧富貴賤の長い帯が創られていった。最上位には華族、不在地主、高級官僚、高級軍人、財閥系企業経営者などが君臨し、最底辺には木賃宿や棟割り長屋の劣悪な居住空間で肩を寄せ合い困窮生活をおくる多くの貧民がいた。その中間に貧富貴賤の長い帯が形成されていた。その構成者は、弁護士、大学教授、官庁・企業の中間管理者、中小企業経営者、商店主、下級官僚、企業事務職、商業使用人などである。

産業革命はまた農村の商品経済化をさらに進展させることによって、準消費者の数を増やしていった。一八九〇（明治二三）年と一九〇八（明治四一）年を比較すると、自作農の支出のうち現金支出は四九％から五三％へ、小作料を含む小作農の現金支出率は二一％から二五％へ増加している(22)。この数字の背後にあるのは、購入肥料や害虫駆除剤の利用、牛、馬など畜力の導入など農業技術の変化だけでなく、家業としての農家が徐々に崩壊し、職業に変わっていく姿がある。

家業としての農家では、農作以外にも、夜間、雨降りの日、農閑期などに種々な自給業務をしていた。要約的に言えば、木綿から糸を紡ぎ布を織り、藁から履き物をつくり、肥料・飼料を採集し、味噌、醤油、漬け物を自製し、燃料を採集し、炭焼き、紙漉を行うなどである。このため一年中、何かと作業があった。しかし、これらは徐々に商品として購入されるようになっていった。たとえば、主要な農家内職であった地木綿は、紡績木綿との競合に敗れて衰退していった。農家は、「自家の消費せぬ物を多く生産し、生産せぬ物を多く消費する」(23)ようになった。

2　舶来品と日本文化(24)

舶来品の洪水

江戸時代よりずっと以前から、日本人は消費生活を自給自足して国産品に全面的に依存してきた。中国その他外国から遠く海を渡って舶来した品は唐物《からもの》と呼ばれた。それについて、兼好法師の言う「唐の物は、薬の外は、みななくとも事欠くまじ。…唐土舟《もろこし》の、たやすからぬ道に、無用の物どものみ取り積みて、所狭く渡してもて来る、いと愚かなり」(25)という教えを守ってきた。実際、輸入しようとしても、鎖国によって、輸入ルートは長崎出島、対馬、薩摩、松前など少数の細い経路しかなかった。

しかし、幕末にアメリカ、イギリス、フランス、オランダ、ロシアとの修好通商条約（安政五カ国条約）をきっかけに、鎖国から開国へ大きく転換した。これらの条約は、治外法権、関税自主権の放棄、片務的最恵国待遇など不平等条項を含むものであった。箱館（函館）、横浜、長崎、新潟、神戸の五港が開港され、横浜、神戸、長崎には外国人居留地が設置された。とくに横浜、神戸の開港は、東京と大阪という背後の巨大市場を国際市場にさらすことになった。

こうして、幕末の騒乱が沈静化した明治維新から明治一〇年代にかけて、新政府の文明開化政策とも相まって、それまで日本人がみたこともない商品が船来品として怒濤のごとく日本に押し寄せた。消費者を取り巻く商品世界に大変化が生じた。それは消費者史上でまれにみる出来事であった。船来品の洪水に、消費者はどのように反応したのか、それはどのように普及し、それまでの消費生活にどのような変革を迫り、最終的には消費生活を規定してきた日本文化といかに混じり合ったのだろうか。

当初、多くの日本人は船来信仰を持っていた。文明開化という時代風潮を背景に、「何でも唐物、船来品ならよいと思っていた」。そのため、小間物・雑貨など、品質をみただけで評価できないものについては、悪徳輸入商にかかると法外な価格で売りつけられていた(26)。しかし、品質が鑑定しやすく、また生活文化にかかわる衣、食、住の基本商品については、かならずしもそうではなかった。

衣生活の変化

中国が魏・蜀・呉の三国に分かれていた頃、呉の国の織り女が渡来して、着物（呉服、和服）縫製方法を伝えた。その後、日本人は千年以上にもわたって着物を愛用してきた。その間に、素材、

着物の作りと部分名称

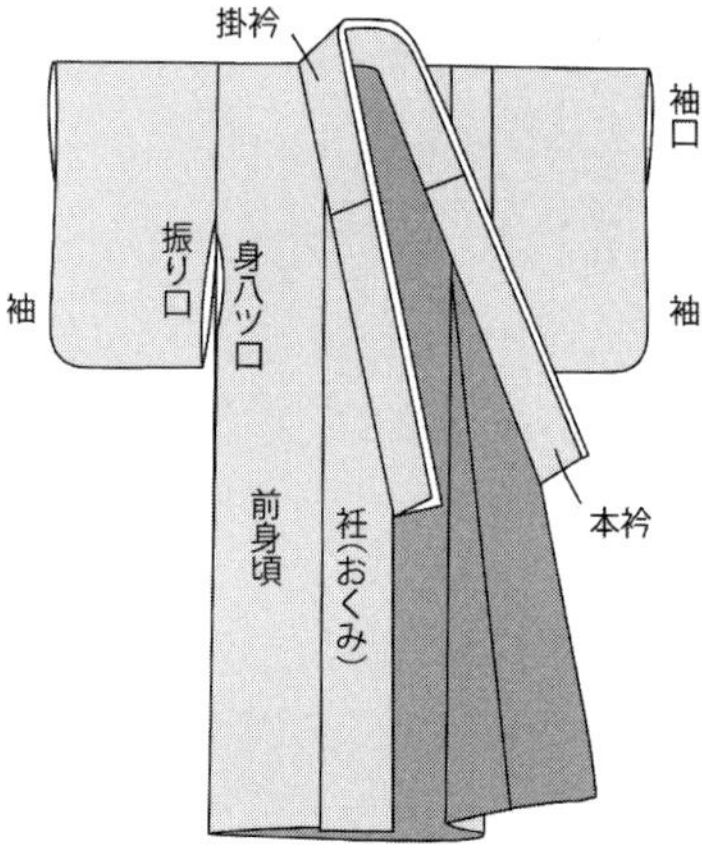

織り方、染色、デザインなどは時代によって変化してきた。しかし、着物の作り方の基本構造には、変化はほとんどなかった。着物を作るには、反物をまず左右の袖、身頃、衽《おくみ》、そして掛衿《かけえり》、本衿《ほんえり》の八つの部分に、直線的に平面裁断してから縫い合わせて作る。

このような裁断、縫製法によって、曲線的に裁断する洋服などと比べると、無駄な端切れが少ない。折りたためば平面になるから収納性に優れている。着物はまた体型を隠し、女性用の着物の場合には身丈は帯の部分で調整できるから、かなりフリーサイズである。さらに糸をほどけば、仕立て直しも容易である。良い着物は三代にわたって着られるというのは、このような特性を持つからである。

着物の縫製技能が女の身につける基本技能であった時代では、古着を買っても、その仕立て直しは容易であった。こうした特性によって、古着需要が大きく、古着屋も多かった時代には、着物の換金は容易であり、着物の所有は貯金と同じであった。とくに、それは女性の財産であり、それを多く持つことは女心に安心感を与えた。

さらに重要なことは、着物は通気性に優れていた。女性や子供用の着物では、外気への八つの開口部ができる。それらは、首の部分、足の部分、左右の袖口、左右の振八つ口、左右の身八つ口である。男性用の場合には身八つ口と振り八つ口は閉じられるが、それでも四つの開口部があった。

これらの通気性によって、日本の自然環境に特有の梅雨や夏の高温多湿期をしのぐことができた。また表地と裏地の間に綿を入れれば暖かくなり、冬の寒さに耐えることができた。草履、下駄、足袋はこれに対応する履き物であった。着物の基本構造が長い間変わらなかったのは、リサイクル性に優れ、また冷暖房設備が不十分な時代に、日本の気候風土にきわめて良く適合した衣服であったからである。

このような衣服文化を持つ国に洋服文化が到来した。洋服文化の推進者は政府であった。まず軍隊の衣服が建軍まもなく統一され洋服化した。一八七〇（明治三）年にはマント、ズボンが陣服になり、めざとい陸軍御用商人の西村勝三は、東京築地に製靴工場を設立して軍靴を製造し始めた。西洋靴製造の始まりである。さらに翌年になると、彼は製靴工場内にメリヤス機械を導入し靴下製造を開始している。一八七二（明治五）年には海軍下士官の制服としてセーラー服が登場し、官吏も公服を洋服化し、靴を履いて登庁するようになった。軍隊や官庁での洋服採用は、その着用経験者を増やし、また人々の目に触れることによって、洋服の宣伝塔の役割を果たした。

洋服や靴による洋装は、一般の消費者にはなかなか普及しなかった。東京銀座に丸善、森村、大倉組などの洋服店ができたのは一八八二（明治一五）年である。後に東京の指導的百貨店になる白木屋が洋服部を開設したのは八六（明治一九）年のことである。既製服がなかったし、安い洋服地もなかった。このため背広を着ようとすれば、英国製の布地を使って仕立てる必要があった。そのような背広注文服は、明治の後半でも一五〜二〇円、大正になっても二五〜三〇円した。小学校教員の初任給が明治の後半では一〇〜一三円、大正の中頃になっても一二〜二〇円であったから、一ヶ月の給与分を超えていた。洋服の価格は一般消費者の手に届くものではなかった。

価格だけの問題ではない。西洋の寒い気候にあった洋服は、日本の気候には合わなかった。さらに洋服に必要な靴もなかなか普及しなかった。ほとんどの道は舗装されておらず、雨が降るとかならずぬかるみができた。また住宅の構造によって、西洋とは違い、たびたび履き物を脱ぐことが必要だった。このような事情から、下駄に比べると、靴はきわめて不便な履き物であった。当時の日本の自然・文化事情からみると、「衣服ばかりが単独に洋化するわけにはいかなかった」[27]のである。

こうして、一般の消費者は着物を愛用し続けた。洋服を着用したのは、エリート官僚、大学教授、若手実業家などに限られていた。かれらは、たえず人力車や車で移動し、洋服を買う資力があるだけでなく、西洋文化に敏感であった。女性の場合には、少し遅れ、一八八一（明治一四）年になって外交官夫人にかぎり洋装を認めた。鹿鳴館時代の一八八四（明治一七）年には、上流婦人に洋服、夜会服などが流行し始めた。それは、上流社会での外国人を交えた華やかな舞踏会で使われた[28]。しかし、その着用機会は外国人との交流に限られていた。

また、一八八六（明治一九）年頃からとくに女学校制服などに取り入れられ始めた。しかし、良家の子女たちさえ、公式的な交流機会ではどのような着物を着ていくかが最大の関心事であった。明治の歌人、中島歌子の歌塾「萩の舎」は、上流階級の子女を多く集めていた。その初歌会を控えた一八八七（明治二〇）年一月一九日、子女たちは以下のような会話を囁きあって、はしゃいでいた(29)。

「誰々さんはお振袖を召されますよ」
「あなたは白衿に裾模様の着物がよろしいでしょうよ」
「いいえ、白襲《しろかさね》に裏模様の着物の方がもっとよろしいでしょうよ」
「色は何色になさいますか」
「藤色に朽葉色の三重ねになさいませよ」
「高麗色に薄紅梅の下着の方がもっとお似合いでしょうよ」

大正から昭和の始めにかけて、先端を走る女たちが洋装を試み始めた。しかし、一九二五（大正一四）年になっても、銀座を歩いている女性の九九％は和服であり、洋装は一％に過ぎなかった。男の場合は、洋装六七％に対して和服三三％である(30)。服装が広く洋装化するのは、第二次大戦後である。昭和に入って戦時下に男には国民服が制定され、また女性にはもんぺの着用が奨励され、その活動性を体験したことが下地になっている。

食生活の変化

明治維新後にもっとも変わったのは食生活である。明治維新後から明治一〇年代にかけて、多様な野菜、果実の種、苗、栽培法が移入され、それらの栽培が試みられ始めた。それらはタマネギ、芽キャベツ、オクラ、クレソン、白菜、馬鈴薯、アスパラ、トマト、落花生、カボチャ、トウモロコシ、ブロッコリーなどの野菜類だけでなく、プルーン、ラズベリー、リンゴ、梨、ハタンキョウ、ブドウ、オレンジ、レモン、イチゴ、メロンなどの果実類である。

また魚の調理法についても、鉄道などの物流の発展に伴い、刺身などが地方に普及した。江戸時代には、刺身は沿海部の大都市に限られていた。沿岸部を離れた地方の人たちは、魚と言えば塩干ものしか知らなかった。また一八七七（明治一〇）年になると北海道から鮭、鱒、鰯の油漬け、鮑、タラバガニなどの缶詰が出荷されるようになった。

加工食品についてみると、明治維新後まもない一八六九（明治二）年にパン製造が始まった。その数年後には種類も増え、あんパン、フランスパン、イギリスパンなどが造られている。八二年には東京のパン小売店数は一一一六軒に達した。パン食に関連して、ジャム（七一年）、バター（七三年）、洋菓子（七四年）、コーヒー（七五年）の製造や販売が始まっている。またハム製造は七六年に始まっている。酒類についても、六九年にはビールの醸造が試みられ、七一年にはウィスキー・ブランデーが輸入され、リキュールの製造が始まっている。

飲料の中でも、牛乳の普及は急速だった。すでに早く、一八七〇（明治三）年には政財界人の間で牛乳屋経営が流行した。東京府内の七九年の搾乳高は一二二万九四八合であったが、四年後の八三年には三三三万三、四八三合と短期間の間に三倍近くにも伸びている(31)。一八六八（明治元）年に一八〇CCで一二銭もした牛乳は、七九（明治一二）年には四銭と三分の一になり、八三（明治一六）年には三銭五厘まで低下した(32)。八一（明治一四）年には宅配が東京で始まっている。牛乳の普及は、この宅配と価格低下によるところが大きく、急速に普及した西洋食材の一つになった。

しかし、明治維新後の食生活の変化で、もっとも大きいものは肉食の増加である。江戸時代まで、獣肉食が宗教上の禁忌とされたため、日本人は山鳥、イノシシや、地方によっては馬などを細々と食しているに過ぎなかった。しかし、開国に伴い外国人が食肉文化を持ち込んだ。すでに幕末の横浜では外国人用の牛屠場ができている。

維新後になると、肉食が日本人の間にも急速に増えたので、政府は早くも一八七一（明治四）年に東京・高輪に牛屠場設置を許可しなければならなかった。さらに七四（明治七）年には、東京の本所、大久保に豚専門の屠場も設置された。八二（明治一五）年になると、東京で豚肉の食用が増え、隣接県の千葉では養豚が盛んになった。

もっとも、以上のような西洋食材のほとんどは、西洋料理として調理され、日本人の食卓にすぐに上がったわけではない。当初、これらの食材は開国によって増えた外国人向けであった。それを使った西洋料理店もかれら向けであった。一八六九（明治二）年、長崎県人の大野谷蔵が、外国人相手に横浜で「崎陽亭」を開業した。これが西洋料理を名乗った最初であると言われている。七六（明治九）年になって初めて、日本人向けの本格的西洋料理店「上野・精養軒」が開業した。

一八八二（明治一五）年頃になっても、西洋料理は並食でも四〇〜九〇銭した。同じ頃、小学校教員の初任給は五円（一八八六年）、巡査の初任給は六円（一八八一年）であったことからみると、一般消費者にとっては西洋料理は高嶺の花であった。外国人と交流のあった上流階級や知識階層を除けば、一般の消費者はナイフとフォークの使い方、スープの飲み方すらまだ知らなかった。

食材の文化融合

西洋食材は、西洋料理としてではなく、むしろ当時の日本の消費文化と融合して、新しい料理メニューを生みだし、その中に吸収された。その代表事例は、牛鍋（すき焼き）、肉じゃが、カレーライスなどである。

牛鍋屋（あるいは牛肉屋）は幕末の横浜にすでに開店していたと言われる。東京で牛鍋の標準味をつくったのは、一八六八（明治元）年に横浜で開業した高橋音吉の「太田なわのれん」である。それは牛肉をぶつ切りにして、ネギを加え、わりした（醬油、砂糖、酒、みりんなどを加えて煮立てた汁）も使いながら、甘口の煮込みにしたものであった。翌年には東京の芝、神楽坂、蛎殻町、小伝馬町などにも現われた。一八七七（明治一〇）年には、東京の牛肉屋は五五八件に上り、一年間に七〇二五頭の牛が屠殺されるようになった。

一方、関西では一八六九（明治二）年に神戸元町に「すき焼き」店が開業した。牛肉をまず焼いてそれを砂糖・醬油・出汁で調理した。一八八一（明治一四）年には大阪に九店の「すき焼き」屋が登場し、生卵につけて食べることも行われ始めた。現代のすき焼きは、これらが合流し、さらに炊き込む食材を増やしていったものである。

牛鍋は文明開化を象徴する新しい料理だった。それは「士農工商老若男女。賢愚貧福おしなべて。牛鍋食わねば開化《ひらけ》不進奴《ぬやつ》」(33)という、幕末からの戯作者、假名垣魯文の言葉に表れている。こんなうまいものをなぜいままで食わなかったのかとばかり、ほとんどの消費者階層に受け入れられた。これに対応するため、一八七四（明治七）年にはすでに牛鍋店の上、中、下の階層分化が生じている。店頭に旗を立てた店が上等、提灯をたてた店が中等、障子戸だけの店は下等だった。ネギと一緒に煮る並の牛鍋は三銭五厘であったから、庶民でも食べることができた。

牛鍋を食べることによって、人々は文明開化を体感し、新しい時代の息吹を感じ取っていた。假

牛鍋屋

名垣魯文の小説「牛店雑談　安愚楽鍋」の挿絵が示すように、牛鍋屋には多様な階層、職業の人が訪れた。その中でもとくに、激動の時代をただひたすら駆け抜けようとする精力的な男にとってとくに活力源となったのであろうか。

森 鷗外の小説、「牛鍋」[34]では晴着らしい半纏をまとった三〇歳前後の職人風の男が、渇いた目で彼を見つめ続ける女、死んだ友人の幼い娘と三人で牛鍋を囲んでいる情景が出てくる。女は箸をつけず、娘が大きい肉に箸を出そうとすると、「そりゃあ煮えていねえ」と牽制しながら、男は精力的に牛肉を食い続けるのである。

牛鍋が広く普及したのは、牛肉を食べて西洋人のような大きい体になり、激動の時代を行く抜こうという想いだけではない。牛鍋は牛肉という西洋食材と日本文化の融合だった。牛肉を西洋料理風に調理しようとすれば、種々なスパイス、ワイン、ハーブなどが必要になる。またそれに対応した皿、ナイフ、フォークが必要になる。当時そのようなものは普及していなかった。牛肉を西洋風に調理し、食する料理体系のシステムがそのものとしてまだ導入されず、牛肉という食材だけが利用できたのである。

だからこの食材を日本の料理システムと融合させる必要があった。牛肉を味噌、醬油、砂糖などで味付けして、小鍋で煮ながら食べるというのはこの融合である。しかも小鍋料理では、食の個人自由(35)が可能になった。食膳料理と違って、個人が好きなだけ食べることができたからである。明治に入って日本人の食べるものは、より暖かく、より柔らかく、より甘いものに変化し、小鍋で煮る料理が増加しつつあった(36)。牛鍋はこのような食嗜好の時代的変化にも適合していたのである。

この種の文化融合は、肉じゃがやカレーライスの登場でもみられる。肉じゃがは、ビーフシチューに相当するものをつくろうとしてできた料理である。ワインもドミクラソースもない明治初期に、東郷平八郎は艦上食としてビーフシチューをつくれと料理長に命じた。困った料理長は、牛肉にジャガイモを加え、それを醬油と砂糖で味付けした。それが肉じゃがの始まりである。

インド料理では、カレールーにナンなど種々な食材を浸して食べる。カレールーにはかならず肉を入れるとは限らない。しかし、カレールーに肉、ジャガイモ、タマネギなど種々な西洋食材を入れ、それを日本流に炊飯した米にかける。これがカレーライスの誕生である。そこには西洋と日本の食材・調理法の文化融合がある。ある料理を支える体系要素に欠落部分があるとき、その欠落部分はその地域の食文化要素によって補完され、その結果、文化融合としての新しい料理が生まれるのである。

西洋食材の普及に関しては、軍隊が果たした役割はきわめて大きい。富国強兵を目指して兵士の身体能力を向上させることは軍隊の悲願だった。このため兵食に西洋食材を積極的に採用した。すでに早く、一八六九（明治二）年に海軍は牛肉を採用した。一八七三（明治六）年には陸軍食堂メニューにライスカレーが登場した。陸軍は兵食予算を一人一日六銭六厘とし、その内容を米六合（生白米で九〇〇グラム）、牛肉二四匁（九〇グラム）、魚適宜と定めた。徴兵制によって召集された兵士の多く、とくに陸軍兵士は牛鍋屋など存在しない農村出身であった。兵食メニューはかれらに種々な肉料理を体験させた。

肉料理とともに、軍隊はまた米飯のおいしさを教えた。従来、米の物流ルートは城下町と港町だけに向かっていた。そのため、米食はそれまで山間部や畑場でもそれほど多くなかった。たとえば八王子川口村での食生活は、大麦・小麦六〇%、芋・甘藷二〇%で、米は二〇%にすぎなかった。

しかし、多くの若者が陸軍二年、海軍三年の兵役期間の米食体験をふるさとに持ち帰っていった(37)。軍隊は次世代消費者に洋装や肉食だけでなく、米食を教える消費者教育の学校でもあった。変化を受け入れやすい若者世代を集めて教育し、社会に送り出していく効率的な教育機関だった。それは米食が主流となっていく傾向を促進した。

米食の主流化を除けば、西洋食材の流入も、一般消費者、とくに大半を占める下流層の日常の食生活には大きい変化を起こさなかった。日常の食生活は、米飯と野菜を中心とした。魚肉など高タンパク質の食材はほとんど使われず、摂取カロリーから言えば粗食であった。

たとえば、一八八六（明治一九）年に内務省衛生局が越後屋呉服店（後の三越百貨店）店員九〇人の食事調査をした。それによれば、朝食は白米、なす、味噌、沢庵、昼食は白米、沢庵、そら豆、砂糖、醤油、夕食は白米、沢庵を摂取していた。これらの食事から得られるカロリーは一八〇〇に過ぎなかった(38)。しかし、越後屋呉服店だけがとくに低かったわけではない。それは当時の国民一人当たりのカロリー消費量のほぼ標準値に該当した(39)。

一八九九（明治三二）年前後、人力車夫は一日に四五銭程度稼ぎ、そのうち食費として米代に二八銭六厘、朝の汁代二銭、おかず代に五銭使っていた(40)。群馬県黒保根村の一九一〇（明治四三）年度一人当たりの平均食費は、二六円〇七銭であり、そのうち、米、野菜、味噌、醤油、漬け物、砂糖、茶が、二二円九五銭と八八％を占めていた。明治になって卵、牛乳、砂糖などを新たに摂取し始めたが、それらの支出割合は、三・一％と僅少に過ぎなかった(41)。米さえ食えれば幸福である。この感情が、消費者の間に広く行き渡り始めていたのである。

しかし、国産白米のご飯を誰もが十分に食べられたわけではない。米価が消費者の所得上昇を超える上昇率で高騰し始めるからである。東京での白米一〇キログラムの標準小売価格は、一八六八（明治元）年には五五銭であった。これを基準にすると、一八九〇年代には上がり始め一八九七（明治三〇）年には一円一一銭とほぼ二倍になり、一九〇七（明治四〇）年には一円七八銭と三倍以上に、また第一次大戦後以降は五倍以上に跳ね上がっている(42)。

この米価高騰に対応するため、すでに一八九〇（明治二三）年には国産米より四割ほど安い南京米が出回っている。南京米とは、中国、インド、東南アジアから輸入した外米の通称である。粘質に乏しく、日本流に炊飯すると、パサパサで独特の臭みがある。現在でも第二次大戦前に生まれた世代には、この種の外米を食べた経験を持つ人がかなりいるだろう。日本米の炊飯に慣れた口には食べられるようなものではない。しかし、南京米は下流層の米食の主要素材であった。

住生活の変化

日本は春夏秋冬によって気温が大きく変化し、湿度の高い国である。春と秋は過ごしやすいが、梅雨時からは蒸し暑く、夏にはさらに猛暑が訪れる。冬になると雪が降るが、温暖な太平洋側はほとんど積もらず、初雪などはかえって茶の湯、酒宴などの遊楽の機会であった。日本海側の雪国では積雪は軒まで迫ったが、それらは寒風を防ぎ、かえって寒さを和らげる居住空間を作り出した。採光が悪くなり家内は暗くなったが、高窓の雪を払うことによって、ある程度は改善できた。居住で大変な作業は、冬期に雪が降れば家族総出で行う必要のあった屋根の雪下ろしぐらいであった(43)。

こうして、「家の作りやうは、夏をむねとすべし。冬は、いかなる所にも住まる。」(44)という考え方が何世紀にもわたって日本家屋に取り入れられてきた。この夏への対応を主とする考え方に沿って、壁が少なく、外に向かって掃き出しなど、多くの広い開口部を持つ日本家屋ができあがった。

家の構造は壁ではなく柱で支えられ、部屋は襖で仕切られていたから、家全体の通気性はきわめて優れていた。冬になると、家全体を暖房するという方法の代わりに、囲炉裏、炬燵、火鉢などの局所的暖房器具が使われた。夏の暑さにはうちわを使い、夕刻になると庭や前の道に打ち水をして、床几に腰掛けながら夕涼みをした。

一般の家では、家族数に対してみると住空間は広くはなかったから、多くの部屋は多目的であり、それに対応した家具が使われた。折りたたみ式食卓、布団などがその例であり、部屋に付属して押し入れなどの収納空間が不可欠であった。また火鉢などの暖房器具や、あんどん、ランプなどのように移動式の器具が使われた。

このような居住文化を持つ国では、洋風住宅やそれを支える家具は、たとえ舶来品とはいえ、後に冷暖房設備が普及するまでは、ほとんど普及しなかった。洋風住宅は、家の構造を四面の壁で支え、通気は壁に空けられた窓によるため、外気との通気はより少ない。それはいわば、冬をむねとしている。また各部屋は壁で明確に区切られ、寝室、食堂、居間、書斎など特定目的に使われる。テーブル、椅子、大きい机、寝台、固定式の照明器具、本箱、飾り棚、食器入れなどがそれに対応した家具であった。

明治初期の東京における洋風家具の製造数量をみると、椅子一万四、四八〇個、テーブル二、七三六個、寝台三三五個、ランプ・ホヤ五万三、九〇〇個である(45)。これらの数字は、住生活の洋風化の採用が一般には急速には普及しなかったことを示している。これらの洋風家具を買ったのは、留学など海外生活経験を持つ高級官僚など、上流階層だけだった。

そのような父を持った永井荷風は、すでに一八七九(明治一二)年頃、彼の亡父が一〇畳の居間に椅子、テーブルを据え、冬はストーブに石炭を焚き、パイプをくわえて読書していたこと、またテーブルに白い布を掛け、家庭風の西洋料理を食べていたことを追憶している(46)。

しかし、大正末期の一九一八(大正七)年頃になると、洋風住宅も特定地域で先端的に建てられ始めるようになった。赤いスレート葺きの急勾配の屋根、白いモルタル塗りの外壁、そこにはカーテンつきのガラス窓がところどころ開き、ポーチの前にちょっとした前庭があり、内部には洋間がある。このような洋風住宅が建てられ始めたのは、大正末期の一九一八年頃からであり、とくに関東大震災後に目白、杉並など、当時の東京郊外部に文化住宅の名の下に目立つようになった。

それはハイカラを好む中流上層の消費者のあこがれの的になった(47)。しかし多くの洋風住宅の内部は、今日の洋風住宅と同じように和洋折衷型であったことだろう。函館のような北国で、しかもそれまで和風住宅文化の蓄積がほとんどない都市でさえ、一階が和風、二階が洋風という折衷様式であった。

3　個人消費支出の変化

集計行動としての個人消費支出

明治維新による消費者層の再編や舶来品の導入は、以後の消費発展の新しい出発点を与えることになった。これによって、消費は江戸時代とは異なる軌道にそって発展することになる。この消費発展の特質を全体として捉えるために、個人消費支出の動向に注目してみよう。

個人消費支出とは、消費者全体がたとえば一年間に生活のために支出する金額の総計である。したがってそれは個人消費者による支出を社会的に集計したものであり、消費者全体の集計行動を表している。消費市場規模や消費市場といった言葉は、この個人消費支出を表す別の用語である。

個人ベースでみると、消費支出は消費者間ではかなり異なる。富裕層は貧困層の何倍もの消費支出をする。社会全体での消費支出の姿は、消費支出の個人間分布で示される。つまり横軸に支出クラスを取り、縦軸に各クラスの相対比率を示す分布である。統計学が教えているように、この分布全体の代表的特徴は、平均、分散、歪度などの数値で示すことができる。

平均とは、たとえば人口一人当たり消費支出額といった数値である。分布が中央で高く、両裾へ行くに従い低くなる釣り鐘状の単峰型分布では、平均は分布の適切な代表値である。分散は消費支出格差がどの程度に散らばっているかの尺度である。ほとんどの人が中流意識を持つ社会では、分散は小さく、貧富の差が大きいと感じている社会では分散が大きい。また、歪度は分布が貧富いずれかの方向に大きく歪んでいるときには大きくなる。一握りの富裕層がおり、他はすべて貧困層であるときには、歪度は大きくなる。

一八八〇（明治一三）年に、日本の個人消費支出は約三五億一、八三〇万円、人口一人当たりの額は九六円であった。これらの数値を一〇〇とする指数が、その後一九四〇（昭和一五）年まで一〇年ごとに、どのように変化していったのか。その様子は図II-1に示されている。

個人消費支出については、一九一〇（明治四三）年には一・八五倍、一九四〇（昭和一五）年には三・八八倍に成長している。二〇世紀の最初の一〇年間は、産業革命が終了して、日本の資本主義

図Ⅱ－1　個人消費支出（消費市場）と人口1人当たり消費支出の成長

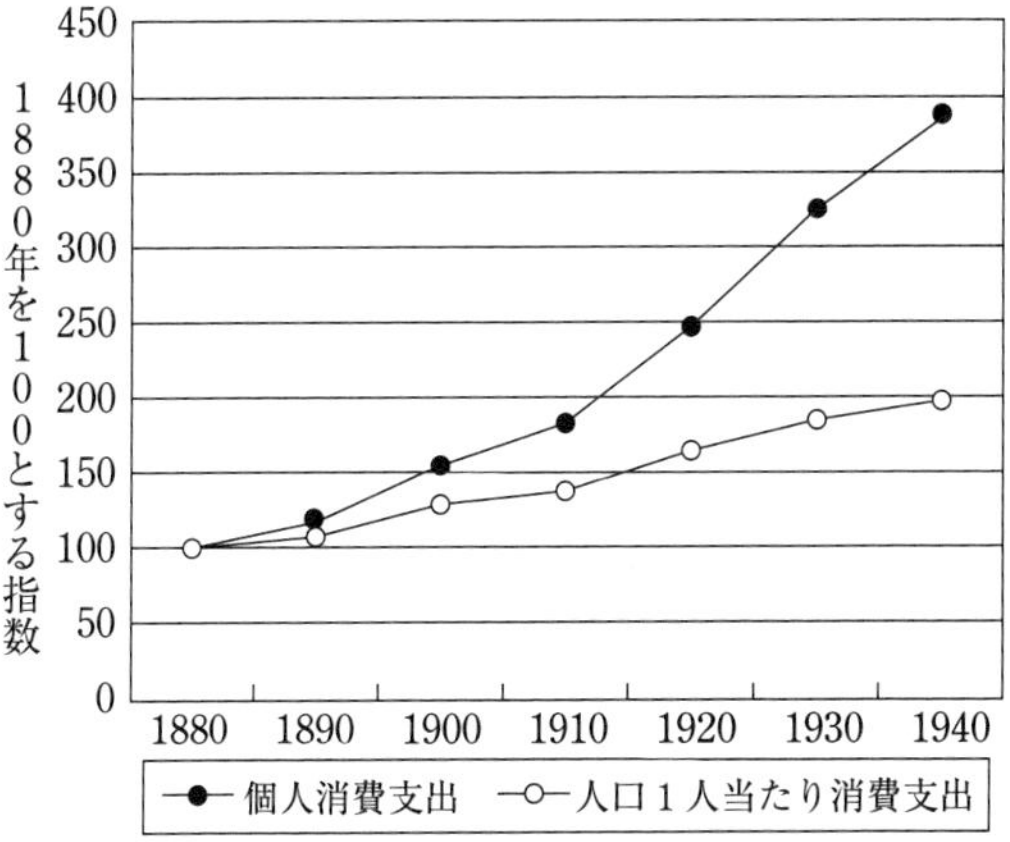

データ源：篠原三代平，「個人消費支出」，東洋経済新報社，1967年の表1－9より計算。1934～36年価格による実質値を使用。

が確立した時期といわれる。この結果として個人消費支出も一九一〇年以降になると、その成長率をより高めているのが特徴である。日本の消費市場はより大きい規模に成長していった。

しかし、人口一人当たりの個人消費支出の動きは、消費市場全体（個人消費支出）の動きとは大きく異なっている。まず、人口一人当たりの数値の成長率は一九一〇年以降は高まっているが、その大きさはいずれの年度においても、消費市場全体（個人消費支出）に比べてはるかに低い。

一八八〇年を一〇〇とする指数では、人口一人当たりの個人消費支出は、一九一〇年には一・三八倍に、また一九四〇年には一・九八倍になっているに過ぎない。これが意味することは、一八八〇年から一九四〇年にかけての消費市場の成長は、個人消費者の富裕化だけで達成されたものではないということである。

人口増に依存する消費市場

消費市場、つまり個人消費支出は、人口一人当たり個人消費支出に人口を乗じたものである。人口一人当たりの個人消費支出がそれほど成長しなくても、人口が大きく成長すれば、その乗算結果としての個人消費支出は成長する。実際に日本の人口はこの間に大きく成長した。一八八〇（明治一三）年に三、六六五万人の人口は、一九一〇（明治四三）年には四、九一八万人、そして一九四〇（昭和一五）年には七、一九三万人にまで成長した。一八八〇年から一九四〇年にかけての消費市場の成長は、このような人口増に大きく依存している。

各一〇年ごとの個人消費支出（消費市場）の成長に対して、人口一人当たりの個人消費支出と人口はどの程度に寄与したのだろうか。図II-2に示すように、消費市場が（$P \times C$）から（$P' \times C'$）へ成長したとしよう。そのさい、人口一人当たりの消費支出の増加分はΔCであり、人口の増加分はΔPであったとしよう。この成長による消費市場の増分は、図中の網カケ部分であり、成長後の消費市場（$P' \times C'$）から元の消費市場（$P \times C$）を差し引いたものである。

図Ⅱ-2　消費市場成長への３種の効果

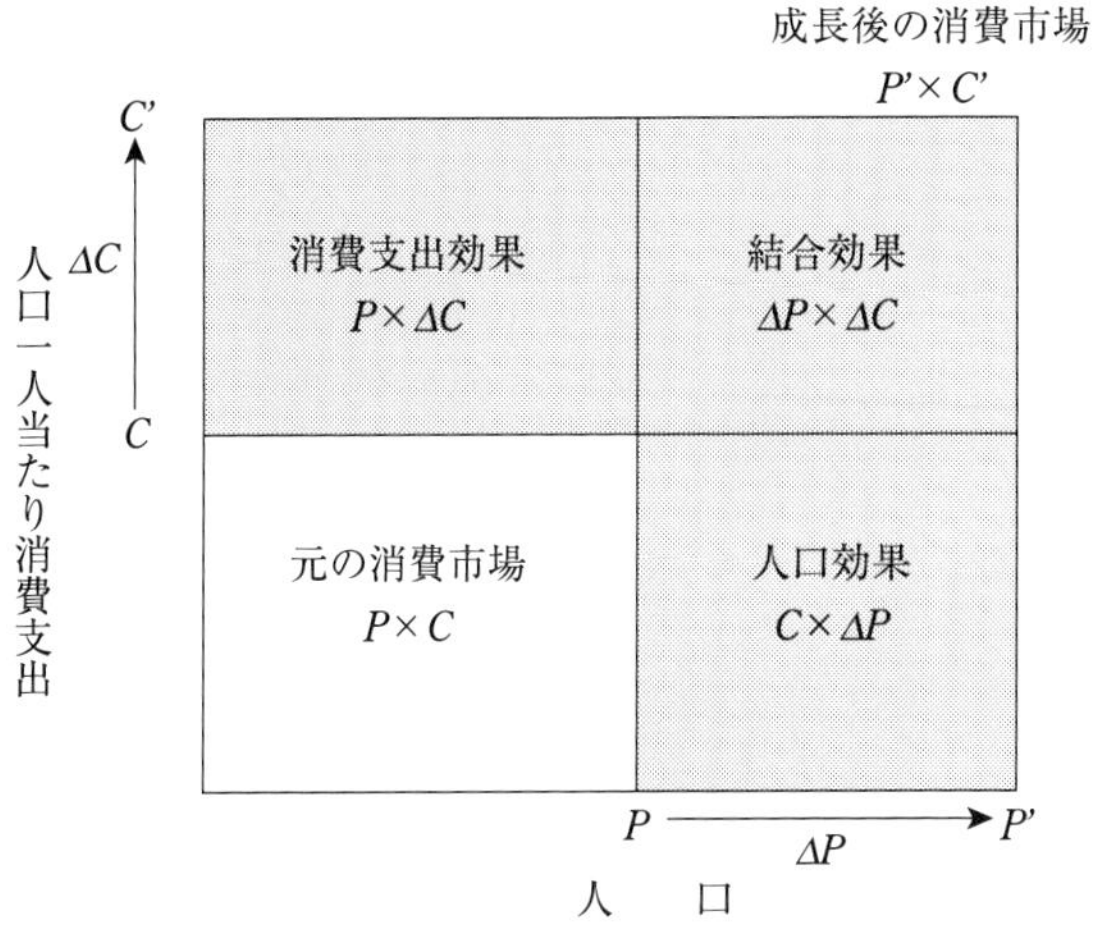

この消費市場の増加分は、図に示すように、消費支出効果、人口効果、結合効果という三種の効果から構成されている。消費支出効果は人口が増えなかったとしても、一人当たり消費支出の増加によって成長した消費市場の部分である。同じように、人口効果は一人当たり消費支出が増えなかったとしても、人口増加だけによって成長した消費市場の部分である。結合効果は人口一人当たり消費支出と人口の両方の増加の相乗作用によって増加した消費市場の部分である。それぞれの効果の寄与率は、消費市場の増分（$P' \times C' - P \times C$）に対する各効果の比率によって示すことができよう。

これを年代別に計算してみると、図Ⅱ-3のようになる。二〇世紀になるまで、個人消費支出（消費市場）の成長は、人口増加よりも人口一人当

図Ⅱ－3　消費市場（個人消費支出）成長への人口効果と消費支出効果の寄与率

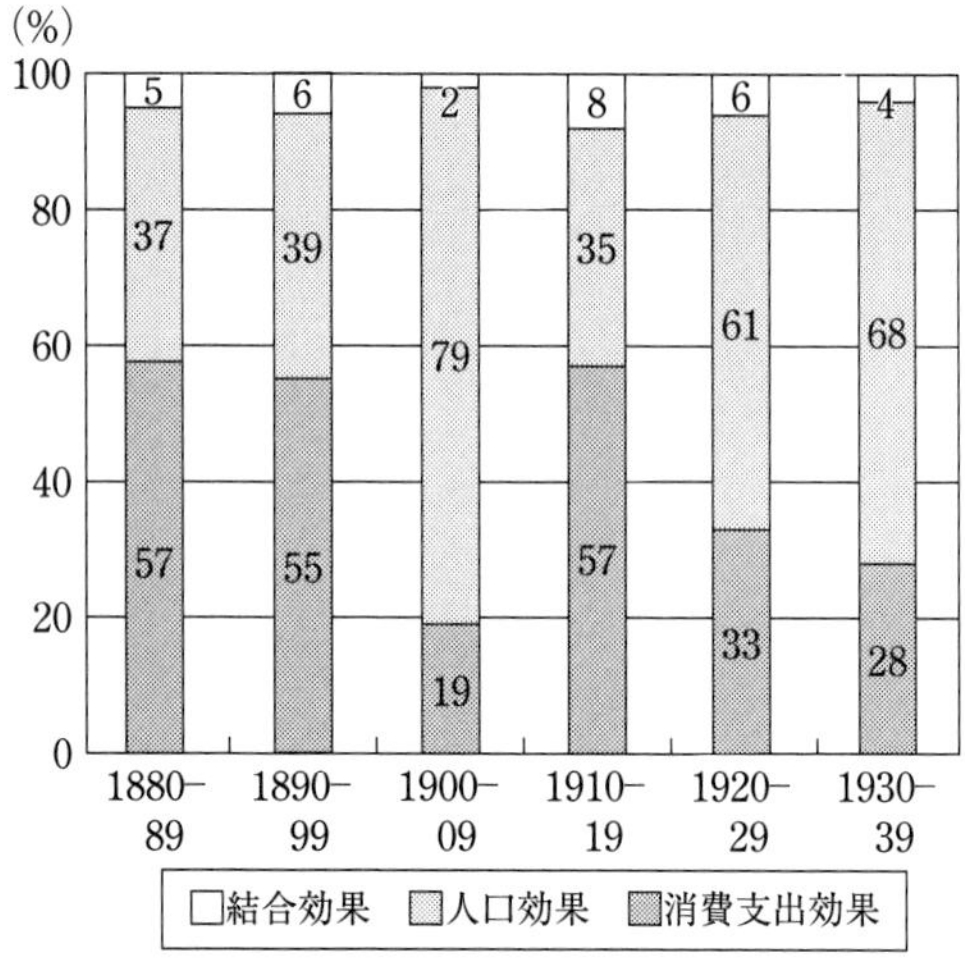

データ源：篠原三代平，「個人消費支出」，東洋経済新報社，1967年のデータより計算。

たりの消費支出の増加に、つまり消費者が平均的に豊かになることにより大きく依存していた。しかし、二〇世紀になると、第一次世界大戦による好況の影響を受けた一九一〇年代を除けば、個人消費支出（消費市場）の成長は、消費者が平均的に豊かになることよりも、人口増によって消費者の頭数が増えることにより大きく依存するようになる。とくに一九三〇年代（昭和五―一四年）では、この間の個人消費支出（消費市場）の成長の七〇%近くが人口増加によるものになった。

個々の消費者が豊かになることよりも、むしろ消費者数そのものの増加に、消費市場成長がより大きく依存するようになっていくこと、これは明治以降から第二次大戦前までの日本の消費市場発展の基本的なパターンである。このようなパターンはなぜ生み出されたのか。数字の背後を探ってみよう。

貧困な大衆層

平均的にみると、消費者個人がそれほど豊かになっていかない。このことの最大の原因は、消費者間で消費支出に大きい格差があり、貧富の差が大きいからである。とくに問題は、頭数から言って最大のセグメントである農民層の貧困であった。前章でも述べたように、一八七二（明治五）年の壬申戸籍では総人口は約三、三三〇万人であり、そのうち農・工・商などからなる平民は九三％を占めた。都市在住の工・商からなる町人が五～一〇％と推定されているから、人口に占める農民比率は八〇％を超えていたと思われる。

明治維新以降、人口が急速に増加したが、その多くは都市人口として吸収されていった。しかし、図II-4に示すように、明治末期の一九〇五年になっても、人口に占める農民の比率は七〇％近くあり、その後は低下するものの一九四〇（昭和一五）年になっても、日本人の半分は農民であった。頭数からみて、農民層が消費市場の中核を占めるという基本構造は変わっていない。

一八七三（明治六）年の地租改正以降、農民は自作、自小作、小作の三層に分解していった。自

図Ⅱ-4　農家戸数と農民人口比率の推移

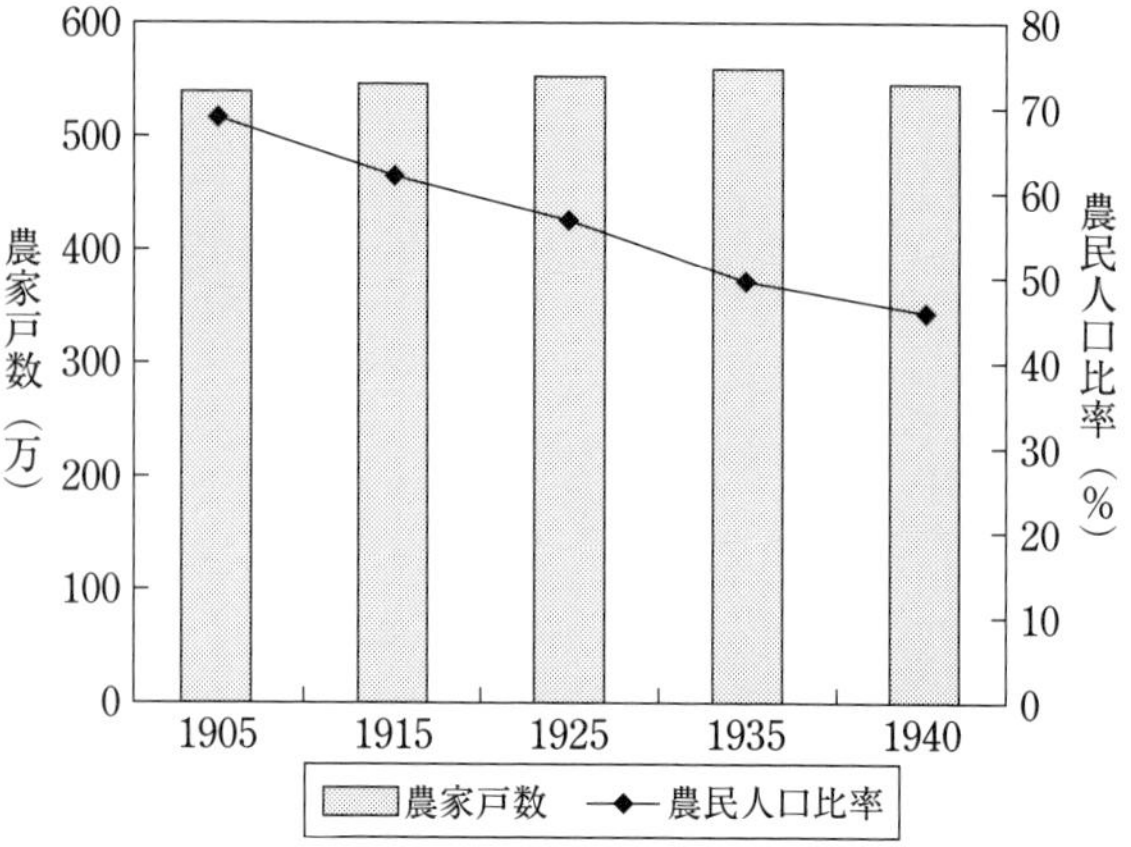

データ源：総務省統計局，「日本の長期統計系列」，のデータより作成。

作は自分の耕地を所有する農家であり、小作は農地を持たず地主からそれを借りて耕作している農家である。この中間にある自小作は自己の耕作地が狭く生計を立てられないので地主から土地を一部借りて小作も行う農家である。データが得られる一九二二（大正一一）年以降についてみても、一九四〇年までこれらの農家層の構成比率はほぼ一定している。自作農は農家の三割、自小作は四割弱、小作は三割弱を占める[48]。

月間消費支出をみると、自作、自小作、小作の順で低くなり、自作に対して自小作は一四〜一八％減、小作は二二〜三三％減となる。さらに問題は農民層の水準が、主に都市在住の俸給生活者・労働者の水準や全職業平均水準をもはるかに下回る傾向のあることである。とくに農家の七割を占める自小作、小作の消費水準がはるかに下回って

図Ⅱ－5　種々な消費階層の月間消費支出（単位：円）

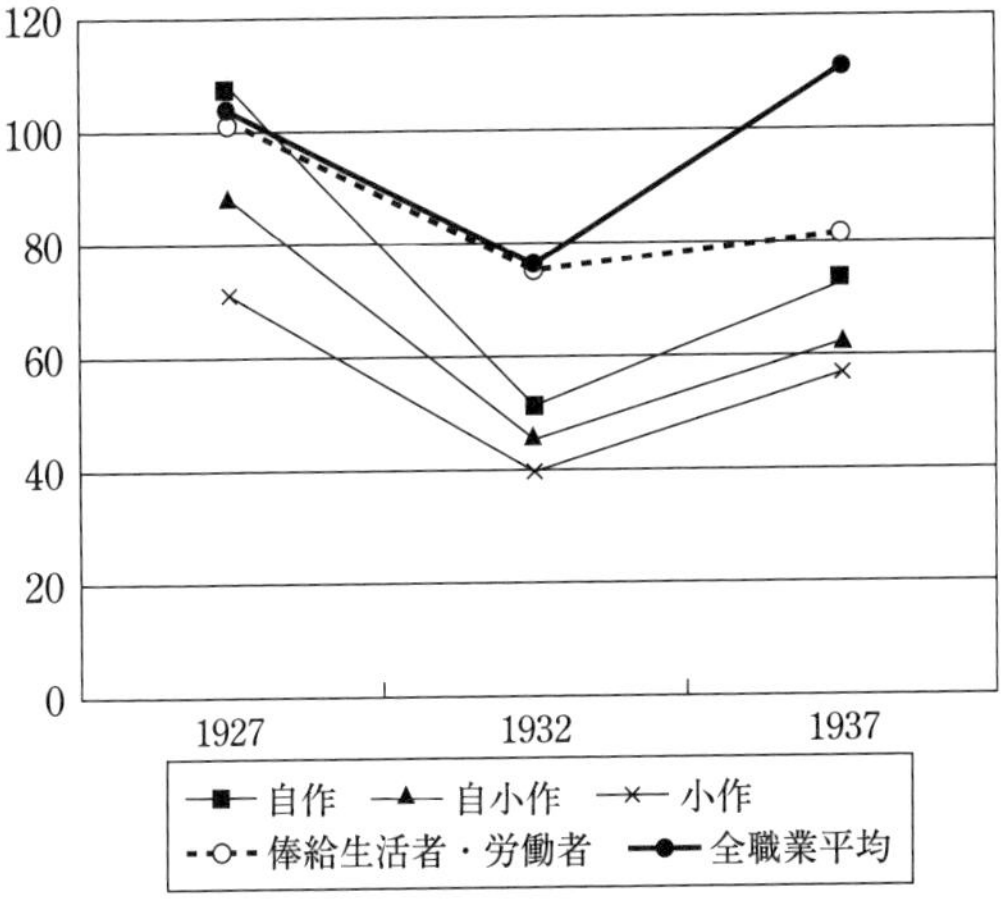

データ源：篠原三代平,「個人消費支出」, 東洋経済新報社, 1967年の表1－9, 3－9, 3－10より計算。1世帯6人と想定した。金額は当年価格である。

いる。

一八九〇（明治二三）年から一九二〇（大正九）年にかけて行われた齋藤万吉「農家経済調査」[49]によると、小作の消費支出に占める食費支出比（エンゲル係数）は七割前後に達し、備品什器等や教育費の支出比はゼロである。これに対して、小作料などを含む負債利子・雑費等の構成比は一五％前後に達している。小作は消費者層の最底辺を形成することになる。

高い小作料率と零細耕作地によって生活苦にあえぐ小作農家（小作＋自小作）は、農家の七割、また人口の半分から三分の一を占めてきた。明治以降の日本資本主義発展を捉えようとした当時のマルクス経済学者はこの事実に着目して、日本資本主義の基盤が軍需産業とともに、半封建的土地所有＝半農奴制的零細農耕にあるとした(50)。

しかし貧困は小作農家だけではない。商品経済化の進行に伴い、農村で生じた余剰人口（若年女子、長男以外の男子など）は、産業革命に伴って勃興した新興産業の労働力として流出していった。その主要な流出先は、紡績工場の女工、鉱山や工場の労務者、あるいは都市の商業における使用人などである。

しかしそこでも、一日一二時間を超える長時間労働など、過酷な労働条件と低賃金が待っていた(51)。さらに、定職を得られないものは、人足など日雇い労務者、行商人、大道芸人、人力車夫など、その日暮らしの貧民となった。

目を転じて、日本社会全体をみると、明治から昭和前期の期間に、下流、中流、上流といった消費者の階層構成はどのようになっていたのだろうか。毎日食べていくだけで精一杯かどうかによって下流と中流を区分し、有り余る自由裁量所得を持ち贅沢消費を楽しめるかどうかによって中流と上流を分けよう。下流層は生存のための消費で頭がいっぱいの層であり、上流層は優雅な生活を楽しむ富裕層である。その中間の中流層は、生存消費は保証されているが、自由裁量所得を制限されているため、つかの間の贅沢消費しか楽しめない層である。

これらの階層がどのような割合で構成されていたのだろうか。それを正確に示す資料はない。できることは間接的な資料によって推測することだけである。その種の資料として、一九二〇（大正

表Ⅱ－1　有業者の産業別・職位別構成

産業	総数	構成比率（%）		
		業主	職員	労務者
農業	14,128,360	36.5	0.1	63.4
水産業	558,314	36.8	0.8	62.4
鉱業	424,464	2.9	8.8	88.3
工業	5,300,248	24.5	5.2	70.3
商業	3,188,002	52.6	12.7	34.7
交通業	1,037,238	24.9	13.5	61.6
公務自由業	1,441,832	22.1	43.8	34.1
その他有業者	527,451	3.3	1.3	95.4
総計	26,605,909	33.6	5.7	60.7

データ源：「第1回国勢調査」 1920年。

九）年に行われた第一回国勢調査がある。この調査では表II-1のように主要産業での職位別有業者数が示されている。ここで、業主とは業務を主宰経営する者、職員とは業主の下にあって事務または技術に従事する者、そして労務とは業主、職員の下にあってたんに労務に従事する者である。

下流層の中核は、有業者の六〇・七%を占める一、六一五万人の労務者である。長時間・低賃金労働は、第二次世界大戦前の日本の基本的な労働条件であった。また、業主の中でも労務者を一人も雇用しない生業的な零細業主がいる。とくに労務者数を業主数がはるかに上回る商業ではこのような生業的零細商人が多くいることを示している。どう少なく見積もっても、商業業主の三四%(52)を占める五七万人はこの種の商人である。これを労務者数に加えて、それが有業者に占める比率を計算すると、約六三％になる。有業者人口のうち、いくら少なく見積もっても約三分の二は下流層である。他の産業にも零細業主がおり、また大都市の貧民窟の流民なども下流層を構成するから、実際は三分の二を上回る下流層が存在したと考えられる。

一方、上流層は華族、大地主、高級官僚・軍人、大企業経営者とその高級幹部、有力商人などから形成された。人口に占める上流層の比率は一％足らずである。この上流層と下流層の間を、自由裁量所得の多寡が大きく変わっていく長い多層的な中流層がつないでいた。中流層の下層域には、下級官僚、低額の金利・恩給生活者、自作農などによって構成されていた。一方、上層域は中級官僚・軍人、中小地主、中小企業経営者、大企業の中級幹部、大学教授、弁護士、医者などの自由業者、自作農の一部から構成されていた。

いずれにせよ、中流層はその内部でも多層的であり、その総数をいくら大きく見積もっても、有業人口の三分の一を超えるものではなかった。小作的な零細農家が多いこと、産業革命を経たとはいえホワイトカラー（職員）層がまだ少ないこと、さらに商業などに企業的な中小企業が育っていないことなどがこのような構造を生み出している。このような消費者の階層構造によって、第二次大戦前の消費発展パターンの特徴が生まれた。それは、消費市場の発展が個々の消費者が豊かになることよりも、消費者数の増加により強く依存するというものであった。

III　貧と富の消費様式

明治維新は、華族、高級軍人、大地主、財閥企業経営者など、一握りの超富裕な上流層を創り出した。さらに、その富国強兵策は産業革命を促進し、官僚機構・軍隊組織を拡大した。それに伴い、人口のせいぜい三割前後までの中流上層の消費者を創り出した。この階層を構成したものは、農村では、かなり広い耕作地を持つ自作農や中小地主であり、また都市では、企業の経営者とその管理職、中級の官僚や軍人、大学教授、弁護士などの自由業、そして中堅以上の商店主や工場主などがこの階層を形成した。

とくに東京の中流上層には、若・中年の官僚、大企業のサラリーマン、中堅企業家、自由業の人たちが増加しつつあった。かれらは将来を嘱望され、強い上昇志向を持っていた。言わば次世代を担う新興層である。

一九一三（大正二）年、この新興層を主要な対象にして、百貨店の三越は、「今日は帝劇、明日は三越」という広告を打った。それはわが国最初の西洋劇場、帝国劇場のパンフレットに掲載された。三越のルネサンス式新館の落成の前年のことである。このメッセージは、新興層の耳に心地よく響

三越のパンフレット

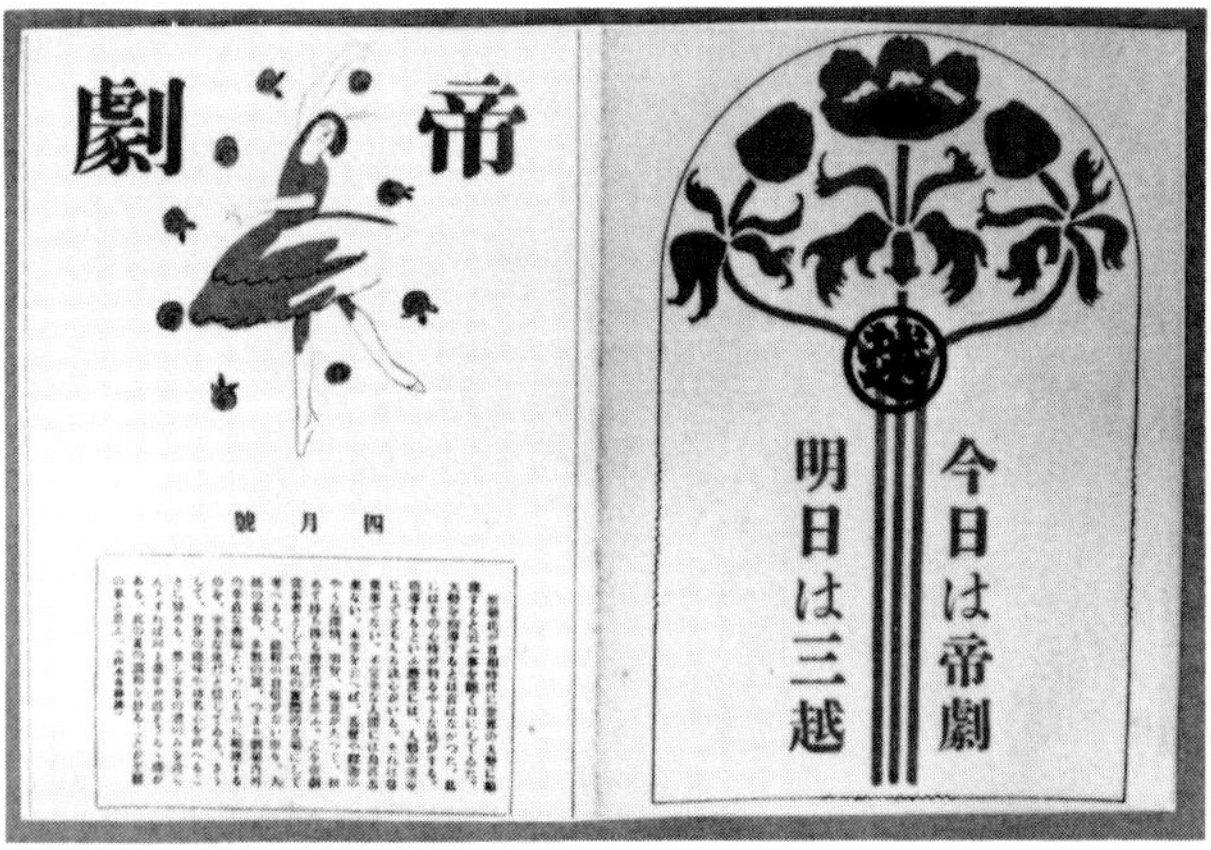

き、ステイタスを象徴する言葉として流行語になった。

しかし、ほぼ同じ頃の一九一六（大正五）年の秋、京都帝大教授の河上肇は、大阪朝日新聞に「貧乏物語」の連載を始め、世間に衝撃を与えていた。その中でかれは貧乏線という概念を提出し、その線上にある者およびそれ以下の者を貧乏人だとした。貧乏線とは、一人前の生活をおくるに必要な最低限の生活必要費である。それは、労働に耐えうる肉体を維持するために必要な食料の購入費、それに肉体的・精神的に健康な生活をおくるに必要な被服費、住居費、燃料費およびその他の雑費から成り立っていた。

貧乏線上の者は、自由裁量所得がゼロの者である。その収入全額は肉体の健康維持に使わねばならない。貧乏線未満の者は俗に言う貧民である。その収入によって肉体の健康維持さえできない者である。河上肇は欧米発展国の事例を引きながら福祉政策の必要を説いた。また貧乏の根絶策として、金持ちの奢侈消費の抑制を強調した。この連載記事は、その翌年に「貧乏物語」(1)として出版され、直ちにベストセラーになった。河上の言う貧乏線以下の者は、周囲に満ちあふれていた。その現実が人々の共感を呼んだ。

「今日は帝劇、明日は三越」と「貧乏物語」、この対照的な二つのメッセージほど、当時の消費生活の二面性を象徴しているものはない。

1　下流消費者の生存消費

小作人の生活

明治・大正・昭和前期の期間を通じて、準消費者や原消費者を含めた消費者の大半は貧乏線以下の者であった。その中核になったのは、農村における小作や自小作である。かれらは、時代によって変わるが、人口の三割から五割を占めていた。小作人は平均〇・五町歩程度の耕作地で作業したが、明治末期でもそれから得られる年収は、高い小作料や肥料代のため五〇円程度であった。

収入不足を補うため、機織りや莚《むしろ》織り、また縄を夜遅くまで編んだ。しかし、それらから得られる収入は二四円程度であった。同じ頃、職人は一二〇～一三五円、日雇い人足は九〇円から一〇〇円程度であったから、小作人の収入がいかに低かったかがわかる(2)。農閑期になると、男は鉱夫、河川堤防工事人足、他の土地の茶、麦、養蚕の手伝いとして出稼ぎに出たり、地主の日雇い作男になった。女は近郷へこんにゃくや豆腐などの行商に出た。昭和に入っても、小作人のこのような状態はほとんど変わらなかった。

小作人は牛馬のごとく働いた。米を作っても、それは自分が食べるためのものではなかった。一年に白米を食べるのは、正月と春秋二度の祭礼のときだけであった。米は貧農の食べるものではなかったのである。普段の主食は、米を申しわけ程度に入れた麦飯や、粉に砕米を加えた粥などであった。かゆ腹での重労働により腹が減ったときには、他人の畑などからトウモロコシや芋などを盗んで食うこともあった。

小説家の長塚 節は、豪農の息子に生まれ、小作人に幼少のときから接していた。わが国最初の農民文学となったその代表作「土」(3)で、小作人生活を克明に写実的に描いた。その中で、主人公の小作人、勘次は、女房のお品が寝込んだとの知らせを受けて、霞ヶ浦の出稼ぎ先から急ぎ帰宅する。そのさい、かれは手土産に鰯《いわし》を買ってきた。子供が起き出すのを気にしながら、二人でそれを焼いて食べる。

「さすが佳味《うめ》えな」

「これでもここらの商人《あきんど》は持っちゃ来《き》ねえど」

………

「起きていたら大騒ぎだんべ」

………

「いまっとたべろな」

この会話は、このようなものさえ、最高の贅沢であることを示している。しかし、このささやかな「贅沢」の隣には、生存の危険が同居していた。口減らしのため、お品は自力で胎児を下ろし、それがもとで床に伏す。医者に十分な治療をしてもらう金もなく、まもなく死んでいく。

貧農を中核とする農民がどのような生活をしていたのか。その全体的な様子は、かれらが求める商品からも推察することができる。このための重要な資料は、当時の世田谷の襤褸市《ぼろいち》(4)である。この市は現在でも続き観光地化したが、明治期にはもっぱら農民を対象にしていた。当時の世田谷は、まだ都市部と農村部の境界に位置していたからである。

この市は、毎年十二月の一五、一六日に開かれ、近郷三里五里の遠くから農民たちが集まった。この市での景気は、「つねに農家の購買力の高低」の試験であった。東京市内の屑屋、荒物屋七三〇店ほどが出店し、一キロメートル以上にわたって、道の両側に莚を引いた小屋がけが並んだ。業種は襤褸が六割、荒物・穀類が三割、残りはおでん、どぶろく、寿司、駄菓子の飲食店や数種の見世物興行であった。

襤褸の内容は古物の日用衣服類である。袷《あわせ》、単衣物《ひとえもの》、羽織、半纏《はんてん》、股引《ももひき》、シャツなどの外衣、襦袢、婦人用湯巻き、それに足袋、靴下、手袋、手拭い、手巾、前掛け、糸屑などである。荒物は台所用品、日用家具、農機具など日々の生活雑貨である。台所用品には柄杓《ひしゃく》、大小の桶やたらい、笊《ざる》類《るい》、やかん、鉄瓶、明瓶《めいびん》などがあり、日用家具には硯箱、火鉢、茶盆、机などがあった。農機具は鍬《くわ》、鋤《すき》、鎌、鉈《なた》、斧などである。これら以外に雪駄《せった》、下駄なども売られていた。穀類としては、米、麦、粟、そば、豆類などがあった。

重要な点は、穀物を除けば、商品のほとんどは古物であり、しかもまともなものはほとんどなかったことである。足袋や下駄などは、右足用と左足用が別々に売られ、同じサイズや色を探し求めて客が右往左往していた。

年に一度の市ですら、農民が買う商品の範囲は、このように日用必需品に限られていた。しかもそのほとんどは古物であった。もっとも明治の初期から一八九〇年代頃まで、東京府下全域をとっても、古物商は最大数の商人業種だった。一八七六（明治九）年の郵便報知新聞の調査で、古着屋は二、二三一人と二位の米屋一、二三二人を大きく引き離してダントツ一位であった(5)。少なくとも、世紀が変わる頃まで古着屋は隆盛を極めた。神田には巨大な古着市場があり、そのうちの神田岩本町に立地する古着市場は、一九〇一（明治三四）年に年間四〇万円の売上(6)を上げていた。いずれにせよ、厚い貧困層がいる社会では、中古品リサイクル・ビジネスは極度に発達するものである。

農民相手の襤褸市などは、このリサイクルの最後の輪であった。多くの客が求めたのは、さまざまな色の短い糸屑の束や短い布切れの屑などであった。前者はつなぎ合わせて冬の夜長に布団に織り、後者は内職の草鞋の爪先や踵に作り込み、藁《わら》だけの草鞋よりも五厘ほど高く売れるようにするためだった。

これらの生活商品からみると、多くの農民の生活は動物的生存さえ危惧される生存消費の水準であった。小林多喜二の小説には、小作争議がもとで入獄した息子が、それを気遣う母親に、人づてに次のように伝える場面が出てくる。「何んぼ働いても食えない村より、あこはウンと楽だ…」(7)。小作では飢餓の危険があるが、監獄では少なくとも飢え死ぬ危険はないというのである。

都市貧民の生活

苦しい生活事情から、小作人の子供は長男を残し、他の多くは村を離れ都市に就業した。男は工場労働者や商店、サービス業の奉公人として、また女は下女や紡績工場の女工などに出た。さらに、小作人自体が農業を捨て、離村することもあった。都市へいけば、たとえ最底辺の仕事をやっても、小作より高い収入が得られるという期待があったからである。

明治以降の急速な都市人口の増加は、以上のような農村からの社会移動によるものである。都市流入が最大であった東京市を例にとれば、一八八五（明治一八）年、人口九九九、〇二三人のうち本籍人口は七四％であった。しかし、一〇年後の一八九五（明治二八）年には、人口一、三三九、七二六人のうち、本籍人口は六四％に低下した。人口の少なくとも三分の一以上は、地方人の流入によって占められた(8)。

しかし、特殊技能を持つ者を除けば、都市生活は期待したほど甘くはなかった。かれらの多くは、木賃宿や棚割長屋の住民になった。そこには、零落した都市住民も流れ込んでいた。木賃宿はもともと街道筋に多く、旅人に燃料代程度の料金で宿泊させた最下層の旅館である。木賃宿では旅人は、大部屋で自炊が原則だった。米などの食材を持ち込み、薪代を払って料理してもらった。木賃宿とはこの薪代、つまり木賃の代金だけという意味である。

ところが、明治以降になると、東京など大都市の木賃宿はその性格を一変する。とくに明治初期から中期にかけて、東京には急増する流民を受け入れるに十分な住宅がなかった。そのため、木賃宿などがまず旅人の仮宿だけでなく、都市貧民の中でもその最下層の定住場所にもなるのである。一九〇四（明治三七）年時点で、東京市内に約二〇〇戸の木賃宿があった(9)。

木賃宿の客には、雑居と別間の二種類の客があった。雑居の客は、四畳半から八畳程度の共同部屋に押し込まれ、一人一畳が原則であった。一畳が壁に面したところには棚があり、永住する者は

木賃宿内部

そこに土鍋、片口、ざる、茶碗、箱、土鍋などを置き、棚の下にはすり鉢に灰を入れた火鉢の代用品があった。これによって、炊飯し、菜を煮たり、湯を沸かしたり、暖をとったりした。

雑居の客は、車夫、土方人足、荷車挽き、縁日商人、見せ物師、下駄歯入れ、雪駄直しといった行商人など、日稼ぎの貧民であった。彼らの多くは独身で日用生活用品さえなく、雨露を防ぐため木賃宿を利用したから、雨の日にはとくに混雑した。夜になると、のみ、しらみ、南京虫の襲来に悩まされ、夏の夜には破れた蚊帳の穴から蚊が進入した。

木賃宿は四から五の別間も持っていた。そこの客は、たいてい夫婦者や親子連れの永住者であった。部屋の広さは、二畳から三畳の一間であり、そこに家族が重なり合って生活した。それは、幸徳秋水に「棚割長屋のなお下等な生活」であり、「雀燕《すずめつばくろ》の巣にだも劣れる様…」と言わしめた(10)。かれらも鍋、釜、膳、椀などの日用器具さえ売り食いしてしまって持つ者が少なく、入用のときには借りるか数家族で共用した。

しかし、木賃宿だけでは東京に流入する人口の需要を満たすことができず、世紀が変わる明治三〇年代の中頃から共同長屋が急速に普及し始めた。これは三畳から四・五畳の部屋とかまど、水道、台所を持つ居住区画を三〇～五〇戸連ねた長屋である。普通長屋に入居しようとすれば、敷金、家具などに一〇円を要した時代に、共同長屋は一～二円で入居できたため、それまで木賃宿などに止宿していた夫婦者などが移り住んだ(11)。

木賃宿、共同長屋、そして従来からの九尺二間の裏長屋などは、ともに密集して貧民街を構成した。各戸は狭く、井戸、便所は共同使用だった。東京を例にとると、一八九六（明治二九）年頃まで、三大貧民窟は、下谷、芝、四谷の諸区にあった。それ以外にも、浅草、本所、深川などの諸区にも木賃宿などの集積があった(12)。その後、東京への人口流入が続くにつれ、貧民窟が市の周辺部や外域に発散する傾向が生じた。千住、日暮里、巣鴨、大塚、小石川などの地区がそれである(13)。職業からみた主要な住民は、土方など日雇い人夫、人力車夫、荷車引き、屑拾い、種々な大道芸人や行商人、下級織工などであった。

貧民窟の周囲には、薪炭屋や食料品店があった。食料品店は、米屋、焼き芋屋、味噌・醤油・油も取り扱う酒屋、豆腐屋、煮しめ屋、駄菓子などである。夕刻になると、町屋の辻には夕河岸商人の出店が並んだ。八百屋は戸板になす、きゅうり、ジャガイモ、芋、こんにゃく、蓮根の屑などを並べる。五十集屋《いさばや》と呼ばれた塩乾物屋が塩鮭、干鱈《ひたら》、するめ、鯖・鰺の干物、干し柿を売る。漬物屋がヒネ沢庵、漬けなす、ラッキョウ、梅干しなどを一山売りをする。さらに魚屋が鮫、鰹、カニ、エビを調理して客を集めた。

その横には、古着屋、古下駄屋、がらくた屋などが並ぶ。さらに労働者で混雑した居酒屋、飯屋、そして質屋、損料屋（夜具、衣装、車などの貸し屋）、紙屑問屋、人足請負業、そして地主や家主から借地・借家の一切の管理を任された差配人などのサービス業が立地した(14)。これらの業種集積は貧民生活がどのようなものであったかを示している。

貧民の関心は、今日一日をどう生きるかということだけであった。その日に稼いだ金で、何よりもまず、居住場所を確保するため、日掛けで請求される家賃を差配人に支払わねばならなかった。調理、暖、明かりをとるため、薪炭、石油などが不可欠だった。夜具がなければ、高い料金で損料屋から借りた。また、飢えをしのぎ、明日も働けるように食べねばならない。稼ぎの残りのほとんどは食費に向かった。その日の稼ぎがたまたま良ければ、魚などを買い、また独身者は飯屋や居酒屋に向かった。居酒屋での酒の肴《さかな》は、ひじき、里芋、なす、こんにゃく、はんぺん、あるいはどじ

残飯屋

ょう鍋などであった。

しかし、通常は、下等米、挽き割り、南京米に芋などを混ぜた粥を食べれば上等であった。米を買う金がなければ、粉米やそば粉、焼き芋によって飢えをしのいだ。おかずは通常は漬け物、野菜の塩煮、卯の花などであった。味の点から唯一の贅沢品は、残飯屋[15]を利用することだった。残飯屋は在東京の連隊兵舎の残飯の払い下げを受け、それを四斗樽に詰めて荷車で運び、柄杓で一杯一銭から四銭ぐらいで販売した。残飯屋の到来を多くの貧民が待ち受け、その繁盛ぶりは米屋、焼き芋屋をしのいでいた。貧民はこの残飯を粥などにして食べたのである。

いずれにせよ宵越の銭《ぜに》を持たないのが貧民の生活ルールだった[16]。このため貯蓄はほとんどなかった。小作人と異なり、都市貧民は、市場経済に完全に組み込まれている。そのため、食材、薪・炭を始め、生活に必要なすべての物を商品として購買しなければならない。この原消費者にとっては、金がないことは餓死の危険を意味した。しかし、毎日、安定的に働き場所や稼ぎがあるとは限らない。とくに雨の日などは、日雇い、車夫、大道芸人などには収入がなかった。

そのさい、質屋は今日を食いつなぐために不可欠な存在であった。一〇銭以上の物ならば、何でも質草になった。鍋、釜、飯櫃《めしびつ》、夜具、布団などの生活道具、大道芸人の商売道具などである。一〇銭に満たなければ、長屋仲間が持ち寄って一〇銭になるように共同質草をつくった。また質草がないときは、妻の着物まで質草にした。金が入るまで、妻は夜具の中で籠城した。

貧民の質屋利用は短期利用の繰り返しである。夜具を朝に預け、夜に引き出し、炊事道具を夜に預けて朝に引き出すといったことまで行われた。質草がつきたら、日済貸《ひなしかし》と呼ばれた高利貸しから、一円を三銭の高利で借りた。親亀の上に子亀が乗り、その上に孫亀が乗るごとく、金利が累積して貧民を苦しめた。質屋、損料屋も高利であった。いつの時代でも、貧者からむしり取る高利ビジネスが雑草のごとく発生するものだ。

都市労働者の生活

貧民のすぐ上層には、都市労働者がいた。機械、紡績の工場労働者、多様な小規模手工業の労働者、職人、問屋・商店・飲食店で働く商業使用人などである。かれらの多くは、産業革命による工業の都市周辺立地、また商業の発展によって、農村から吸引された労働力であった。貧民とは異なって、これらの労働者は一定の賃金、居住場所、食事などを保証されていた。貧民のように、今日一日をどう生き延びるのかという心配はなかったのである。

しかし、この保証を得るために、多くの労働者は低賃金で長時間働かなければならなかった。たとえば、産業革命の中心産業であった紡績業を例にとってみよう。その工場労働を支えたのは一五歳から二〇歳の年頃を中心にした若い女工たちであった。彼女たちは、身売り同様の雇用契約によって貧しい農家から集められた。

入社すると、工場とともに高い塀で囲まれた隣接の寄宿舎に入れられた。それは一種の城郭であった。寄宿舎の一二畳から三〇畳ぐらいの部屋に、一畳当たり一人の割合で入れられ、私物の衣類などの保管は共同の押し入れを利用した。それは、「一言にして『豚小屋』で尽きる」(17)ほど、ひどいものであった。

一八九七（明治三〇）年頃の日給は一〇～一二〇銭程度であった。この低賃金を稼ぐために、女工たちは長時間の労働に従事した。通常の勤務時間は朝六時から夕刻の六時まで一二時間であり、その間の休憩時間は合わせて一時間に過ぎなかった。そして交代で、夕刻六時から午前六時までの夜間勤務に従事しなければならなかった。この頃、東京の小売価格で、御前しる粉は四銭程度、カレーライス並が四～五銭であったから、いかに低賃金であったかがわかる。しる粉一杯食べるために、二～五時間も働かねばならなかった。

寄宿舎の食事内容は不味いだけでなく、長時間労働を支えるものではなかった。主食は外米や最劣等の国内米に麦や小豆を混ぜたものである。副食は野菜の煮物、汁、漬け物などであり、量も少なかった。塩鮭などが出されるのは週に一回程度だった。

「三度々々に　菜《な》っ葉《ぱ》を食べて　何で糸目《いとめ》が出るものか…。」(18)

製糸女工のこの歌ほどその内容を示すものはない。過酷な労働条件と貧しい食事、このため肺病にかかる女工が少なくなかった。こうして、村を出るとき赤いほっぺだった娘が、「さながら幽霊のように蒼白くかつ痩せ衰えてヒョッコリ立ち帰ってくる」(19)ことになった。

女工たちの楽しみは、たまに果物・菓子を食べたり、わずかずつでも嫁入り仕度のための貯金をしたり、男工たちの間から伴侶を捜すことぐらいであった。しかし、寄宿舎の各部屋には室長や世話係婦数名が置かれ、女工の起居、動作、服装、結髪に監視の目を配った。親などとの手紙の内容は検閲され、月に二回ほどしかない休日に外出して食べ物や読み物を買ってくると、門衛がその内容を一つ一つ調べて文句を言った。飢餓の危険がないとは言え、寄宿舎生活は消費者としての選択の自由を大幅に制限していた。こうして女工たちは、

「寄宿流れて　工場が焼けて　門番コレラで　死ねばよい」(20)

と唄った。

女工と似た境遇の者に、問屋、小売店などの丁稚《でっち》がいる。かれらは小卒後すぐに店に入り、三〇歳前頃まで奉公した。流通業の従業員の多くは、この種の丁稚で構成されていた。かれらは店に住み込み、女工と同じように夜遅くまで長時間労働に従事した。衣類、履物、床屋銭、風呂銭は主人から提供されたが、食事提供の場合、食事代を賃金から徴収された。かれらが起居する共同部屋はあったが、在庫が積み上がる時期には在庫品の間や番台などでも寝ることになった。

昭和初期で丁稚の月収は二円ぐらいから始まり、二〇代の中頃には二〇円程度まで昇給した。その平均月収は七～八円程度であった。ほぼ同じ頃、三越百貨店の幹部候補生である大卒の初任給は、帝大が六五円、商科大が六〇円、早稲田、慶応が五五円であった(21)。丁稚の日常生活も、店主の監視下に置かれ、粗食と長時間労働で日々が暮れた。

志賀直哉の小説「小僧の神様」が描いているように、寿司を奢ってくれるような旦那に偶然に出会えれば、それは神様に出会ったのと同じであった(22)。しかし、女工と異なり、将来に暖簾《のれん》分け

をしてもらって、一店の主になれるかもしれない希望があった。この野心を持つ者は、創業資金の貯蓄に励んだ。手工業の職人になるべく奉公人になった者の境遇も、商業使用人の場合と似かよっている。

産業革命によって誕生した鉄工業などは、職工として多くの労働者を雇用した。この労働者には多くの所帯持ちが含まれていた。かれらの中にはさらには親と同居する者もいた。一九世紀末頃の旋盤職の家計事例(23)を取り上げてみよう。夫二六歳、妻二八歳、子供五歳の三人家族であり、三間からなる広めの長屋に住んでいた。日給六五銭で一ヵ月に毎日一〇時間、二五日働き、月収一六円二五銭を得た。

支出内訳をみると、家賃四円、米代七円六〇銭、薪炭二円五〇銭、野菜一円五〇銭、肴六〇銭、酒一円（五升）、味噌・醤油五〇銭、石油一九銭、髪結い三五銭、湯銭三〇銭、子供小遣い一円、被服費・下駄・草履の月割り分などの雑費三円である。雑費を除いても、二〇円五四銭になり赤字である。それでも、支出内訳には、家具、教養・新聞代がなく、親子三人食べるだけの生活である。

赤字を解消するには、もっと家賃の低い狭い住宅に住み、酒、子供の小遣いをやめ、妻が何らかの内職をして雑収入を得るという道を探らねばならない。しかし、横山源之助によれば、このような家計でも職工の中級の家計であった。かれらの消費者としての望みは、親子三人が雨露をしのげ、子育てをしながら何とか食べていければよい、というささやかなものであったことだろう(24)。

このような職工事情は、一九一六（大正五）年に工場法を生むことになった。それ以降、とくに女子や幼年者の保護や長時間労働を制限するなど、労働条件はいくぶん改善されだした。また日本経済の成長につれて、その後に名目賃金も上がり始めた。しかし、消費者物価も上昇したので、実質的に言えば労働者の生活状態はそれほど改善されなかった。かれらはとにかく家族が毎日食べていくためだけに働かねばならなかった。小作人、都市貧民、都市労働者など、下流消費者の消費様式は、程度の差こそあれ、生存のためだけの消費という共通の糸で結ばれていた。

2　贅沢消費の動向

縮図としての東京

明治維新とその後の産業革命は、長い消費者階層の帯を創り出した。その最下端の下流層から、次に中・上流層に目を転じてみよう。これらの層の消費様式は下流層とどのように異なり、どのように変化していったのか。

この問題の焦点は必需消費との相対関係でみた贅沢消費である。贅沢消費とはその時代の必需消費を上回る消費である。贅沢と必需の境界は時代によって異なる。ある時代で贅沢品と考えられていたものが次の時代では必需品になるかもしれない。たとえば明治時代に電話は贅沢品であったが、現在では必需品になっている。逆に必需品が贅沢品になる場合もある。茅葺きの家屋はかつては必需品であったが、現在にこのような家屋を所有することはきわめて贅沢である。また必需品あるいは贅沢品として時代を超えて変わらないものもある。

いずれにせよ、消費者の歴史で重要なことは、それぞれに時代で、必需消費に対する贅沢消費の内容はどのようなものであったかを確認することである。これを観察するのにもっとも便利な場所は東京である。東京は首都として、この長い消費者階層のすべてを包含していた。いつの時代でも大都市は、金持ちと貧乏人を同時につくるからである。それは日本の消費階層構造のいわば縮図であった。

一九三二（昭和七）年に近隣町村を編入して三二区の東京市ができるまで、東京府は一五区からなる東京市とそれ以外の五つの郡部から構成されていた。「東京が大分《だいぶ》攻め寄せてきた」(25)、明治の後半、新宿から三里ほど離れ、まだ鉄道も引かれていない農村で田舎暮らしを始めた徳富健次郎（蘆花）にこう言わしめたほど、東京の都市化の波は郡部にまで及びつつあったが、都市化の中心は東京市であった。消費階層構造の縮図となったのはこの東京市である。

皇居を中心に地勢的にみると、その東北は平坦であり、西南は武蔵野台地の東端の丘陵が連なっている。神田、日本橋、京橋、下谷、浅草などの平坦部は下町と呼ばれ、江戸以来多くの町屋が形

図III–1　東京市の区部図

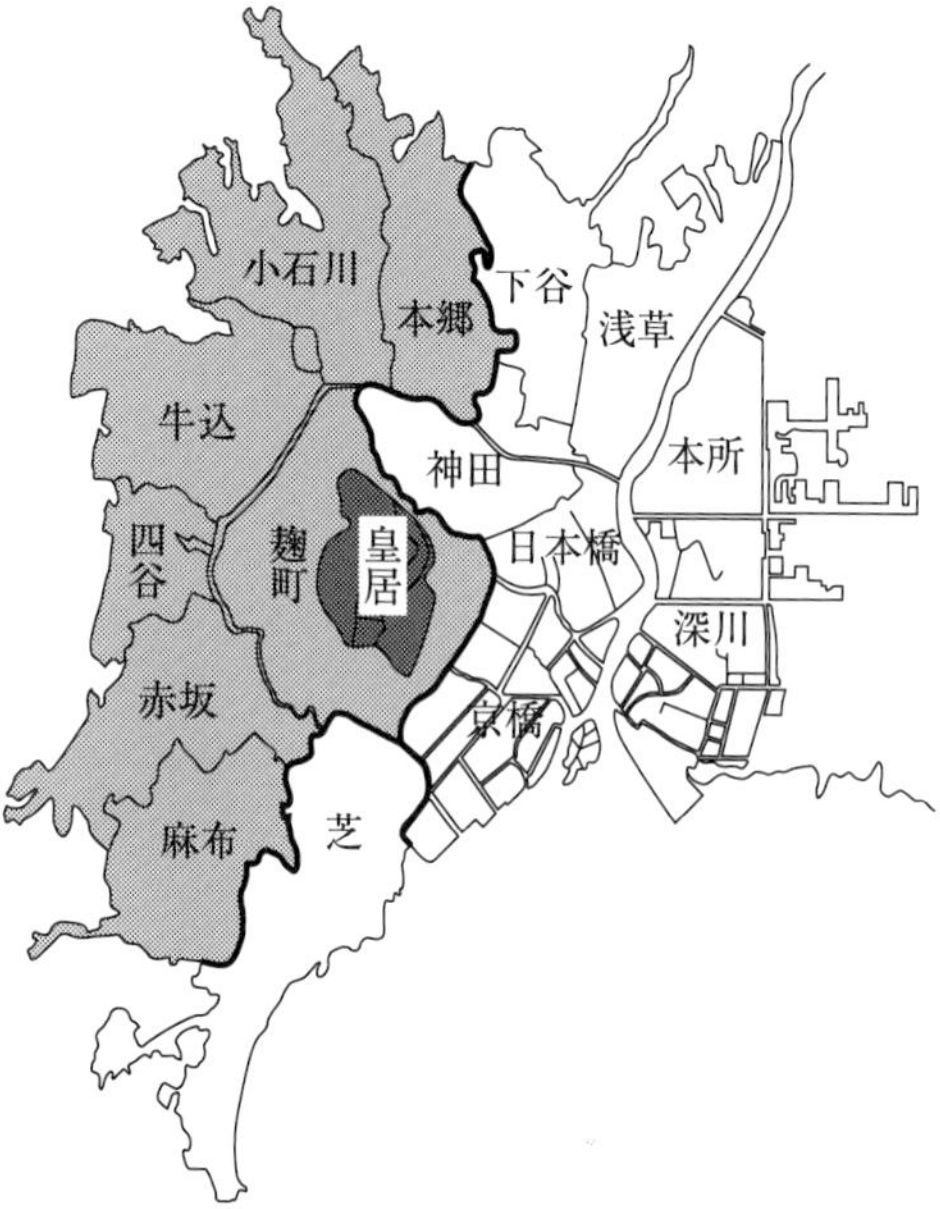

成された。その主要な表通りには、商家、飲食店が軒を連ね、明治維新後になると、西洋風の建物、ペンキ看板、電柱、街路樹などが並び始めた。

しかし、その裏側になると、迷路のような路地が拡がっていた。その両側には庶民の小住宅や長屋が連なり、格《こう》子戸《しど》、溝板《どぶいた》、木戸口《きどぐち》、物干し台、空き巣よけの忍び返しなどが共通の景観を構成していた。物干し台には洗濯物が風にそよぎ、鉢物の緑が並べてあった。狭い勝手口の溝板の上で行水を使い、夏の夕べには、格子戸の外で半裸で夕涼みをした。冬の夜には置炬燵《おきごたつ》にあたりながら、どこからともなく流れてくる三味線の音を聞くことができた。世間の噂は女房たちの口コミによってすぐに近隣に広まった。そこには庶民の悲喜こもごもの日常生活が息づいていた(26)。

日清戦争後の一九世紀末には、新しい都市の姿が整ってくるが、その頃でも表III-1にみるように、東京市の人口の重心は、交通の便も良いこの下町地区であった。そこには一般庶民と富裕な商家などが混在していた。人口の〇・五％を占める超富裕層（高額納税者）の多くも日本橋、浅草をはじめとするこの地区に住んでいた。現在の銀座通りを含む京橋区、また日本橋、浅草などには多くの商店も立地し商業の中心であった。一方、下流層の多くは深川、本所、下谷、芝、四谷など、市域の外縁地区に住んだ。

皇居の西南方向に拡がる丘陵地帯は山の手と呼ばれた。麴町、麻布、赤坂、四谷、牛込、小石川、本郷の地区である。江戸時代にはこの地区の多くは武家屋敷で占められていた。急な坂道や崖もあり、その間に松、椎、樫、銀杏、柳などの木々が梢を伸ばし緑を茂らせる閑静な地区であった。明治新政府の官吏、高級軍人、一流会社の会社員、自由業など、西洋文化の知識を持ち、新しい時代を先導したエリートたちは、この環境を好みかれらの居宅を建てた。

軍医であるとともに、明治を代表する文豪でもあった森鷗外などもその一人である。彼は本郷区高台の居宅を観潮楼と名付けた。その二階の欄干から市中の屋根を越して、はるかに海がみえたからである(27)。夜になると市中の燈火がみえ、それをみながら、夜間だけは軍医から文学者に変

表III-1　東京市区の住民特性（1896年）

区　名	人　口	100m²当たり人口密度（人）	高額納税者数（人）	人口1万人当たり高額納税者数
日本橋	140,966	4.7	1,511	107
浅　草	138,869	2.9	815	59
神　田	134,365	6.6	651	48
芝	126,218	1.7	631	50
京　橋	127,079	3.1	627	49
麹　町	70,007	0.9	518	74
本　所	125,620	2.1	477	38
下　谷	95,040	1.9	464	49
深　川	96,185	1.4	351	36
麻　布	51,523	1.3	301	58
本　郷	77,627	1.7	300	39
牛　込	50,012	1.0	208	42
四　谷	38,828	1.8	179	46
小石川	51,648	0.8	151	29
赤　坂	40,718	1.0	144	35
合　計	1,364,705		7,328	

（注）高額納税者は，直接国税15円あるいは地租５円以上を納める者
データ源：平田鏗二郎，『東京風俗志』，1899～1902年，新装版，1991年掲載のデータより計算。

身して、読書や執筆に没頭したことだろう。
時がたつにつれ、山の手にはさらに官吏や会社員の若い世代も住み始めた。毎朝、会社や役所に通勤する若い世代が目立つようになり、昼間には子供を背負った束髪の若い細君が街を行き来した。そこは日本髪の女性も眼につく下町とはまったく異なる空気に満ちあふれていた。牛込に住んでいた小説家の田山花袋は、その様子を次のように記している。

「山の手には、始めて世の中に出ていった人たちの生活、新しい不如意《ふにょい》がちの、しかし明るい若い細君のいる家庭、今に豪《えら》ならなければならないという希望の満たされた生活、そういう気分が至る処で円渦《うず》巻いている。その証拠には、新世帯《しんしょたい》の安道具を売る店とか、牛肉の切売店とか、安い西洋料理とか、そういうものが際立って眼につくのが牛込の街の特色だ。」(28)

下町や山の手に住む中・上流層はどのような消費生活をおくっていたのだろうか。この中で中流層はその自由裁量所得の点で大きいばらつきがあった。その中流下層は、中流士族出身で官僚、会社員、武家商法の商人、中級軍人といった職業を持つ者が多かった。多くは五間程度の住宅に住み、食生活の心配はなかったが、これら以外に贅沢をする余裕はなかった。その消費生活は質素倹約を基本として、無駄を省いて贅沢を恐れ憎んでいた(29)。江戸中期以降にひろく定着した倹約思想は、明治になっても大衆の間では持続していたのである。
芥川龍之介が育った家庭環境もその一つである。かれは母の実家である旧家の士族家庭で養育された。その半自伝的小説「大導寺伸輔の半生」で、次のように振り返っている。

「信輔の家庭は貧しかった。尤《もっと》も彼等の貧困は棟割長屋《むねわりながや》に雑居する下流階級の貧困ではなかった。が、体裁を繕う為により苦痛を受けなければならぬ中流下層階級の貧困だった。退職官吏だった、彼の父は…一年に五百円の恩給に女中とも家族五人の口を餬《のり》して行かなければならなかった。その為には勿論節倹の上にも節倹を加えなければならなかった。彼等は玄関とも五間の家に――しかも小さい庭のある門構えの家に住んでいた。けれども新らしい着物などは誰一人滅多に造らなかった。父は常に客にも出されぬ悪酒の晩酌に甘んじていた。母もやはり羽織の下にはぎだらけの帯を隠していた。」

士族としての世間体を取り繕うため、門構えの家に住み、女中を置く。さらに、子供の教育費や盆暮れの贈答、親戚つきあいなどの社会的交際費、これらが相まって贅沢消費を抑圧している様子が垣間みられるような生活である。

銀座専門店街の形成

明治から第二次大戦前まで、贅沢消費を楽しむことができたのは、中流上層から上流にかけての消費者である。かれらの自由裁量所得はどこに向かったのだろうか。自由裁量所得があれば、その支出先の大部分は食品以外の物品購買や外食などに向かう。少なくとも明治三〇年代の終わり頃までの東京で、贅沢消費の対象になるような買物出向先は、銀座と勧工場しかなかった。そこでどのような業種の店舗が立地していたのかをみることによって、この時期の贅沢消費の一端をうかがうことができよう。

鉄道新橋駅ができた一八七二（明治五）年以降、銀座は商業地として発展し始めた。同年の銀座・築地の大火を経験して、この地区を不燃地区とすべく煉瓦立ての建物が建てられ、道の両側の歩道も煉瓦舗装された。歩道に沿って街路樹が植えられ、夕刻には魚尾型ガス燈の黄色い炎がほのかに街路を照らすようになった。それは少なくともハード的には、東洋の小さい発展途上国で現出した唯一の西洋型近代街区であった。

しかし、明治三〇年代頃まで、銀座通りの端には五・六〇台の人力車と客引きをする車夫がたむろして、東洋の雰囲気を加味していた。「雲助の二代目みたいな人力車夫も銀座の名物」(30)であった。一八八二（明治一五）年から中央には鉄道馬車が走るようになり、日本橋、下谷、浅草などを結ぶようになった。それらは一九〇三（明治三六）年になると、市電に変わっていった。発展の中心は、とくに銀座三丁目から尾張町（現在の銀座五丁目、六丁目）までの大通りであった。

日露戦争後の明治末期には、銀座はすでに一流の専門店街になった。それは、「一国の首都がその権勢と富貴とに自から蒐集する凡ての物は、皆ここに陳列せられてある」(31)と言われるところになった。富裕層に向かって、銀座はどのような商品を提供していたのだろうか。

維新後の舶来品信仰の余韻がまだ残っていた明治二〇年代頃には、西洋の小間物雑貨を扱う唐物屋が多く立地して、お粗末な店構えで帽子、手袋、煙草用の小道具を売っていた(32)。しかし、三〇年代頃から銀座は変貌し、立派な専門店が三丁目、四丁目を中心に立地し始める。一九〇二（明治三五）年には、この街区にすでに八〇軒程度の商店があったが、その半分は舶来品を扱っていた。その内容は、衣服・身の回り関連では西洋の織物、毛織物、小間物、洋服、シャツ、フランネル、革具、鞄、靴、ステッキ、洋傘、時計、貴金属、メガネ、化粧品などだった。また、洋紙、書籍、西洋ローソク、美術品、象牙、写真、硝子・鏡、写真機械、電気機器、自転車、自動車、馬車を扱う店もあった。さらに西洋の煙草、パン・菓子、酒、食料品を売る店のほか、西洋料理店があった(33)。

一九一〇（明治四三）年頃になると、銀座三丁目から尾張町にかけて、西欧風の趣味・嗜好品や洋食の飲食店が充実していった。時計・貴金属・宝飾は四店、楽器、書店、菓子屋、カフェは二店ずつあり、それ以外に靴、洋品、運動具、ステッキ、煙草、ランプ、文房具、玩具、洋酒、呉服、足袋、和文具の専門店、食料品店、パン店、洋食店などがあった(34)。消費者はそこで西欧文化が生み出した趣味の良い一流品をみたり触ったりすることができた。それを購入すれば、店が商品を自宅まで運んでくれた。箱館屋などの酒場に入れば、内部は西欧の酒場に来たような錯覚を起こした。棚には何種類もの外国の珍しい酒がぎっしりと並んでいた。

当時の銀座の店には、現在も老舗として残る銀座和光（当時は服部時計店）、十字屋、御木元、鳩居堂、天賞堂、木村屋、森永、不二家などが含まれている。維新後の舶来信仰の中で、多くの企業、店はその外形だけを模倣し品質粗悪品をつくったり、二等品を輸入した(35)が、銀座に集まった店舗の多くは本物を追求し、高品質の商品を輸入しまた開発した。だから現在でも老舗として残っているのである。これらは主として上流層を対象顧客にしたものであった。上流層の贅沢消費は、何よりもまず一流の舶来品に向かったのである。

勧工場の普及

中流層の多くにとって、銀座専門店で売られているような商品は高価であり、高嶺の花であった。明治三〇年代の終わり頃まで、高級専門店に代わって、このような中流層の贅沢消費を引きつけたのは勧工場《かんこうば》である。最初の勧工場は、一八七八（明治一一）年に丸の内にできた「辰の口の勧工場」である。そのねらいは、前年に各地の物産の振興を目指して開かれた第一回内国勧業博覧会の残品を処理販売するためであった。この勧工場は遊園地的なもの(36)であり、多様な商品の陳列売場だけでなく、築山や池を持つ広大な庭園や茶店、休憩所、能楽堂を併設していた。

勧工場（帝国博品館）の外観

勧工場内部

しかし、中流層の贅沢消費を吸引したのはこの種の勧工場でなく、その後にできた商業特化型の勧工場である。それは遊園地的な要素を取り除き、商品売り場だけに特化したものである。多くの勧工場は入り口と出口が別であり、通路の両側には多様な業種の中小商店が入居した。各店は間口が六尺からいくら広くても二四尺までで、奥行きが二尺程度の狭い区画に区切られていた。各店は、値札をつけた商品を陳列して並んでいた。それはいわば「小売商の…珊瑚礁のようなもの」(37)であった。購買した商品は客が持って帰らねばならなかった。客は土足で押し合いへし合いし、左右の店をみながら出口に向かっていった。

早期にできたのは、銀座西部の竹川町（現在の銀座七丁目）の「商栄館」（一八八一年）や銀在一丁目の「京橋勧工場」（一八八二年）などである。その後、図Ⅲ-2にみるように、勧工場は増え始め、一九〇二（明治三五）年には市内のほぼ全域に拡がり、二七カ所にまで増えた。区別の設置数は、京橋区（七）、浅草区（四）、日

図Ⅲ-2　東京市における勧工場数の推移

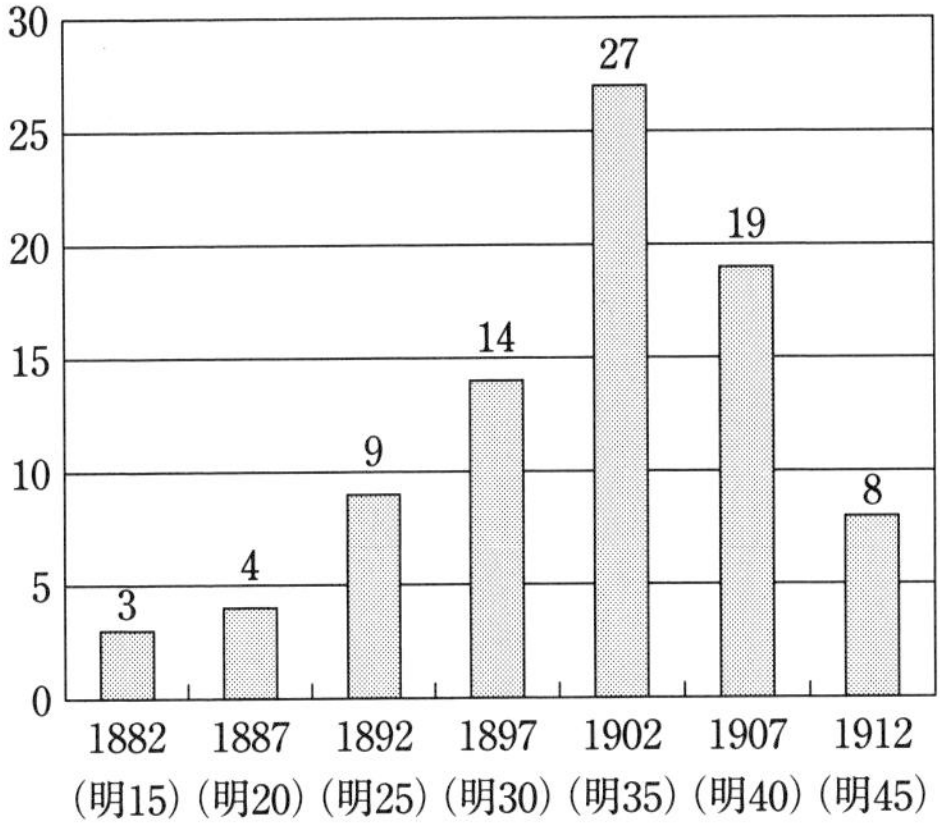

（注）1887年以前の勧工場数は1902年に存在した勧工場の創立年データによる数字である。
データ源：第二，三，六回の東京市統計年表。

本橋と下谷（三）、麴町、神田、牛込の各区（二）、芝、四谷、本郷、深川の各区（一）である。商業中心地性の高い区ほど設置数は多くなっている。その年度に、これらの勧工場への入居店舗数の合計は二、一五〇店であり、その年間売上計は七七〇、七〇八円であった。そのうち、京橋区立地の勧工場の売上は二五九、九二一円であり、全体の三三・七％を占めた。

勧工場が普及する以前では、日本橋や神田などに座売り方式の同業種商店の集積しかなかった。これらと比較した勧工場の新しさは、商品が正価をつけて陳列されていること、土足でみてまわれること、そして多様な異業種が一カ所でみられるといった点にあった。しかし、何よりも顧客を吸引したのは、その外観と洋品ものを中心にした業種構成である。

比較的早くから、多くの勧工場は洋風のデザインや塔でその外観を飾った(38)。銀座通りの西はずれ、南金六町（現在の銀座八丁目）に一八九九（明治三二）年にでき、勧工場の中で最大の売上を誇った帝国博品館などはその典型である。またその業種も食品以外の多様な業種に及んでいるとはいえ、その中心は表III-2にみるように洋品を中核とするものであった。とくに商業中心地であった京橋区の勧工場にこの傾向が著しい。

洋風の外観と洋品中心の品揃え、このような特徴を持つ勧工場は明らかに舶来品需要をねらっていた。しかし、銀座三、四丁目に立地した高級専門店とは重要な相違があった。それは価格の安さである。もっとも、その安さは仕入機構などの流通革新によるものではなく、商品の品質の劣等化にもとづく安さであった。勧工場はショッピング・センターのデベロッパーのようなものであり、出店場所を提供したに過ぎなかったからである。勧工場で売られる商品は、「安いかわりに悪い」と言われ、また「安い商品は勧工場物」[39]とされた。それは「田舎者が国へのみやげ物を物色するには最も便利な設備」[40]であった。

表Ⅲ-2　勧工場の業種店構成（1902年）

業種店	全体 店数＝713 構成比（%）	京橋区 店数＝162 構成比（%）
洋物	19	27
小間物・化粧品	13	15
呉服	7	7
玩具	7	9
文房具	6	7
漆器類	6	7
金物	5	3
書画・絵双紙	4	4
陶磁器	4	2
室内装飾品	4	4
下駄履物	3	1
時計	2	4
靴	2	2
荒物	1	1
その他	15	5
計	100	100

データ源：第二回東京市統計年表，1902年より作成。

しかし、当時の東京には地方人が多く流入して、貧困層だけでなく、中間層をも形成しつつあった。中間層の多くにとって、銀座の高級専門店の商品にはあこがれたが、高価格なために手が届かなかった。勧工場の隆盛を支えたのは、船来品にあこがれるが、その本物には手が届かないこの中流層の需要である。この点はとくに京橋地区の勧工場の立地場所の特性に明確に現れている。

第二回東京市統計年表に掲載されている京橋区の勧工場の住所をみると、七つの勧工場はすべて現在の銀座通りに立地している。京橋勧工場、第二丸吉勧工場、第二南谷勧工場は通りの東端、日本橋寄りの一丁目から二丁目にかけて立地し、丸吉勧工場、京橋商品館、商栄館、帝国商品館は、尾張町、竹川町、南京六町など、現在の銀座五丁目から八丁目にかけて立地した。すなわち、銀座三、四丁目、尾張町一丁目あたりの銀座通り中央に立地する高級専門店街区を挟むかたちで、銀座通りの両端に立地したのである。

中流層の消費者は、銀座通り中央部の一流専門店をウィンドウ・ショッピングしながら、その店頭を飾る船来品のすばらしさに眼を見張るとともに、その高価格にため息をついた。しかし、銀ブラが終わる銀座通りの両端には、西洋風の外観を持ち、価格のはるかに安い洋品を提供する勧工場が待ち構えていた。中流消費者は、一流専門店で高級船来品の流行・デザインの特徴などの情報を集め、それとよく似ているが価格ははるかに安い勧工場物を求めたのであろう。

明治時代では、ほとんどの消費財は中小メーカーによって製造されていた。勧工場の店頭には、現在の発展途上国の店頭と同じく、デザイン盗用などによる類似商品があったのではないだろうか。当時の製品開発事情についての柳田国男の次のような観察はこの点を傍証しているように思われる。

「ひとり特殊の新しい生産に進む者はただわずかで、残りの大部分はみな同じ事を考えて、久しく重複生産品の溢流の中に、みずから陥ってあえいでいた。何が国民に入用かという方から、製造を企てるということは流行しなかった。それよりも踏み明けられた一つの途を、速やかに進むのを安全と考えていた。発明の労苦は尊重せられて居るが、それも大抵はこの規定圏内の、少しの模様替えに働くものばかり多かった。」(41)

今日でも、金のない消費者は、一流ブティックで商品情報を仕入れ、それに似ているが安い商品を、中心街外れのディスカウント店や郊外店で探し求める。この買物パターンは長期持続的である。

二〇世紀の初頭、明治四〇年代に入ると、勧工場は急速に衰退し始める。それと相前後して、急速に台頭するのは百貨店である。これらの盛衰は、贅沢消費が質量両面で変化し始めたことを示している。質的には、贅沢消費の内容は洋文化と和文化の総合を目指し、量的には贅沢消費がより多くの消費者を巻き込み、また地域的にも大都市から地方にも拡大していった。これらの変化の推進者となったのは百貨店である。百貨店の登場によって、消費者は初めて、新しい欲望をかれらに組織的に説得する、大規模なマーケターの影響下にさらされることになった。

3　贅沢消費の普及

和洋の日本的混在

明治四〇年代（一九〇七年以降）から、関東大震災（一九二三年）までの大正期は、日本社会が大きく変貌していった時期である。日清（一八九四年）、日露（一九〇四年）での戦勝によって、国民は欧米発展国に伍する地位に達したという意識を持ち始め高揚した。日清戦争の頃から始まった産業革命も日露戦争後にはほぼ終わり、国を支える近代的産業基盤が整いつつあった。産業近代化の範囲は、日清戦争前後の製糸・綿紡績など軽工業から、日露戦争前後の製鉄、造船そして大正期の化学、機械へと拡がりつつあった。さらに、第一次世界大戦の勃発により、一九一四（大正三）年から一九（大正八）年にかけて未曾有の好景気が到来した。

とくに都市では新中流層が形成されようとしていた。この新中流層はホワイトカラー、官吏、さらに医師、弁護士などの自由業、高等教育機関教員などを含んでいるが、その中核は企業数の増加やその成長によって生み出されたホワイトカラーであった。かれらの多くは大学や旧制高等専門学校で高等教育を受けた者だった。明治期には大卒は官僚になることを目指した。大正期に入って官

図Ⅲ-3　会社数の増加

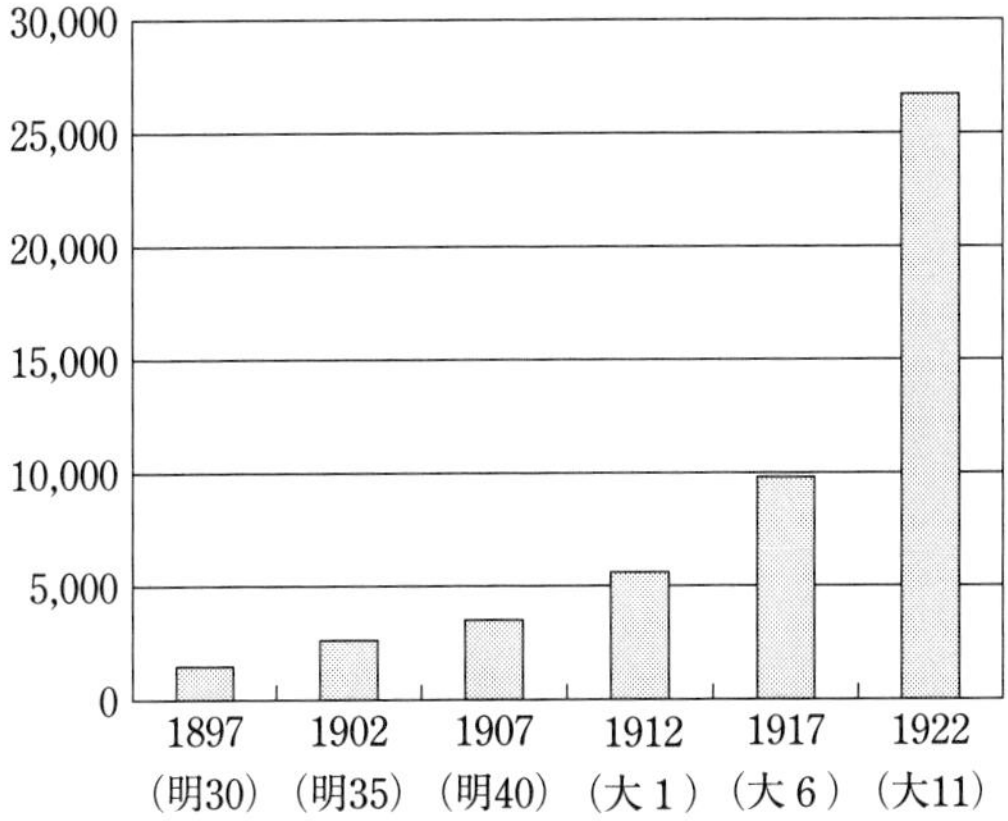

(注) 会社は合名，合資，株式による会社。1923年の会社の設立年次データより作成。
データ源：商工省,「会社統計表 大正13年」，東京統計協会，1926年。

僚数も増大したが、高等教育を受けたものは官界よりも産業界に入るものが多くなった。

一九〇三（明治三六）年に四七校だった高等専門学校数は、専門学校令（一九〇三年）以降に急増して、一九一六（大正五）年には九〇校になった。明治末まで東京、京都、東北、九州の四帝大しかなかった大学は、大学令（一九一九年）の施行以降には一六校に増えた。その中には、早稲田、慶應、同志社などの私立大学も含まれている。これらの高等教育卒業生は、その後の企業の大規模化、大学数の増加とも相まって、中流層を形成し、その上流に上っていこうとする上昇志向を持っていた。

消費者の日用品についても、衣服、加工食品、化粧品、日用雑貨、家具・家電の工業化によって次々に新しい商品が登場しつつあった。これによって消費者を取り囲む商品世界が大きく変貌し始めた。衣服については、既製服の製造販売が男物、子供物について始まり、女物についても軽快服（ライトドレス）が販売され始めた。家具・家電についても、ミシン、冷蔵庫、電灯、電器七輪、アイロン、電気扇などが家庭に入り始め、椅子、机、テーブルなどの洋式家具の量産が始まった。ミシンは次第に標準家庭のシンボルになり、洋服の家庭内製造に貢献した。電気製品の登場は家庭の電化が進み出したことを示している。

しかし、もっとも工業化が進められたのは加工食品である。それはハム、ジャム、バター、カレー粉、アイスクリームやレモン紅茶の素、化学調味料（味の素）、サラダ油、ドライミルク、ミルクココア、ワイン、サイダー、ビール、ウィスキーなどを含んでいた。明治以来のパン食の増加とともに、これらの洋風食品は食生活の栄養価を高め、その多様性を生み出していった。

また、チューブ入り歯磨き、石鹸の登場によって衛生意識が高まった。白粉《おしろい》、香水、アイシャドー、コールドクリーム、日焼け止めクリーム、男性化粧品も登場し、洋風化粧ができるようになるとともに、コールドクリーム、日焼け止めクリームなどの基礎化粧品の登場は、従来のように塗りたくる伝統的な媚態型化粧にくわえて、肌を守る健康型化粧への意識が芽生えてきたことを物語っている。

都市の中流層は、産業革命後に急速に出回り始めた新しい商品を受け入れ始めていた。商品面からみた、当時の消費生活の変化を直接的に示す詳細な消費統計はないが、業種別商店数の増減などの流通統計によって間接的に推測することができよう。

たとえば、好況期の一九一六（大正五）年から関東大震災直前の一九二二（大正一一）年まで、東京市における日用品の業種別商店数の増減を表Ⅲ-3でみてみよう。この時期は明治とは異なる大正の消費文化が現れた時期である。この期間に日用品商店数は、四八、二八一店から五九、九七六に増えた。その年平均成長率を示す成長年率(42)は三・一四％であった。

しかし、業種別にみると、この全体数字をはるかに超える成長年率で増加した業種がある。飲食器、西洋食料品などの高い成長率は、食生活の西洋化が急速に進んだことを示している。米食に代えて、パン、ミルク、バターなどによるパン食が進んだ。靴、羅紗・洋服地の高い成長率は、衣生活も急速に洋風化し始めたことを示している。下駄・草履の代わりに靴を履き、着物を脱いで洋服を着る人が増えた。

ガス燈・電気照明器具の高い成長率は、電化が進みランプの代わりに電灯がつき、硝子・硝子器の高い成長率は障子が硝子に変わっていったことを物語る。これらによって、昼も夜も住宅内がより明るくなったことだろう。また石炭・コークスの高い成長率は、ストーブが急速に普及したことによるものである。住生活の外形部分も急速に洋風化し始めたのである。

玩具類が高い成長率を示しているのは何を物語っているのだろうか。一般的に言えば、社会生活

表Ⅲ-3　東京市における業種別：日用品商店数の増減

業　　種	1916年（大正５年）	1922年（大正11年）	両年度間での成長年率（%）
靴	414	957	12.72
飲 食 器	98	189	9.84
羅紗・洋服地	428	795	9.25
石炭・コークス	303	550	8.89
金　　物	1,505	2,717	8.81
玩 具 類	669	1,175	8.38
ガス燈・電器照明具	377	654	8.19
西洋食料品	326	561	8.07
夜具・布団	333	565	7.85
硝子・硝子器	456	727	6.89
砂　　糖	413	630	6.22
呉服・太物	1,640	2,479	6.08
足　　袋	974	1,416	5.49
薬材・売薬	1,445	2,089	5.41
文房具・書籍・雑誌	1,821	2,456	4.37
洋　　傘	330	444	4.33
漬　　物	724	959	4.10
建築材料	1,159	1505	3.80
傘・下駄類	1,981	2,568	3.78
小間物・化粧品	2,199	2,806	3.54
鳥・獣肉	869	1,088	3.26
薪・木炭	2,653	3,279	3.07
酒・醤油	3,331	3,940	2.43
西洋雑貨	2,166	2,544	2.33
魚　　類	2,557	2,954	2.08
菓　　子	7,723	8,737	1.78
陶 磁 器	587	635	1.13
野菜・果実	2,918	3,077	0.76
乾　　物	1,543	1,598	0.50
白　　米	3,733	3,619	−0.44
油　　類	552	515	−0.99
家　　具	2,054	1,748	−2.28

データ源：「東京市統計年表」，第14回（1917年）および第22回（1926年）。

において、男性には男、夫、父という三つの役割が、またそれに対応して女性には女、妻、母の役割がある。「男が男であり、女が女であった動乱の時代」などという表現で、最初に現れる男、女はそれぞれ男性、女性の意味であり、二番目に現れる男と女が役割としての男、女である。この役割が遂行される場は家の外にあり、仕事、恋愛、社会的交際などがその内容である。夫と妻は婚姻関係で結ばれた両性間の関係であり、家の内外にまたがって遂行される役割である。

これらに対して、父と母は子供がいなければ遂行できない役割であり、その遂行の場は主として家庭内にある。玩具の高い成長率はこの家庭が重視され、マイホーム主義が高まってきたことを示している。明治時代は誰もが天下国家に関心を向けた。大正になると、国民の関心は個人主義に大きく傾斜し始めた言われる(43)が、この個人主義は実生活においてはこのマイホーム主義あるいは家族主義と共鳴しあっていたのではないだろうか。同じ個人主義と言っても、家族の拘束をも打ち破って、各人が個人の主張を声高に叫ぶ高度成長期以降の個人主義とは異なっていた。

しかし、全体としてみると、この時期の消費は、明治二〇年代頃までの盲目的な舶来品信仰の熱が冷め、日本文化の中に西洋文化をどう取り入れていくかが模索されていた。食の世界では洋風化が進んだ。住の世界では内部では電灯、硝子窓、洋式家具などが部分的に入り込んできたが、その外形は日本家屋がほとんどであった。

衣の世界については、生活時間が家の外にある男の洋装率は進んだが、家の内にある女の場合にはそれに制約されて洋装化が遅々として進まなかった。大正末期になっても、すでに指摘したように、当時行われた東京銀座通行人調査によれば、男の六七%が洋装であったのに対して、女の洋装は一%に過ぎなかった(44)。

洋と和が日本的な多様な組み合わせでもって、衣、食、住という生活空間の中に登場し始めていたのである。

マーケターとしての百貨店

百貨店の誕生は、このような時代の転換を背景にしている。銀座の専門店の繁栄は、高級洋品に関して上流層の欲求が強くなり始めていることを示していた。とくにそれは従来の超富裕層だけでなく、山の手に増えつつある新興の中流上層にも徐々に拡がりつつあった。博覧会や勧工場の賑わいは、多様な商品を一堂に集め、商品世界のパノラマを創り出せば、大きい集客力を持つことを示していた。英、米、仏の発展国の大都市では、百貨店が消費の殿堂として隆盛を極めているという海外情報も次々に入ってきていた。

百貨店の誕生はこれらのトレンドに対する適応であった。こうして、明治の末期から大正にかけて、三越(三井呉服店)、白木屋、松屋、松坂屋などの百貨店が次々に誕生していった。その前身は、江戸時代から、上流層相手の贅沢消費に深くかかわってきた有名呉服商である。

百貨店の誕生は、一九〇四（明治三七）年の三越「デパートメントストーア宣言」に始まるとされるが、実体的にみるとそうではない。その宣言内容[45]は、多様な商品を一堂に集めることを主題目にした宣言ではなく、三井呉服店以来の主力商品である呉服の製品開発、売り方について米国百貨店流の様式をとることを宣言したものである。総合百貨店化はある特定年度に現れたと言うよりも、数年に及ぶ時間をかけて徐々に形成されていった。

実際に、宣言当時の三越は、その売り方を西洋化した大呉服店に過ぎなかった。その品揃えのほとんどは呉服関連商品であり、若干の西洋雑貨が付け加えられているに過ぎなかった[46]からである。当初の百貨店の主要顧客はあくまでも中流上層から上流の富裕層の呉服関連需要であった。三越や白木屋がその拠点を日本橋においたのは、足下周辺に呉服を愛した富裕層や、またその需要が大きい一流料亭、花柳界がもっとも数多く存在したからである。

しかし、その後、百貨店は品揃えの範囲は拡大していく。これは百貨店の大衆化とも言われたが、むしろ贅沢消費が呉服以外の他の商品にも拡がり、百貨店がそれを取り込んでいく過程と解した方がよい。三越を例にとれば、その拡大の経緯は、一九〇五（明治三八）年に化粧品、帽子、子供用服飾品、一九〇六（明治三九）年に洋服部再開、一九〇七（明治四〇）年に鞄、靴、洋傘、ステッキ、櫛、旅行用品、一九〇八（明治四一）年に美術品、貴金属、煙草、文房具、ベール、そして児童用品などである(47)。

これらの拡大は、明治末期から大正にかけての消費市場の変化に対応し、銀座専門店にも対抗しながら、山の手に住む中流上層の新興層などの贅沢消費を取り込むためのものであった。

百貨店はマーケターとして贅沢消費を消費者に説得し始めた。これは消費者にとって、新しい消費関係の誕生であった。マーケターとは、市場創造を組織的に展開していく企業である。それは客待ちビジネスではなく、商品・サービスの開発によって新しい欲望を消費者に説得するマーケティング活動を展開する企業である。

メーカーについても、資生堂、森永など先端企業は新製品を開発し、広告宣伝を行い、ブランドを構築し始めようとしていた。新聞広告への出稿段数からみると、一九一八（大正七）年から急速に増加し始める(48)。しかし、問屋主導の長い流通経路や零細過多の小売店という、流通機構の後進性にはばまれ、まだそのマーケティング活動を全面的に展開していなかった。

この時代にマーケティング活動によって、消費者に大きい影響を与え始めたのは、メーカーよりもむしろ三越を始めとする百貨店である。たとえば、三越はPR誌、月刊「時好」（一九〇三、明治三六年より）、「三越」（一九一一、明治四四年より）などを発刊して、中流上層、上流の消費者に向けてとくに衣生活や住生活の提案を行った。また博覧会などに積極的に参加して、子供部屋、西洋風室内装飾のモデルルームを展示した。

そしてこの背後に社内シンクタンクとも言うべき「流行研究会」、「児童用品研究会」を組織した。その参加者は、当時の一流ジャーナリスト、文人、学者と三越幹部たちであった。そこで流行など時代のトレンド情報を収集議論するとともに、それを商品開発や店作りに活かそうとしたのである。また流行研究会は講演会を開き、新しい流行の啓蒙、宣伝に協力した(49)。

百貨店の誕生期から少なくとも関東大震災（一九二三年）の頃まで、百貨店がねらった主要顧客層は、中流上層から上流にかけての富裕層であった。この層に来店客を限定するために土足入場を禁止し、下足預かり所を設置した。当時の日本の道路はほとんど舗装されておらず、晴れた日には土煙が舞い、雨の日にはぬかるみができた。外出して履物が汚れていない者は、人力車、馬車、後には自動車を利用できる富裕層だけであった。下足預かり所は、客の足下によって客筋を判断する高級料亭の下足番と同じように機能した。百貨店が土足入場に踏み切ったのは、百貨店が大衆化し始めた関東大震災以後のことである。

贅沢消費の内容

この時期の百貨店が説得しようとした、贅沢消費の内容はどのようなものだったであろうか。まず男の贅沢消費からみてみよう。

産業革命や第一次大戦期の好況は大小の成金を生んだ。日露戦争後の株式好況で一時巨万の富を得た男を、将棋で言う歩が金になったようなものだと評したことから、「成金」という言葉が生まれた。大正初期までの百貨店は「好景気に酔ふ…これらの大小成金の購買力を只管《ひたすら》に吸収した」(50)と言われる。そのための商品はどのようなものであったか。成金はその富を世間に誇示したがる。そのための手段は何よりもまず身なりである。

成金紳士はどのようなものを身につけたか。その大正初期での一例(51)を価格とともに示すと、結城紬《ゆうきつむぎ》の着物、羽織（一〇〇円）、総絞り本絹兵児帯《へこおび》（五〇円）、本絹長襦袢（六〇円）、舶来らくだのシャツ上下（八〇円）、桐本柾《ほんまさ》駒下駄、本天鼻緒付き（一〇円）、舶来地の角袖外套（六〇円）、舶来中折れ帽（四〇円）、スイス製金側懐中時計（二〇〇円）、鰐皮財布（一〇円）、銀キセル、高級きざみ煙草入れ（二〇円）、絹貼最高級洋傘（八円）など、超高級和装と贅沢洋品の混合である。身ぐるみはげば、締めて六三八円になる。一九一八（大正七）年の小学校教員の初任給が一二～二〇円であった(52)から、いかに高額品を身につけていたかがわかる。これらは百貨店が得意とする商品であった。

山の手などに住む新興の知識階級などになると、その贅沢消費の内容は、より洋風化に傾斜する。その内容は、森鷗外が三越の営業用PR誌「三越」に発表した「流行」という小説(53)に表れる商品世界に示されている。

この小説は、ロンドンからおくられてきた「完全なダンディ（伊達男）」という洋書を前に、うたた寝中の男がみた夢を語る寓意小説である。この小説で、主人公は流行リーダーの男の家を訪問する。この男は完全なダンディ、つまり新しいものの完全な判定者(54)であるから、かれが使ったり利用した商品や店はかならず流行る。森鷗外などが考えた贅沢消費の内容は、このダンディを取り囲んでいる商品世界に表れている。

ダンディはゴチック様式の柱のある洋館に住み、建物は台所の瓦斯を除き電化され、天井には扇風機が回っている。三越の外商が持ってくる衣服を身につけ、クロノメーター（高精度の懐中時計、現在ではローレックスなどがこの精度基準を満たす）をつけ、薬指にはエンドウ豆ぐらいの大きさのダイヤが光っている。大きいダイヤの指輪を指に輝かせているのは、ほぼ同じ時代での尾崎紅葉のベストセラー小説、「金色夜叉」(55)で、金の力によって女心を揺るがせ、主人公の寛一から許嫁のお宮を奪った富豪の富山と同じである。ダンディは、客が来ればハバナ産の葉巻を勧める。

朝食と昼食は日本橋の高級料亭やフランス料理店などから運ばせ、シャンペンなどを飲む。夜になると外食に出かける。行き先は八百善（浅草にあった高級料亭）、紅葉館（芝公園にあった高級料亭）、精養軒（築地の西洋料理）、カフェ・プランタン（銀座のフランス料理）などである。それ以外に夕食にはウナギ、天ぷら、寿司、支那料理、そばなどを好み、またしる粉や資生堂のアイスクリームなどを食べる。豪華な洋風住宅、高級舶来品、ブランドからなる装飾品や嗜好品、高級衣服、そして和洋取り混ぜた超一流グルメが贅沢消費の内容である。

上流層の華族や実業家は広大な宅地に住んだ。一九一六（大正五）年での宅地番付で、東の横綱は侯爵、淺野長勲の二万九、〇〇〇坪、西の横綱は実業家、原六郎の一万七、七〇〇坪であった(56)。居宅の贅を好む者は、その敷地に西洋館と屋敷を併設して建てた。洋館は迎賓用に使い、西洋絵画や置物で飾りたてた。屋敷は家族の生活用に主として使われたが、そこには有名作家物の美術工芸品が置かれた。

現在でも九州の柳川市にある料亭旅館「柳川御花」（旧立花伯爵邸）に宿泊すれば、このような洋館・屋敷構造をみることができる。また上流層は富士のすそ野や湘南海岸の広大な敷地に、別荘・別宅を建て優雅な生活を楽しんだ。華族の家に生まれた文人、白洲正子は、その自伝(57)で少女時代のそのような生活を回顧している。

中流上層にとってはこのような贅沢はできない。そこで、応接間兼書斎、食堂、子供部屋などを洋間とし、他を日本座敷とする和洋折衷の文化住宅などが生まれた。洋間の室内装飾、子供部屋などは百貨店が消費者の説得に力を入れた分野である。このために、展示会へのモデルルームの出展や大量生産型の洋式家具の導入に力を入れた。

呉服の流行化

しかし、この時期に百貨店がマーケターとしてもっとも力を入れたのは、女物呉服の流行化であった。かつては家に閉じ込めれていた中流上層や上流の女性たちも、明治から大正にかけて夫とは別行動でますます外出するようになった。その日常の行き先は、茶道、華道、香道、歌道、日本舞踊、箏曲など、女の教養、嗜みと言われた習い事や催し事、さらには芝居などの観劇である。フランスの社会学者ブルデュー流の表現をすれば、これらは中流上層や上流層を他の階層から区別する基盤としての、身体化された文化資本を蓄積する行動であった(58)。

女性たちはまた百貨店の売場を周りながら、店員の懇切な対応を受け、最新の流行情報を仕入れた。快適な休憩室で同じ階層の人々の服装や持ち物を観察し、食堂で寿司、お茶、お菓子を楽しんだ。以上のような場所は、彼女たちが自由に出歩ける公共空間であり、社会的交際の重要な場であった。そしてこのような場へ着ていく呉服は、いわば社会的交際に参加するさいの「制服」であった。着てくる呉服や締めている帯をみて、彼女たちは相互に同じ階層仲間同士かどうかを判断した。

しかし、シルエット、装飾などに多様な変化を取り入れることができる洋服と比較すると、呉服のかたちは決まっている。その基本型は千年以上も変わっていない。しかも贅沢禁止令がなくなった維新以降、多くの人が絹物の呉服も着るようになった。高級な素材や織物の呉服を着ても、外見的にはそう目立たない。衣服での卓越化・差異化をどう実現して、階層上の優位を目にみえる形にするのか。これへの想いは、より高い社会階層の女性たちほど強かったに違いない。三越など百貨店が、呉服の流行化によって捉えようとしたのは、このような潜在的欲望である。

三越など百貨店は、裾模様に変化を取り入れ、呉服を流行化しようとした。裾模様は外見的にみて呉服のもっとも目立つ部分である。とくに伊達模様など大胆な図柄、あるいは元禄模様など華麗・優雅な模様などはその例である。実際、三越などは元禄模様でヒット商品を成功させ大きい収益を上げた。百貨店の外商係は、訪問先の上流顧客の座敷などで、優雅な図柄の反物を次々に転がして広げてみせ、それを着物に仕立てた場合の外見について、女たちの想像力をかき立てた。彼女たちは、美への憧憬を強め、また虚栄心をくすぐられたことだろう。

呉服は、その基本的な構造やシルエットが数百年にもわたって変わらない、仕立て直せば三代にわたっても着られる、すぐ換金できるので金《きん》と同じような貯蔵性がある、といった伝統的特徴を持っていた。しかし、流行はそれまでの商品文化を否定し、その新しい文化を創造する。流行化すれば、商品の本来的品質以外に、新しさという異次元の重要な価値が登場する。まだ使用に耐える商品でも、心理的には破損したのと同じような心理的陳腐化が生じる。呉服の流行化の受け入れは、このような特徴について消費者の価値（判断基準）の大転換であった。

呉服の流行化は、社会階層間での流行品の普及経路を変えた。江戸時代に流行の先導者は倹約倫理に縛られていない歌舞伎役者や遊女たちであり、身分階級から言えば低位にあった。そこから流行は富裕な町人層へ、そして武家の一部に拡がった。流行はいわばボトムアップ的に普及した。

しかし、階級身分制の再編が行われた明治以降では、流行品の普及は社会階層の上層から下層へのトップダウン型経路をたどるようになる。女物呉服などの流行をいち早く取り入れるには、何よりもまず十分な自由裁量所得が必要だったからである。

貧乏は流行を知らない。自由裁量所得に応じて、流行にどの程度に追随していくことができるかが決まる。これは後続階層からの模倣に障壁を設け、衣服によってその卓越性を誇示したい、より上流の人たちにとっては重要な価値を持つものであった。

さらに中流上層や上流の女性たちにとって、呉服の流行化は亭主や家長が張り巡らした贅沢消費への防御網を打ち破り、それへの通路を拡大することにも貢献した。呉服ほど派生的に他の需要を生む商品は数少ない。新しい呉服を買えば、それにあった襦袢、帯、帯締め、草履、袋物、髪飾り、その他の装飾品が必要になる場合が多いからである。さらに高級呉服は、茶道での茶器、香道での香木など、底なし沼の贅沢消費への道にも通じている。流行呉服を持てば、それを着ていく機会を増やそうとするのは人情である。こうして女物呉服の流行化は、贅沢消費の拡大に大きく貢献することになる。

贅沢消費の地域的普及

東京での百貨店の誕生と成功に刺激されて、百貨店の設立、出店は、とくに第一次大戦後以降、東京以外の主要都市にも飛び火した。大都市についてみると、名古屋では松坂屋（一九一〇年）が、大阪では、そごう（一九一八年）、大丸（一九二一年）、高島屋（一九二一年）が、京都では大丸（一九二五年）が百貨店として登場した。百貨店はまた地方中核都市にも現れる。三越などはその支店網を積極的に拡げて、神戸（一九二七年）、金沢（一九二九年）、高松（一九三〇年）、札幌（一九三二年）、仙台（一九三三年）というように進出した。

人口増が激しい大都市では、商業中心地が複核化するにつれ、その拠点への出店や移転も相次いだ。東京では銀座に松坂屋（一九二三年）、松屋（一九二四年）、三越（一九二九年）が出店し、新宿には三越（一九二九年）、上野には松坂屋（一九二八年）が出店した。また大阪では、一九二九（昭和四）年にわが国最初のターミナルデパート、阪急百貨店が大阪梅田に登場し、高島屋もその拠点を難波のターミナルに移転した。このような百貨店の地域的普及は、同時に贅沢消費が地域的にも拡大していった足跡でもある。

第一次大戦終了後、その反動としての不況が訪れ、消費者物価も高騰し始めた。一九一五年（大正四）に五八・〇であった消費者物価指数は、大戦が終了した一九一八（大正七）年には一〇三・五まで倍近く上がり、一九二〇（大正九）年には一四四・〇二まで跳ね上がった。主食であった米価の上昇は、とくに下流層の生活を直撃して、全国各地で米騒動を引き起こした。しかし、都市中流層の賃金、給与は物価上昇率にほぼ見合って調整されていった。

その後、昭和の初期に至るまで、たびたび不況が訪れたが、それにもかかわらず、百貨店は大きく発展していった。都市への人口流入が続き、また百貨店の顧客層となるような中流以上の消費者数が増加していったからである。上流層は百貨店で全面的な奢侈消費を楽しみ、中流層はその自由裁量所得に応じて、部分的な奢侈消費を楽しんだ。関東大震災以後の土足入場制の採用は、百貨店がこのような中流層一般にも門戸を開き、その顧客に取り込み始めた転換点を表している。

関東大震災以降、昭和の初期にかけて、不況が繰り返し訪れても、百貨店は贅沢消費の普及の努力をやめなかった。そのために、百貨店は上流層については外商を強化し、また市場規模の小さい地方都市については年数回の出張販売を行い、さらには贈答消費を商品券発売によって吸引しようとした(59)。

外商は顧客の居宅に現品を持つ出張員を派遣して行う取引である。顧客の趣味・嗜好を長年の取引を通じて知悉している出張員が、顧客の趣味・嗜好に合いそうな流行品などを勧めた。東京市のある百貨店の総売上は一九二五（大正一四）年から一九三六（昭和一一）年にかけて一・二倍しかなっていないが、外商の売上は二・二倍になっている。また別の百貨店では、この間に売上に占める外商比率は四・八八%から六・四七%に上昇している。

また多くの百貨店が中規模クラスの都市で出張販売を行い、これらの都市での贅沢消費を吸引しようとした。一九二八―三一年間を例にとると、出張都市は三八都市に及んでいる。これらの多くは、都市百貨店が出店していない地方中心都市であった。たとえば、広島、福岡、熊本、岡山、鹿児島、下関、高知、小倉、松山、青森、富山、盛岡、高岡、水戸、松江、上田、米子など諸都市である。

商品券の販売も盛んになった。それは東京、大阪、京都、名古屋、神戸の大都市で発行され、その大部分は東京と大阪が占めた。一九三七(昭和一二)年での上記五都市での商品券発行高金額は三五、二五八、六七八円に上った。これは同じ年度での日本の商品券発行金額の九八%を占めている。百貨店業態が商品券を通じての贅沢消費を独占したのである。商品券は消費者間での中元・歳暮など義理的贈与だけでなく、企業などの法人が取引先の特定個人へ贈与するさいにも使われた。

それでは、大正末期から昭和初期にかけて、百貨店はこのような販売経路を通じてどのような贅沢消費を普及させようとしたのだろうか。百貨店の商品別売上高によってこの時期の贅沢消費の具体的内容をみてみよう。表III-4はわが国で行われた悉皆的商業調査の内で、もっとも古いものの一つである「東京市商業調査書」(一九三三年)によるものである。

表Ⅲ-4　百貨店の売上高構成プロフィール

商　　品	東京市売上高（円）	(A) 東京市での構成比（%）	(B) 百貨店での構成比（%）	贅沢品指数（B/A）	百貨店シェア（%）
織物・被服類	153,022,597	16.2	40.0	2.47	61.6
建具・家具指物類	20,039,231	2.1	4.4	2.05	51.2
小間物・洋品類	37,982,119	4.0	8.2	2.03	50.6
玩具・運動用品・遊戯品	9,804,533	1.0	2.1	2.01	50.1
履物・雨具類	35,768,123	3.8	6.3	1.67	41.7
度量衡科学的機械・楽器時計・貴金属	37,048,934	3.9	6.2	1.58	39.4
皮革・擬革具の製品	5,053,845	0.5	0.7	1.38	34.6
畳・畳表・莚荒物類	14,422,580	1.5	2.0	1.28	32.0
陶磁器・漆器・硝子品類	12,074,550	1.3	1.5	1.21	30.1
薬品染料・顔料・化粧品類	41,803,433	4.4	5.2	1.18	29.4
綿糸・編み物・組み物類	11,113,043	1.2	1.2	1.05	26.2
その他の物品	24,520,174	2.6	2.3	0.89	22.1
紙・紙製品・文具	26,770,026	2.8	2.5	0.88	21.9
鳥獣肉類	16,393,907	1.7	1.4	0.80	19.9
魚介藻類	22,935,833	2.4	1.9	0.78	19.4
その他の飲食料品	61,988,541	6.6	4.0	0.61	15.2
緑　　茶	3,952,476	0.4	0.2	0.59	14.7
電器・瓦斯機械器具	19,710,639	2.1	1.2	0.58	14.5
菓子・パン類	48,533,352	5.1	2.4	0.46	11.5
新聞・図書・雑誌・その他の印刷物	19,038,534	2.0	0.8	0.42	10.4
金属材料・金属金具	32,271,108	3.4	1.2	0.36	8.9
野菜・果実	25,519,209	2.7	0.8	0.31	7.8
酒・調味料・清涼飲料	67,755,749	7.2	2.2	0.31	7.7
氷	1,333,955	0.1	0.0	0.27	6.7
古　　物	3,478,496	0.4	0.1	0.15	3.9
燃料および工業用油脂	29,813,789	3.2	0.4	0.14	3.5
機械・車両・農具・船具類	39,036,163	4.1	0.3	0.08	2.0
穀物粉類	82,691,051	8.8	0.5	0.05	1.3
豆 腐 類	4,212,917	0.4	0.0	0.03	0.9
肥　　料	448,542	0.0	0.0	0.01	0.3
木材・竹材	17,820,866	1.9	0.0	0.00	0.0
石材および煉瓦・瓦・土管・セメント石	5,797,001	0.6	0.0	0.00	0.0
総　　数	944,151,554	100	100		25.0

データ源：東京市役所，「東京市商業調査書」，1933年。

他の商店に比べて百貨店が贅沢品をより多く販売しているとすれば、各商品の東京市での売上構成比を百貨店での売上構成比と比較することによって、どのような商品が当時贅沢品であったかの指標を算出することができる。表中の贅沢品指数がそれである。この指数が一を超えるものは当時の贅沢品とみなしてよいだろう。

この時期での百貨店はもはや贅沢品だけを扱っていない。とくに食料品関連や日用器具・雑貨など、贅沢指数が一以下の商品も取り扱っている。関東大震災以降、百貨店はその地階や特売場でこのような大衆品の取扱を始め出した。しかしながら、東京市全体に占める百貨店の売上高シェアをみると、百貨店は贅沢品に関して圧倒的シェアを持っている。この時期になって、百貨店の主力商品はあくまでも贅沢商品であった。

ただ贅沢商品の内容は、明治から大正初期にかけての時期と大きく異なっている。織物被服類は四〇%まで低下している。これら以外に、主要商品は小間物洋品類（八・二%）、履物・雨具類（六・三%）、度量衡科学的機械・楽器・時計・貴金属（六・二%）、薬品染料顔料化粧品類（五・二%）、建具家具指物類（四・四%）、玩具・運動用品・遊戯品（三・一%）などにも拡がっている。これらの商品群の多くは、大正以降に生活用品として急速に需要が大きくなって来た分野である。百貨店はこれらの領域で贅沢品を販売した。つまり、贅沢消費は呉服、美術工芸品、時計貴金属など以外の生活用品にも拡大していったのである。

以上のような百貨店の販売活動やその取扱商品の変化からみると、大正から昭和にかけて、贅沢消費は地域的にも都市を中心に拡大・普及した。また商品面でも、呉服などから新しい商品分野に拡大していった。さらに、昭和初期に燃えあがった中小商店の百貨店反対運動(60)は、以上のような百貨店の動きを背景にしている。贅沢消費の消費者も、従来の中流上層、上流層から中流新興層も一部含むようになった。

しかし、このような贅沢消費の楽しみはそれほど長くは続かなかった。昭和に入ると軍部の力が次第に強くなり、戦争の足音が迫り、国民生活は軍事統制経済の下に組み込まれていくからである。それにつれ、それまでの多様な生活模様は、戦時統制経済が指令する単色に収斂していくことになる。

Ⅳ　戦争と消費者

日本は一九三七（昭和一二）年から一九四五（昭和二〇）年まで戦争状態にあった。まず日中戦争から始まり、太平洋戦争に拡大した。この戦争は消費者の歴史に二つの断絶を生み出した。第一の断絶は、明治維新より発展してきた消費生活を消滅させ、戦時統制経済下の生活に変えた。統制経済の特質は自由市場を死滅させることにある。価格メカニズムの下に、商品を自由に生産し購買できる市場、この自由市場が種々な商品について次々に死滅していくのである。

この過程で主体化条件を備えた消費者は急速に消滅していった。多くの消費者は原消費者や準消費者に退化した。戦争というものが、いかに主体化条件を備えた消費者を消滅させていくのか、またそれに伴い人々の生活がどのように変わっていくのか。戦時経済統制ほど、この過程を急速に進展させるものはない。

戦争が生み出した第二の断絶は、敗戦に伴う政治経済体制の民主化によって生じた。民主化とは、占領軍の指令による、憲法改正、財閥解体、農地改革、労働改革、家長制の廃止、婦人解放、教育改革などである。これらの民主化指令は、明治以降続いてきた社会経済基盤を根底から覆した。これによって国民の生活意識と経済の仕組みが大きく変貌した。消費者の歴史にとってとくに重要な点は、これらの民主化改革によって、各個人が消費者として主体化できる制度的基盤が形成されたことである。それは、消費者の歴史に戦前とはまったく異なる発展軌道を創り出した。

1　消費規制の進展

軍国主義の台頭

日清、日露の戦争に勝利し、第一次世界大戦にほとんど巻き込まれなかった日本は、大戦後には欧米列強に伍するアジアの帝国に拡大していた。現在の国土以外にも、千島列島、南樺太、朝鮮半島、台湾を領有し、北東アジアや太平洋の諸島に租借地や委任統治領を持つようになった。

これによってその国境線は、北方向ではロシア革命によって成立した社会主義国ソ連と、太平洋の東方向では第一次大戦後に強大化した米国と対峙した。南方向には、欧米の植民地があった。米領のフィリピン、仏領インドシナ（現ベトナムなど）、英領マレー半島、オランダ領東インド（現インドネシア）などである。西方向の中国では国民党勢力、共産党勢力、軍閥が割拠して国内は統合されず、欧米列強と日本の権益が複雑に入り組んでいた。

第一次大戦後、国際情勢は混乱していた。それまで英国を中心に形成されていた世界経済秩序が、大戦の痛手を負った英国の経済力と軍事力の低下によって崩壊したからである。その象徴は、それまで英国の経済力で支えられていた国際金本位制の崩壊である。これによって各国の国際収支が不安定化して、世界経済は混乱期に入っていった。

その後、大正の終わりから昭和の初めにかけて、各国は徐々に金本位制に復帰していく。しかし、大戦中の戦費援助の償還によって世界の金を集めた米国が海外投資をしなかった。米国だけが黒字国となり、その他の国は国際収支の赤字に苦しんだ。この結果生じたのは、保護貿易とブロック経済化の進展、それに伴う国際的政治対立の激化であった。

このような情勢の中で、日本は発展の道を探らなければならなかった。しかし、第一次大戦後の一九二〇（大正九）年には、戦時中の好景気の反動として不況が押し寄せ、同年三月の東京株式市場は大暴落した。これをきっかけに、不況はその後二一（大正一一）年にかけて次第に慢性化していった。

さらに悪いことには、一九二三（大正一二）年九月一日の正午前、マグニチュード七・九の大地震が関東を襲った。多くの建物・家屋が崩壊し、正午前であったことから多くの火災が発生して、首都は廃墟と化した。一九〇万人が被災し、一〇万五、〇〇〇人の死者、行方不明者が出たと推測されている。その被害額は五〇億円で、当時のGNP（国民総生産）の約三七％に及んだ。

これを政府は財政支出によって一時的に救済したため、産業と金融の関係が混乱して、一九二七（昭和二）年には金融恐慌が生じた。多くの銀行や大商社の鈴木商店などが倒産した。さらに、一九二九（昭和四）年には米国の株大暴落に端を発して世界大恐慌が起こった。それは昭和恐慌となって日本にも押し寄せてきた。

不況の中で景気を立て直すため、各国は輸出に懸命になり、その手段として為替レートの引き下げを手段に用いようとした。この結果、金本位制を離脱する国が相次いだ。また英、米、独がそれぞれ経済ブロックを形成し、保護貿易を強めた。その中で、日本はどうしても輸出を伸ばさなければならなかった。

日本は天然資源に乏しい。輸出を伸ばして外貨を獲得しなければ、鉄鋼、造船、工作機械、石油など、当時懸案となっていた重工業を発展させるための原材料を購入できない。重工業が発展しなければ、緊張する国際関係の中で、国防のための軍事力も維持・増強できない。当時、国際競争力を持つ日本の産業は繊維産業だけだった。しかも、その競争力はダンピングによるものだった。それは、工場での低賃金・長時間労働と、農家から供給される繭などの原材料の買いたたきによって支えられていた。

一九三一（昭和六）年に満州事変が起こった。それ以降、徴兵数が増え、農村から若い労働力が兵隊に徴集されていった。さらに米価が下落した。一九二五・六年頃には、米（精米一〇キロ）の東京小売価格は三円前後であった。しかし、昭和恐慌の一九二九（昭和四）年頃から下がり始め、一九三三（昭和八）年まで一円五四銭から一円七五銭の間を推移した(1)。これらの結果、昭和初期、農村の疲弊はその極に達していた。

大正デモクラシーによって成立した政党政治は、以上のような激動の時代に次々と起こる問題に有効な施策をうつことができなかった。関東大震災が発生した一九二三（大正一二）年の第二次山本権兵衛内閣から、満州事変が起こった一九三一（昭和六）年の犬養毅内閣まで、わずか九年間の間に八つの内閣が現れては短命のうちに消えていった。さらに、金本位制離脱にさいして、政党は財閥を利するために、内閣交代を画策するようなことまでやった。

金本位制からの離脱が話題に上がっていた頃、財閥はそれを見越して先物ドル買いを行っていた。離脱すれば、円の対ドル・レートが低下すると見込まれたからである。しかし、一九三一（昭和六）年に組閣された若槻内閣の蔵相、井上準之助はこのドル買いと真っ向から対決していた。財閥が買った先物ドルの精算期日までに離脱が行われなければ井上は財閥に勝てた。しかし、満州事変の処理失敗を理由に、この期日四日前に若槻内閣は総辞職し、犬養内閣が成立した。即日、金本位制の離脱が行われ、財閥は巨利を得た(2)。

時代の閉塞感は、厚く低い暗雲のように、日本を覆っていた。一般大衆は政党政治に失望し、また財閥との癒着を怨んだ。このような時代には、その閉塞感を一気に打ち破ろうとする勢力の台頭を促すものだ。とくに活路の方向性について明確なビジョンを持ち、それを強力かつ迅速に推進していく実行力を持つとき、この勢力はますます強くなる。軍部の台頭はまさしくこのような勢力であった。

中国東北部（旧満州）をブロック経済圏に取り込めば、厳しい国際情勢の中で日本の活路が開けるかもしれない。当時の日本人の多くはそう考えていた。またそれを実行していく軍部は、それまでのビジョンなき政党の指導者よりも、はるかに頼もしくみえたことだろう。また下流層の人々にとっては、軍隊は生まれ育ちや貧富の差に関係がなく、戦功によって階段を上っていける世界であった。

さらに親の戦死や経済事情によって、高等教育を受ける望みを絶たれた秀才にとっては、陸軍幼年学校などは上流層へ這い上がる唯一の細い途であった。一三歳から入学でき、経済援助も受けながら修学して、士官への途を保証されていたからである。軍国主義への途は、このような世間の空気によっても支えられていた。

関東軍（中国東北部に駐留した陸軍）の高級将校たちは、中国東北部を支配下に置くことによって経済圏を拡大し、列強に対抗する軍事力を支えようとした。満州事変から一九三二（昭和七）年の満州国建国までの素早い行動がそれである。同年の五・一五事件では、ロンドン軍縮条約に不満を持っていた海軍将校たちが、首相官邸を襲い犬養首相を射殺した。

また、農民出身兵士の多い陸軍では、青年将校たちは部下の将兵から農村の窮状を聞き、政治に対して義憤を募らせていた。一九三六（昭和一一）年の二・二六事件では、陸軍青年将校たちは部下の連隊を引き連れ、岡田総理大臣、高橋蔵相はじめ元老・重臣なども襲撃し、昭和維新を訴えた。これら一連の事件を経た後、軍部の発言力がますます強まった。それを抑止する勢力はいなくなった。一九二五（大正一四）年に成立していた治安維持法によって、左翼など批判勢力を押さえ込む準備はできていた。

満州国建国の頃までは政府部内で戦争の拡大を抑止しようとする力も働いていた。しかし、軍部が独裁的な権力を手中にすると、事態の進展経路は、軍事紛争のエスカレーション過程にロックインされていった。日本軍の行動が敵対勢力の対抗行動を生み、それが次には日本軍の対抗行動を呼んだ。紛争が新しい紛争を呼び、それがまたさらに新しい紛争を呼ぶ、紛争の増幅サイクルが拡大されていったのである。

関東軍はその侵略領域を北京、上海、南京と中国沿岸部に沿って拡大し、国民党政権を支持する米国との対立を深めていった。一九四〇（昭和一五）年には、国民党政権への米英からの補給ルートを絶つために、仏領インドシナ北部に進駐した。次いで石油資源を求めてさらに南部にも進軍した。

欧米列強はこれに対抗するため、日本への石油、くず鉄などの輸出を止めた。米国、英国、中国、オランダの英文国名の頭文字をとったＡＢＣＤ包囲網がそれである。石油、鉄鉱石などは軍事力の基盤であるが、日本では産出しない。このアキレス腱を押さえられた日本は、太平洋戦争に突入していくことになる。

進む統制経済化

近代戦争は陸、海、空にわたって展開される。それは多数の兵員投入を要するだけでなく、飛行機、船舶、銃砲、弾薬など膨大な軍事物資を消尽する戦いである。これによる莫大な軍需品の需要をまかなうには、軍需関連産業の生産力を増強しなければならない。多くの場合、この増強はそれまで非軍需産業に投入されていた労働力や物資を吸い上げて、軍需関連産業に振り向けることによって行われる。しかし、価格によって動く自由市場を経由しては、この資源の振り替えはできない。ここに、市場経済に代わって、国家権力による統制経済が現れることになる。

なぜ市場経済ではこの振り替えができないのだろうか。自由市場が存在すれば、軍需品の需要増大は軍需品生産に必要な物資の価格と、労働力の賃金を増加させる。これらは軍需品の生産費用の上昇を通じて軍需品価格を騰貴させる。そうなれば、政府は軍需品購入のためますます多くの財政支出が必要になる。通常の歳入でまかなえない場合、政府はその財源としてますます多額の公債発行に依存しなければならない。これはインフレを引き起こす火種になる。

一方、軍需関連産業では利潤が上昇し、賃金水準も上がる。この産業の好況は消費にも飛び火して消費財の需要を増加させる。この機会を捉えるため非軍需産業が設備投資を始めだすと、軍需関連産業と非軍需産業の資源争奪をめぐる競争が激しくなり、非軍需産業から軍需産業への資源移転は困難になる。統制経済が現れるのは、このような理由からである。

関東大震災以降に低迷していた経済も、軍国主義が台頭し始めた一九三五（昭和一〇）年頃から軍需産業に主導されて上向き始めていた。このような情勢の中で、一九三七（昭和一二）年に、衆望を担って登場したのが第一次近衛文麿内閣である。この内閣は後に大東亜共栄圏と呼ばれるようになった国策実現のために統制経済化への準備を始めた。

同年の日中戦争の始まりとともに、軍事費予算を自由に増大できる臨時軍事費特別会計を設置した。臨時軍事費について議会はほとんど議論せず、その内容は軍事機密として公表されなかった。この特別会計によって、軍事費は急増していった。この特別会計は戦争の度につくられたが、日清（二億円）、日露（一五億円）であったのに対して、日中・太平洋戦争では一、五五四億円に達した。

軍事費を確保するとともに、近衛内閣は同じ一九三七（昭和一二）年に経済をモノとカネの両面から統制するための立法を行った。モノの統制については、「輸出入品等臨時措置法」によって、不要不急の物品の輸出入を制限した。輸入原料を使う製品の製造、流通、消費の全過程について統制命令を出せるようなった。資源に乏しい日本は、ほとんどの製品の原材料を輸入に頼っている。そのため、この法律によって、ほとんどの商品の製造、流通、消費が統制できるようになったのである。

カネの面での統制は、「臨時資金調整法」である。この法律では、全産業をその重要度によって甲乙丙の三種に分け、それによって投資許可の優先度を決めた。もっとも重要な甲産業は、鉄鋼、自動車、航空機、兵器、金、銅、石炭の軍需関連産業である。次に重要な乙産業は、人造繊維、パルプ、製材であり、不要不急産業としての丙産業は消費生活と密接に関連した紡績、石鹸、化粧品、百貨店などの消費財関連産業であった。

しかし、日中戦争の進展によって、総力戦体制を整えなければ、国の経済も維持できないことが明らかになった。そこで翌年の一九三八（昭和一三）年には、国家総動員法が制定された。この法律では、総力戦遂行のため、国家のすべての人的・物的資源を政府が統制運用できること（総動員）が規定された。統制対象は、労働一般、物資、金融・資本、カルテル、価格一般、言論・出版などである。それらの具体的内容はその時々の勅令に委ねられた。国家総動員法によって、消費者の生活はあらゆる面で規制されていくことになる。このような規制を以下では消費規制と呼ぶことにしよう。

国家総動員法の主目的は、軍事力の維持増強のために、国家のすべての人的・物的資源を動員することである。しかし、国家資源は有限であり、また軍隊だけでなくその兵員増強や軍需生産力を支える労働力を維持しなければならない。このため国家資源の一部は、軍事生産だけでなく、国民生活の維持に必要な生活物資に振り向けなければならない。戦時経済体制の基本問題は、生産力の制約内で国家資源を軍事力と生活物資にどう割り振るのか、という問題である。

しかし、戦争が拡大し長期化すればするほど、生活物資に振り向けられる国家資源は少なくなっていく。消費規制は、ますます少なくなる生活物資によって、消費生活を維持していくための規制である。生活物資の総量が少なくなってくると、この規制は人々の消費についての考え方、つまり消費思想そのものの大転換をはかるようになる。そのねらいは、生活水準の切り下げの促進である。

生活水準とは、人々の生活欲求を満たすために必要な商品の集まりから成り立っている。それはどのような生活をしたいのかについて、その時代の消費者の要求水準を表している。消費規制が消費思想の大転換とそれによる生活水準の切り下げを目指すようになるのは、生活水準を下げなければ、必要な軍事力を維持するための資源を確保できなくなってくるからである。

生活水準の転換運動

日中戦争が泥沼化し、全面戦争の様相を強め出すと、近衛内閣はまず消費思想の大転換を促進する運動に乗り出した。国民精神総動員と呼ばれた運動(3)である。国民精神とは、国家のために自己を犠牲にして、滅私奉公せよということである。日本人の伝統的な集団主義が、家を超え、村落、店、会社を超えて、国家全体にまで拡大されようとしていた。この運動は、そのスローガンとして、「挙国一致」、「尽忠報国」の精神を持ち、戦況がいかに展開し長期化しようとも「堅忍持久」せよ、ということを掲げた。

この運動はその後に内閣が替わっても、終戦に至るまで強力に推進された。その推進の中心になったのは、諸政党の合同体として一九四〇（昭和一五）年に結成された、大政翼賛会などである。挙国一致、尽忠報国といった精神は、「進め一億火の玉だ」、「勤労報国隊を結成せよ」といった標語になった。「堅忍持久」は、「欲しがりません勝つまでは」、「贅沢は敵だ！」という標語を生み出した。これらに賛同しない人は非国民とののしられ、近隣からの迫害の危険すらあった。ファシズムの嵐が吹き荒れる狂気の時代の始まりである。

大正から昭和の初めにかけて、消費を楽しむ生活スタイルは上流層だけでなく、中流層にまで拡がりつつあった。この生活スタイルは、個人的自由を基本にして、必需品を超える贅沢品についても欲求を持ち、それを購買できる自由裁量所得によって、自由な商品選択をすることによって営まれる。大正デモクラシーと呼ばれた時代の風潮は、個人的自由を拡大するようにみえ、また百貨店の発展はますます多様化する贅沢品の買物場所を全国に拡げつつあった。

明治人は、押し寄せる欧米列強の圧力に抗して、近代国家の樹立に苦労した。しかし、第二世代の大正人にとって、近代国家などはすでに与件であった。彼らの関心は天下国家よりも、マイホームなど私的空間に閉じこもり、自己願望を追求する快適な個人生活にあった。大正末期に発表され、話題を呼んだ谷崎潤一郎の小説「痴人の愛」(4)は、中流上層の若い大正人が心のどこかに持っているような生活願望の極限状態を物語にしてみせた。

この小説で主人公は、技術系の名門校、蔵前の高等工業（現東京工業大学）を出て高給で一流会社に勤める技術者である。彼の関心は、カフェでみつけたバタ臭い風貌の一五歳の少女を、光源氏が紫の上にしたごとく、自分好みの女に育てていくことしかない。中流層が当時あこがれた赤いスレート屋根で白壁の洋風文化住宅に住み、彼女との愛欲生活にのめり込んでいく。国民精神総動員はその考え方において、このような「痴人」を一掃し、また中流上層以上で次第に芽生えつつあった消費を楽しむ生活スタイルを完全に否定しようとするものであった。

個人的自由は、国家への滅私奉公という集団主義の強調によって否定された。個人よりもまず国家ありきであった。生活向上のためにより多くの贅沢品を消費したいという欲望を持つことも、堅忍持久というスローガンとそれを表す「欲しがりません勝つまでは」、「贅沢は敵だ！」という標語によって抑圧されていった。

消費生活は個人の欲望にもとづいて営まれるのではなく、国家が定める生活基準によって営まれようとしていた。生活基準とは、国民生活における過去の習慣や伝統にとらわれることなく、国家によってきわめて技術的に立案され樹立される国民日常消費生活のひな形(5)である。それは国家がその権力によって国民に強制する生活水準であった。生活基準にしたがって消費規制が実施されるようになると、消費生活の内容は、労働力を維持しながら生存できる最低限の生活水準へと収斂していくことになる。それはそれまでの下流層の最底辺に位置する貧民層の生活水準に比すべきものであった。

しかし、この過程は、政府の期待に添って、一気に短時間のうちに進行したわけではない。近代社会の大衆はロボットではない。権力者がカラスを白いと言っても、すべての者がそれに賛同するわけではない。滅私奉公の鋳型を這い出て、利己心で動こうとする者が少なからずいるからである。それは統制経済への消費者の一種の抵抗運動でもあった。

ソ連の計画経済の崩壊が歴史的に実証したように、生活物資のすべての種類、数量、価格を、国家が全面的に計画化し統制することは至難の業である。消費者は全国にわたって居住しているから、生活物資の需要は全国にわたって地域的に少量ずつ分散している。また各商品の特徴についての需要が消費者の嗜好を反映してきわめて多様である。

産業財に比べると、生活物資の品目は膨大な数にのぼる。さらに生鮮食品など貯蔵のきかない商品については、その流通にある一定の速度が要求される。この複雑な統制作業のすべてを法律、規則として文書化することはできない。そして、法律、規則を実際に運用するのは、利己心を持つ者も含んだ人間の統制組織である。

これらの事情から、生活物資についていかに詳細な法律、規則を作り、その生産、流通の官僚統制を行おうとしても、かならず抜け穴ができる。一方、統制が強まれば強まるほど、高い価格を払ってもそれを得たいという利己心で動く消費者が現れる。同じように利己心に富む業者、統制業務担当者などが、このような需給事情を見逃すはずはない。こうして、統制経済は一方でヤミ取引を創り出すことになる。ヤミ取引とは、統制商品の公正価格、正規販売ルートへの監視の目を逃れて行われる取引である。

ヤミ取引そのものについて、その全貌を示す資料は存在しない。それはまさしくみえない暗闇の世界である。しかし、後述するように、その存在を示す多くの状況証拠がある。統制経済で多くの消費者が死滅していったが、ヤミ取引では生きながらえていた。消費規制の歴史は、統制とヤミ取引との抗争の歴史でもある。次にその過程における消費様式の実態に目を転じてみよう。

2　消費規制下の消費様式

贅沢消費の禁止

消費規制にとって、贅沢はまず第一の敵である。国民精神総動員が提唱されるとともに、贅沢抑止に向けた動きが出始めた(6)。たとえば、一九三八（昭和一三）年には、厚生省に国民服制定委員会が開設され、国民精神総動員中央連盟はカーキ色の、チョッキ・タイなしの背広の国民服の着用を提唱し始めた。日本婦人団体連盟は非常時局下の国民栄養食と体位向上を目指し、白米食廃止懇談会の開催を主催してその設置を全国に拡げた。大阪の盛り場の大衆食堂には、一汁一菜の国策料理が登場した。

一九三九（昭和一四）年になると、大阪府は全国初の流行規制に乗り出し、春物セールでは四九種に格付けして店頭表示された。文部省は女学生の口紅、白粉、頬紅、パーマを禁じる通牒を発した。夏祭り用に揃いの浴衣を新調することも禁止された。宝石類の輸入も全面禁止になり、百貨店売場から消えていった。

しかしながら、このような動きにもかかわらず、近衛内閣が成立して以降、少なくとも一九三九

（昭和一四）年頃まで贅沢消費はますます旺盛になっていた。その証拠に、国策に順応して百貨店が種々な消費自制策をとっていたにもかかわらず、高級品の売り上げが飛躍的に伸び、百貨店の売り上げを拡大していたことが挙げられる。

百貨店組合の推定によれば、全国百貨店の売上高は、五億四、八六〇〇万円（一九三七年）、六億六、五八〇〇万円（一九三八年）、七億九、〇〇〇〇万円（一九三九年）と増加した。もっとも近衛内閣の成立以降の公債発行によって物価の高騰が始まっていた。消費者物価上昇率は一九三七（昭和一二）年は七・八％、その翌年は九・五％であった(7)。しかし、百貨店の売り上げ増加率は、物価上昇率の約二倍であった。

売り上げがとくに伸びた具体的な商品は、高級呉服が最大で次に雑貨である。インフレや物不足が予想されるとき、消費者が買いだめに走るのはいつの時代でも同じである。高級呉服は、貯蔵性に富み、必要なときには他の物資と交換できる。高級呉服の売上急増の背後には、このような買いだめの動機もあった。

さらに、この旺盛な需要を支えたのは、従来の固定客ではなく、軍需関係の事業に従事する人々の所得上昇であった。それは、東京の大森、浅草、地方では小倉、宇部、大牟田、佐世保など、軍需関連産業地帯の需要がとくに大きかったことによって示されている。軍需景気によって「増大した購買力の前には、百貨店側の消費自制策などものの数ではなかった」(8)のである。

国民精神総動員に沿ってこのような消費傾向を押さえるため、一九四〇（昭和一五）年七月七日に総動員法にもとづく商工、農林両省令が出された。それは、「不急、不要品、奢侈贅沢品、規格外品の製造加工並びに販売禁止」であり、七・七禁止令とも呼ばれる贅沢禁止法である。江戸時代に贅沢禁止法は、武家を頂点とする階級制度を維持するために実施された。昭和になると戦争遂行のために復活した。しかし、贅沢禁止令が時の権力の政治意図を実現するために断行されることには変わりはない。

七・七禁止令は贅沢品を二種に分けている。一つは値段にかかわらず製造・販売を禁止する品目である。その内容は、絵羽模様（和服で縫い目にまたがる大柄な文様）を染めたり織ったりした反物や素材と、それを用いた製品など高級和装品一切を含んでいた。また、指輪、腕輪、首飾り、耳飾り、ネクタイピン、ダイヤ、ルビー、サファイア、翡翠、エメラルド、瑪瑙《めのう》、銀製品、象牙製品など、高級宝飾品も含まれた。これらは戦時生活に不要な物とされたのである。

もう一つの贅沢品は、生活上必要な物でも一定以上価格の物である。白生地羽二重《はぶたえ》、絽《ろ》、紗《しゃ》、緞子《どんす》、銘仙《めいせん》、御召《おめし》、裾模様、丸帯など、呉服素材は素材ごとに数量単位価格が指定された。注文背広、既製服は冬物、合い物、夏物別に、婦人服は注文品、既製品別に価格指定された。さらに、時計、ハンカチ、毛皮襟巻き、靴、下駄、帽子、香水、タンス、カメラ、万年筆、玩具なども同様に製造、販売禁止になる上限価格が指定された。これらは中流層以上の消費者が使用するほとんどの商品を

贅沢は敵だ

日本人ならぜいたくは出来ない筈だ！（昭和15年頃）

網羅しており、百貨店を起点に流行が生じる商品群であった。

七・七禁止令での政府のねらいは、消費者の生活様式の転換であった。このねらいは、同年の九月に百貨店組合に発せられた、「国民奢侈生活抑制方策に関する件」に明確に示されている。そこでは、国民各層を通じて「奢侈不健全ナル生活ヲ刷新シ質実剛健ニシテ且明朗ナル新生活様式」をとらせることが緊急であると説いている(9)。

七・七禁止令は業者を統制しただけではなかった。それは同時に、民間組織を動員して、贅沢品の使用を心理的に抑圧する効果も生み出した。この禁止令が出された翌月には、東京市内に立て看板一、五〇〇本が配置された(10)。それには「日本人ならぜいたくは出来ない筈だ！」と書いてあった。同じ日に二〇もの婦人団体が盛り場で「華美な服装は慎みましょう、指輪はこの際全廃しましょう」と記した自粛カードを配り、贅沢品全廃を訴えた。

一〇月になると、大阪で女子もんぺ部隊が「贅澤は敵だ」のプラカードを掲げ、贅沢品全廃を訴えて大行進を実施した。こうして明治以来の貧富の長い帯は、購入でき、あるいは使用できる商品からみるかぎり、急速に短くなっていった。それとともに奢侈品と必需品を分ける分岐線が変化した。それまで必需品とみなされていた物が奢侈品として再分類され始めたからである。これらよって消費者の生活水準は急速に低下していった。

生活必需品の配給統制

戦争遂行のための消費規制にとって、難題は贅沢禁止よりむしろ生活必需品の配給統制であった。配給統制とは、価格および/あるいは数量を指定して、流通経路を監視しながら商品を消費者まで流通させることである。食糧、被服、燃料、医薬品、児童教育用品など、生活必需品は贅沢品のように消費を禁止することはできない。とはいえ、生活必需品の生産に割ける物資量には制約があるので、消費者に配分できる生活必需品の数量を制限する必要があった。

しかし、生活必需品の配給には独特の困難がある。消費者は世帯を基本単位として全国に広く分散して生活している。必需品は消費者の生活に不可欠なものであるから、すべての消費者がそれを求める。しかも必需品を構成する品目は、衣、食、住の全分野にわたり、また各消費者の嗜好を反映して多品目にわたる。必需品の消費の本来的な特徴は、多様な商品が分散的に少量ずつ消費されるということである。生活必需品のすべてについて、全国に散在する消費者への流通経路を統制するには、そのための統制組合など組織機構(11)を整備する必要があった。

これには時間を要するが、戦争経済に突入すると、物不足への予想から売り惜しみ、買いだめなどによる物価騰貴が始まっていた。そこで配給統制は業者への原料割当なども含めて多様なかたちで始まった。消費者に直接にかかわるものに絞ると、まず、商品が標準化されており品目数が少ない主要商品について、消費者への直接割当による購買数量制限が行われた。

消費者への配給品目指定は、一九四〇（昭和一五）年にマッチ、牛乳・乳製品、砂糖、その翌年には家庭用燃料（木炭、豆炭、穴あき練炭）、清酒、衛星綿、食用油、お菓子、香辛料、国民学校学童服・靴下、そして六大都市での米穀・外食などである。米穀・外食については、米穀配給通帳と外食券制が実施され、一人一日当たり二合三勺（三三〇グラム）に定められた。米を主食にすれば、一人一日四合程度はいるから、とてもたりない量であった。

公定価格指定は、一九三九（昭和一四）年には砂糖、酒、ビール、毛糸、四〇年にはパン、菓子、料理屋の食事、四一年には魚、四二年には古着などと次第に拡大した。四二年末には、公定価格品は商工省関係では四八万点、地方庁関係では六二万点、計一一〇万点に及んでいる。

割当や公定価格指定が困難であったのは、被服品や生鮮食品である。被服品については品目数が多く、また商品が標準化されておらず個人の嗜好も多様に異なる。しかし、被服品についても、一九四二（昭和一七）年には配給統制が行われた。その方法は衣料切符による統制(12)である。一五〇を超える被服類品目のそれぞれに点数が設定され、点数合計によって購買可能数量が制限された。

六大都市圏の居住者は一年間に一〇〇点まで、その他の地域の居住者は八〇点までである。各品目の点数例の高いものを挙げると、和服類では、インバネス・コート（五〇点）、袷（四八点）、角袖

(四〇点)などであり、洋服では背広三揃え(五〇点)、男子外套(五〇点)、婦人外套(四〇点)などであり、肌着類でも部屋着(四〇点)、チョッキ(二〇点)、パジャマ(二〇点)などである。これらからみると、いわゆる重衣料品はほとんど買えなかったことがわかる。

生鮮食料品の配給統制も困難であった。消費地だけでなく、生産地も広く分散しているから、それらを結ぶ運賃も多様である。品質は生産地によってきわめて多様であるだけでなく、生産量が天候によって左右されるので価格が変動しやすい。しかし、都市部で野菜不足が深刻になってきたので、一九四〇(昭和一五)年からその翌年にかけて配給統制に乗り出した。その方法は、主要産品について、生産者、卸売業者、中央卸売市場、小売業者の価格、数量の規制や、配給担当業者の許認可制などである。

しかし、以上のような配給統制や価格統制はヤミ取引を発生させることになった。一九四〇(昭和一五)年の暴利行為取締規則改正によって公定価格などの表示が義務づけられたので、戦後に現れたヤミ市のようにある地理的場所に集中してヤミ取引が行われるということはなかったが、規制・監視の目をくぐり巧妙に行われた。

ヤミ取引への商品供給は、生産者や流通業者の売り惜しみ、買いだめ、在庫品横流し、統制担当者の不正、衣料切符のヤミ売買などによるものである。また運賃差を無視して生鮮食料品の公定価格を設定したため、遠隔地への出荷が行われず生鮮食料品の地域的偏在が生じた。多くの消費者、とくに都市住民は呉服などを袋に包み、リュックを背負って余剰食品がありそうな近隣農村に食料品の買い出しに出かけた。

商品ごとに種々なヤミ取引が存在した。すでに一九三八（昭和一三）年に綿製品の製造・販売が制限されてまもなく、品不足・不正取引が横行した。「ヤミ（闇）」という言葉が生まれたのはこのときである。その後でも、ヤミ取引は依然として活発であった。それを示す事件は、商工省による暴利取締令の改正による正札添付の義務づけ（一九三八年）、ビール公定価格設定と猛暑による買い占め・ヤミ取引の横行（一九三九年）などである。公定価格や製造・販売制限がされると、売り惜しみや買いだめによる品薄が生じる。ヤミ価格は公定価格をはるかに超えて高騰し、公定価格の再設定を迫るということの繰り返しであった。

いくら価格が高くなってもよい。このような買い手がいるかぎり、ヤミ取引はなくならない。一九四二（昭和一七）年には、魚・野菜のヤミ取引で、銀座の料亭三七軒が罰金と営業停止になった。この事件はヤミ取引の主要舞台の一つを示している。また、衣料切符のヤミ売買事件（一九四二年）に象徴されるように、消費者もこのヤミ取引に多様なかたちで参加した。

食糧事情が悪くなるにつれて、消費者によるヤミ取引利用がますます広範囲に拡がっていった。ついに一九四三（昭和一八）年になると、政府はヤミ取引に関して、売り手だけでなく、買い手への規制にまで踏み込まねばならなかった。食糧管理法改正による米麦のヤミ買いへの罰則設定がそれである。

しかし、交換すべき着物もなく、所得が低いためヤミ取引を利用できない消費者も数多くいた。かれらは配給所が唯一の物資調達ルートであった。一九四二（昭和一七）年に大阪市物資調整部が行った配給制度について世論調査(13)は、配給制度の不備と不正についての声で満ち満ちていた。不正を糾弾する声のみの事例を若干上げれば、次のようなものである。

○商人同志に自己の商う生活必需品を物々交換することを禁止されたし
○切符の改竄《かいざん》を業者黙認せり監督を乞う
○現在の販売所の情実配給を取り締まられたし、配給所設置後もまた然り
○肉、玉子の配給につき業者が町会主義をとり他の町会のものを排斥する傾向あり　これらの配給は市に一元化されたし
○警察の治安米の配給方法不明朗不統一なり、府、市いずれかに一元化されたし
○砂糖業者の不正行為最も多し、監督を乞う
○価格を十分監督されたし、ヤミの取締の強化を乞う
○生鮮魚の情実販売禁止の為全部蒲鉾にされたし
○魚屋と仕出屋の兼業を禁止されたし
○幽霊人口を整理処分されたし

これらの声は、消費者の目に触れたかぎりでの、配給統制とヤミ取引の境界・接点がどこにあったかを如実に示している。

生活水準の限りなき低下

必需品の消費規制では、割当配給制以外にも種々な方法が試みられた。たとえば、消費場所を一定場所に集中するという方法がある。すでに一九四〇（昭和一五）年には共同炊事の実験が行われていた。たとえば、奈良県の高市村では四〇戸一五〇人分の共同炊事を始めていた。富山県のある高等女学校でも、各家庭への夕食配給を実行した。

しかし、消費を一定場所に集中することは、消費の分散的性格から言って限界がある。消費集中化のより効率的な方法は、各商品の用途を一定領域に限定して、それ以外の消費を禁止することであった。用途限定は多くの必需品に次々に実施されていった。綿製品、皮革、鉄、米、牛乳、砂糖などがその例である。

綿製品は当時の輸出の主要品目であったが、その原料の綿花はすべて輸入に頼っていた。そのため、いち早く一九三八（昭和一三）年には、商工省令で綿製品の製造・販売は制限された。純綿製品が許されたのは軍需品と生産資材用だけとなった。その翌年には国産羊毛の購買も禁止された。

同じように、築造工作物への鉄使用の禁止（一九三八年）、缶詰の使用禁止（一九三九年）が行われ、皮革・ゴムなどを消費財に使うことも制限された。

主食である米については、白米食の禁止令（一九三九年）が出され、酒への用途制限などが行われた。一九四〇（昭和一五）年には東京府は食堂・料理店での米使用を全面禁止にした。乳製品の使用は満一歳までに制限（一九四一年）された。砂糖の供給もますます少なくなっていった。

このように用途が制限され、また供給量そのものが減少してくると、代用品が続々と現れる。消費者用の綿製品はスフ（人造絹糸）との混合になって、濡れると破れやすくなった。しかし、新しくつくられる洋服も、羊毛が使えないため、すべてスフになった。スフ洋服には下駄が似合うと言われて、靴のかわりに下駄の使用が増えた。

建物の鉄筋コンクリートは竹筋コンクリートに変化した。一九四一（昭和一六）年には、砂糖に代わって甘みをつけるために、サッカリンをたくあん漬けに限って使用することを厚生省が許可した。それまでサッカリンは飲食物への使用が禁止されていたのである。これがきっかけとなって、その後しばらくたつと、種々な料理へのサッカリン使用が消費者の間に広まっていった。

とくに主食の米の用途制限は、供給不足も相まって多方面に影響した。一九四〇（昭和一五）年には消費者が正規ルートで購買できるのは外米六割の混入米になった。正月用の鏡餅として、真綿や粘土でつくられたものが現れた。また水を八割入れた酒も現れた。この酒は、金魚も泳ぐこともできるという意味で、「金魚酒」とも呼ばれた。一九四一（昭和一六）年になると、飯米にトウモロコシの挽き割りを入れよという指示が出された。清酒にもアルコールが添加されるようになった。

しかし、もっとも大きい影響は、米に代わる種々な代用食の登場である。いくつかの例を挙げれば、戦争初期には家庭では大豆入り昆布めし、ニシン入りうどんめし、雑草や桑の葉のパンなどが試みられた。デパートの食堂では、そばずし、うどんランチ、「国策ランチ」が登場した。これは、うどん・タマネギ・ジャガイモを油揚げしたものである。戦時代用食として芋パンが提案された。それはサツマイモの乾燥粉に、四割の小麦粉を混ぜ、鰯の粉、昆布・ひじき・アラメなど海草類、ビール酵母を導入したものだった。

しかし、一九四三（昭和一八）年以降になると、戦局が悪化し供給量がさらに減少した。内地での農業生産力は肥料不足や徴兵増強による労働力削減により低下していた。外地からの補給線は、輸送船の軍事徴用やそれへの航空機・潜水艦攻撃によって綻びつつあった。食糧事情が逼迫して、「食糧が最低限を切ることを一日も早く国民に知らせたい」（一九四四年六月八日の御前会議での内田信也農商務相の発言）という状況が刻一刻と近づいていた。今や以上のような代用食も贅沢になった。

江戸時代の中頃、天明の大飢饉を救った青木昆陽のサツマイモ栽培を思い出したのであろうか。一九四三（昭和一八）年には「サツマイモは大切な主食」というスローガンを掲げた大増殖運動が展開され始めていた。各家庭でも庭や防空壕の上にサツマイモを栽培し始めた。明治以降、根付いてきた米食を主食とする文化は一気に江戸中期まで逆戻りした。

その翌年になると、「週刊毎日」（現サンデー毎日）は、何が食べられるかについて特集を出した。その内容の虫の項には、ヘビトンボの幼虫、ささ虫、クロスズメバチの幼虫とさなぎ、ゲンゴロウなどがあげられた。これらの多くは江戸時代の貧農がタンパク供給源として食べたものである。現在でも自然学習センター（たとえば兵庫県三田市の有馬富士公園など）へ行けば、この種の虫を見学できる。また決戦食として牛の飼料の菊芋までが提案された。

たまに雑炊の配給があると言えば、配給所や雑炊食堂の前には長い行列ができた。それは大根葉の切れ端、屑野菜が浮き、米粒の数が数えられる汁ばかりのものであり、雑炊ではなく「増水」と皮肉られた。残飯利用であることを除けば、明治・大正期の残飯屋の素材による雑炊の方が、栄養価がはるかに高く美味であったことだろう。

以上のような代用品の氾濫とともに、消費規制は商品の標準化も推進した。品目数が少なくなれば、それだけ配給業務が容易になるからである。とくに衣服はシルエット、色、柄、素材、装飾、サイズと属性が多岐にわたり、流行も早いため品目数はきわめて多い。現在ではこの品目数は数百万にのぼるのではないだろうか。消費規制はこの衣服の標準化を強力に推進した。

衣服は国民服、ゲートル、もんぺなどになり、色はカーキ色や紺色へ統一された。とくに、一九四三（昭和一八）年に衣生活の簡素化が閣議決定された後、国民の服装はほぼ同じになった。女性は和服の長袖を切り、防空ずきんともんぺを常用し、男性はカーキ色の国民服とズボン、その上にゲートルを巻いた。

さらに一九四四（昭和一九）年、サイパン、グアムなどマリアナ諸島が陥落した後では、都市での居住生活も危険になった。米軍が戦略爆撃機B二九を投入して、軍事施設だけでなく民間住居にも無差別爆撃を開始したからである。B二九は成層圏に近い高高度を大編隊を組んで来襲した。それを迎撃する能力は日本の高射砲や戦闘機にはなかった。

木造家屋の火災をねらって、大量の焼夷爆弾が投下された。こうして、東京、大阪などの大都市を始め、多くの都市が焦土と化した。都市住民は命からがら農村地区へ疎開して終戦を待ったのである。太平洋戦争開戦前の一九四〇年の東京人口六七八万人は終戦の一九四五年には二八七万に減り、同じく大阪の人口は三三〇万人から一一〇万人にまで減っていた。

こうして戦時中、多くの消費者、とくに都市住民は、タイム・トンネルをくぐって過去の時代に舞い戻り、エレベータに乗って地底深く下るがごとく、最下層の消費生活を体験することになったのである。その消費様式は生存消費であり、その願望はただ生きながらえることだけだった。

3　消費者主体化の新しい基盤

経済の民主化

一九四五（昭和二〇）年九月二日、日本は降伏文書に調印し太平洋戦争は終結した。日本の主要都市は無残に破壊され廃墟と化していた。その焼け跡を不法占拠して、不良在日外国人、引揚者、罹災者、愚連隊らがヤミ商人となって、バラック建ての店や露天のヤミ市を開き始めていた。そこは、疎開先から戻ってきた人々、軍服・軍帽姿の復員兵、あるいは戦災孤児などでごった返していた。

このような都市へ米軍が進駐し、街中をＭＰ（憲兵）を乗せたジープが走り始めた。進駐軍は総司令部を設置し、一九四五年から四六年にかけて、日本の非軍事化と民主化を進める政策を一気に断行した。日本を二度と戦争のできない国にすること、これが政策の当初のねらいであった。その内容は、財閥解体、独占禁止法、農地改革、労働改革による経済民主化と、新憲法の公布による政治民主化であった。

経済と政治の両面にわたるこれらの民主化改革は、それまでの日本社会の仕組みを根底から覆すほどのものであった。消費者の歴史にとっても、その軌道を大転換させるような制度改革を含んでいた。一言で言えば、これらの改革は、消費者主体化のためのまったく新しい制度上の基盤を提供するものであった。

個人が消費者として主体化するには、自由裁量所得を持ち、個人として自由に商品選択できる権利を持ち、節約原則ではなく快楽原則を採用できるように、豊富な商品世界に取り巻かれていなければならない。これらの主体化条件のうち、経済と政治の民主化は自由裁量所得条件に影響を与え、政治民主化は主として個人的自由をより多くの人に与えた。

戦前での消費市場では、十分な自由裁量所得を持つ消費者は中流上層や上流層に限られていた。中流下層での自由裁量所得は少なく、限られた範囲でのつかの間の贅沢消費を楽しめるだけであった。下流層では自由裁量所得はなく、何とか食いつないでいく生存消費が消費様式であった。上をみてもかぎりなく下をみてもかぎりない、長い貧富の帯が日本の消費市場を特徴づけていた。

社会階層間の移動を妨げる制度的な障壁があり、上流層はその地位を保証されている一方で、下流層では働けど働けどわが暮らし楽にならずの状態が続いていた。総司令部による経済民主化は、経済における分配の不平等を固定化していた諸制度を廃絶し、一気にこの長い帯の両端を切り取って、貧富の長い帯を短くすることをねらった。

戦前の上流層は、華族、高級軍人、財閥の所有者とその経営幹部、そして大地主から構成されていた。総司令部の民主化指令は、これらの上流層の経済基盤を徹底的に解体した。一九四七（昭和二二）年五月三日施行の日本国憲法一四条は、法の下でのすべての国民の平等をうたい、その二項で華族その他の貴族の制度の廃止を宣言した。これにより一千家前後の華族はその地位を支えた種々な特権を失った。同じように、日本軍の解体によって高級軍人もその職業と地位を失った。

財閥も同じ運命をたどった。終戦まで、財閥は日本経済の中枢であった。日本の軍事力の経済基盤となった重化学工業だけでなく、多くの産業では、三菱、三井、住友、安田など四大財閥を始め、一一の財閥が、本社機構による株式所有を通じて系列企業を完全に支配していた。たとえば、一九三七（昭和一二）年時点で、全国の会社の株式のうち二四・六％を四大財閥で所有していた(14)。しかも、これらの本社株は財閥の家族がその主要部分を所有していた。

戦前の左翼経済学者の日本資本主義観(15)と同じように、総司令部はこのような封建的な経済支配が、小作人制度などとともに、日本市場を狭隘化させ、それが軍国主義による海外侵略を生み出したのだとみなしていた。軍国主義の根を絶つため、総司令部は財閥を完全に解体した。

まず、一九四六（昭和二一）年に一一の財閥の本社を解散させた。一〇財閥の家族五六人は未成年者も含めて、全部追放扱いになり、大企業の経営に参加することを禁じられた。財閥経営の主要幹部も同じように追放身分になった。翌年になると、本社機構の下にあって、系列企業、下請け企業、流通企業間の取引ネットワークを実質的に統制していた三井物産や三菱商事のような商社も解散を命じられ、両者の旧社員一〇人以上が会社をつくることも禁じられた。

財閥家族はその上流層の地位を維持する潤沢な収入源の大部分を失った。アメリカでは、ロックフェラー、フォード、カーネギーの一族がどのような生活しているかを多くの国民が知っている。しかし、日本では財閥家族のその後の生活ぶりを知る人はほとんどいない。

総司令部の指令は、財閥解体だけではなかった。経済における独占の再生を防ぐために、一九四七（昭和二二）年には独占禁止法を制定した。この法律はその後若干緩和されたが、トラストの形成や一定のカルテル行為は現在でも禁止されている。さらに、独占禁止法を補完するかたちで、同じ年に過度経済力集中排除法を成立させた。これは独占力を持つと思われる会社を指定し、企業分割を指令するものである。これによって、三菱重工業、日立製作所、東京芝浦電気など一七社が企業分割された。

次に、総司令部は農地改革を行った。戦前、日本の農業は小作人制度を通じて地主に完全に支配されていた。地主は人数の点で上流層の中核を占め、同じように小作人は下流層の中核を占めた。日本の消費市場が一人当たり消費支出の点でとくに狭隘であったのは、この農民の貧困によるものである。一九四六（昭和二一）年に実施された総司令部による農地改革は、この構造に徹底的なメスを入れた。

農村居住の地主に対しては、一町歩の小作地を残し、残りすべてを小作人に低価格で売却させた。

また、不在地主については、その保有地全部を小作人に同じように低価格で売却させた。これによって、地主階級が完全に消滅し、農村は多くの自作農から構成されるようになった。一九四六（昭和二一）年の全国農地の四六％を占めた小作地は、一九五〇（昭和二五）年には一〇％にまで激減した[16]。農地改革は長い貧富の帯の両端を同時に切るという激烈な改革であった。

戦前に小作人とともに下流層を構成したのは都市労働者である。都市労働者は長時間の低賃金労働に苦しめられたが、企業が収益を上げても、その成果分配にあずかることはできなかった。労働組合の結成や労働争議が抑圧されていたからである。労働者の権利を確保するため、総司令部は日本政府に指令を出し、一九四五（昭和二〇）年に労働組合法、一九四六年に労働基準法、そして一九四七年には労働関係調整法と、労働三法を相次いで制定させた。

労働組合法によって、労働者の団結権、団体交渉権、争議権が保護助成されることになった。使用者の団体権侵害に関しては刑罰が科せられることになったので、制定以後には労働組合が企業別に、単位労働組合として次々に結成されることになった。労働基準法は労働契約、労働時間、災害補償などについて労働者を保護した。また労働関係調整法は労働関係の公正な調整や労働争議の予防、解決を図るために制定された。

これらの労働三法の制定後、労働運動が急速に普及・定着していったことは図Ⅳ-1に如実に示されている。経済成長などによって、企業の経営成果が向上した場合に、労働者はその分配を権利

図Ⅳ-1　労働運動の推移

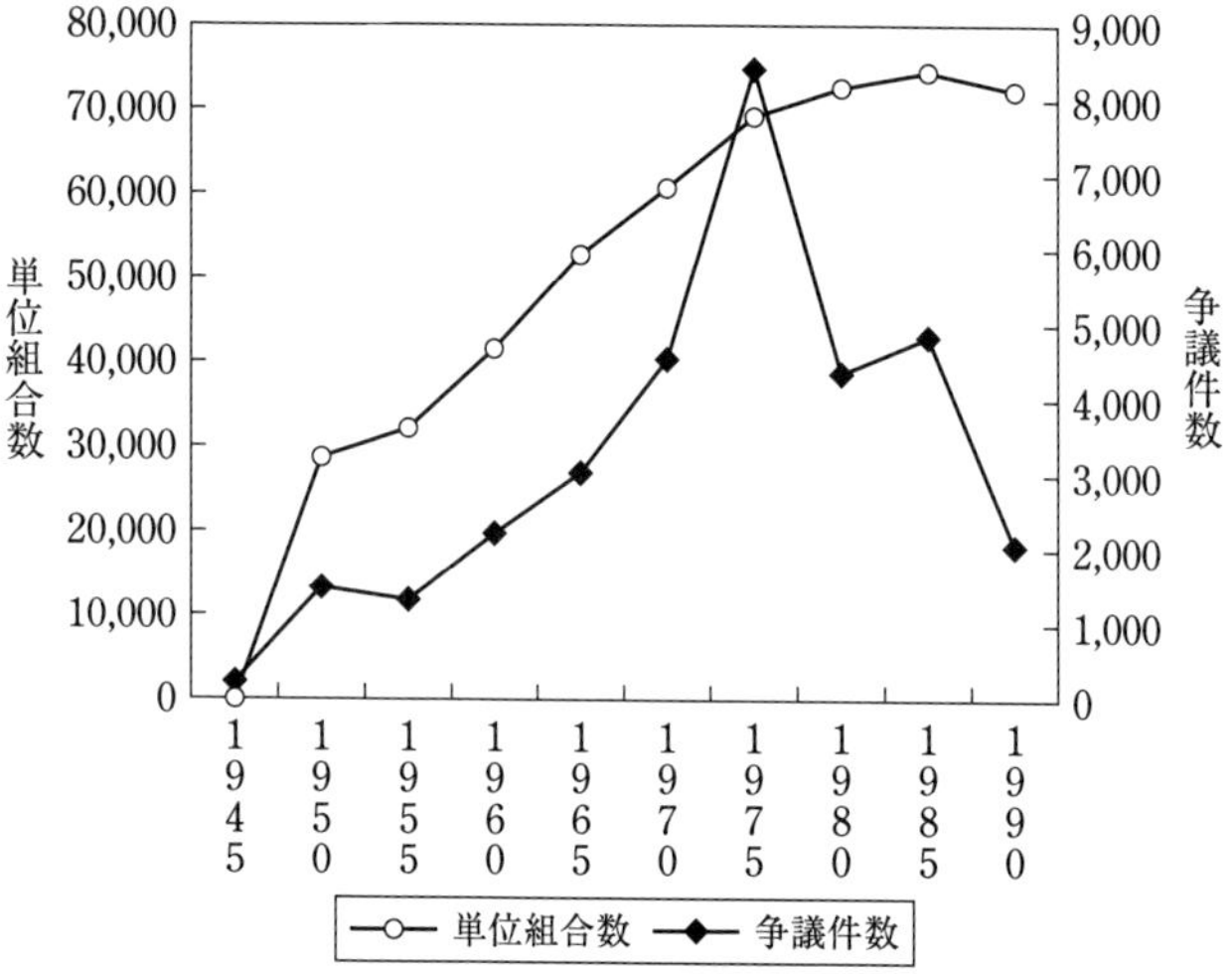

データ源：厚生労働省大臣官房統計情報部,「労働組合基礎調査報告」および「労働争議統計調査年報告」

として要求できるような機構が、労働の民主化によってできあがったのである。

個人的自由の拡大

消費者がその行動の個人的自由を持つこと、これも個人が消費者として主体化するための重要な条件である。しかし、戦前に個人的自由を持っていたのは、家長（家族の戸主）の男性だけであった。家族の他の成員の個人的自由は、「家」制度によって多かれ少なかれ制約されていた。「家」制度は多くの人が農業や商業に従事していたことから生じている。

農業や商業は職業というよりも、家族と経営が未分化な家業であった。農業では農地、商業では暖簾と資本といった家産があり、家族成員はこれらを使って共同で働いた。働ける家族成員はすべて共同作業のための重要な労働力であった。「家」とは、家産とそれを使って協働して生計を立てている家族の共同体である(17)。

このような「家」では、個人の欲求充足よりも「家」の存続が重視された。そこでは個人主義よりも集団主義が原則であった。家長はこの「家」を統率した。戦前、怖いものとして「地震、雷、火事、親父」と言われたが、この「親父」は家長の権限を表す言葉である。彼の責任は祖先から受け継いだ家産を次世代へ無事に継承していくことにあった。「家」は数世代にわたって次々に継承される家産と家族の連続体であった。

家長の地位は隠退あるいは死去によって次世代に継承されるが、数人の子供に分割できる大きい家産を持たないかぎり、その基本的な継承者は男性の長男、つまり長子一人であった。長子の単独相続制は、「家」制度の重要な特質である。こうして日本の典型的な家族は、親夫婦と長男夫婦およびその子供から構成された。子供からみれば、両親以外にも祖父と祖母がいる家庭である。家産分与を受けないかぎり、長子以外は他家に嫁いだり、都市へ出て別の核家族をつくった。

「家」制度でしばられた家族では、個人が消費者として自由に行動することはほとんどできなかった。女性は男性に従い、子は親の言うことに従った。とくに家事労働の大部分を負担した若夫婦の嫁の立場が大変だった。夫だけでなく、舅、姑にも従わねばならず、その個人的欲望に従い行動することはほとんど不可能であった。さらに個人的自由を持っていた家長でさえ、家の存続への配慮から、その行動をいくぶん制約されたことであろう。

新たに制定された日本国憲法とそれに伴う民法改正は、このような「家」制度を廃絶した。日本国民は個人として尊重され、法の下で平等になった。男女同権になり、女性を男性に対して政治的・経済的または社会的関係において、差別してはならないことになった。結婚は親の指示ではなく男女両性の合意においてのみ行われ、夫婦は同等の権利を持つようになった。また、長子への単独相続は廃絶され、それに代わって均等相続制が生まれた。これらによって、個人的自由を持つ個人の範囲が飛躍的に拡大することになったのである。そしてこれらは教育改革を通じて、若い世代にも教育されるようになった。

戦後経済の混乱

総司令部の指令によって、わずか一―二年で経済の民主化と個人的自由を持つ人を増やす改革は終了した。しかし、いくら分配率を上げる仕組みができても、分けるべきパイが大きくならなければ自由裁量所得は増えない。また個人的自由を行使できるようになっても、選択対象になる商品世界が貧しければ、その自由も行使できない。

戦後のヤミ市

実際に、終戦後の二―三年間、日本経済はまったく混沌としており、人々の間には戦時中と同じような生存消費のために日々の戦いが続いていた。しかも、猛烈なインフレが進行していた。消費者物価は一九四六（昭和二一）年を基準にすると、四七年に二・三倍、四八年に四倍、四九年には五倍まで高騰した。消費者物価が落ち着いてくるのは、一九五〇（昭和二五）年以降である(18)。

とりわけ深刻であったのは、都市における食糧問題であった。都市は農村からの食糧供給がなければ生存しえない。しかし、農村部での生産力が落ちていただけでなく、都市への物流ルートも空襲によってずたずたに破壊されていた。東京や大阪では、毎月数十人の餓死者が出ていた。

食糧難を防ぐため、一九四六（昭和二一）年に政府は人口一〇万人以上の都市への転入を禁止した。米の配給量は少なく遅配がちであった。野菜・魚なども配給統制されていた。職業倫理からヤミ米を口にすることを拒み、配給食糧だけで生活しようとした東京地裁の山口良忠判事は一九四七（昭和二二）年餓死した。配給だけに頼っては餓死するかもしれない。この想いは大きな波紋となって消費者間に拡がった。

配給量不足を補うため、ヤミ物資が都市に流入した。それを生み出したのは、都市住民による買い出しとヤミ商人によるヤミ市であった。一九四五年には東京から隣接府県の農村部へ毎日一八万人が買い出しに出かけたと言われている。その内容はサツマイモであった[19]。都市住民の多くは天明の大飢饉と同じく、サツマイモで飢えをしのいだのである。大きいリュックサックを背負い、食糧と交換する衣服などを持って、満員列車に乗り込む風景が常態になった。通路だけでなくトイレまでも人が座り込み、乗降口から乗り降りできない場合には車窓が出入り口になった。

少しましなものを口にしようとすれば、ヤミ市しかなかった。すでに終戦直後の四五年九月には、東京でヤミ市が氾濫していた。約八万人がヤミ市で働いていたという。そのうち従来からの露天商人は三〇%で、店を焼かれた商人が二〇%、残りの五〇%は復員兵など失業者であった[20]。復員兵などは一家を飢餓から救うため、物流難で農村や漁村に偏在した物資を探し求め、それをヤミ市に運び込んだ。

偏在はかなり近距離間でも発生していた。山崎豊子の小説「暖簾」(21)にも、主人公の孝平が父の創業した大阪昆布屋の暖簾を再興するため、大阪の堺で荷受けした大量の昆布を若さに任せて毎日数度、背に担ぎ満員電車をものともせず、神戸の三宮のヤミ市に運び込み巨利を得る話が出てくる。

一九四六(昭和二一)年一月に大阪府防犯課が市内二三カ所のヤミ市を一斉調査した。それによると、一日約七万人がヤミ市を訪れ、カレーライスや寿司などのかたちで一三八俵の米を消費した。このほかパン一万五、四二五個、麺類五、一七〇束が消費された。ヤミ市の物品販売業者は五、九三八人、その業種内訳は、食品(六五%)、繊維製品(一六%)、雑品(一〇%)、金属類(五%)、皮革類(三%)、燃料(一%)であった。また飲食物では芋類の立ち売り二六二人、パン類二五四人、洋食・カレーライス一三一人が働いていた(22)。ヤミ市の機能は明らかに、配給量だけではたりない食糧を供給することであった。

しかし、一九四七(昭和二二)年には経済復興をめざして経済安定本部が総合的な経済政策の策定を始めていた。とりあえず産業の基礎になる鉄鋼、石炭の生産力を回復させるとともに、硫安など肥料を増産して食糧の生産力を高めるというものであった。翌年には、米の配給量も増配され、電球、ポマード、歯磨きなど生活必需品一一一種の価格統制が解除された。価格騰貴は依然として続いていたが、消費財も次第に出回るようになってきた。一九四九(昭和二四)年には大都市への転入抑制が解除され、多くの人が疎開先から戻り始めた。電気、ガスの制限が解かれ、住宅が建ち始めた。さらに全国の飲食店が再開したりして、ようやく復興の兆しがみえてきた。

経済復興への途

一九四八（昭和二三）年頃から日本の経済復興に関する総司令部の方針も急速に転換し始める。経済復興は日本の責任であるとするそれまでの不干渉主義から、積極的に日本経済を復興しようとし始めた。そのきっかけは東西冷戦の始まりであった。

戦後すぐに東欧諸国が社会主義化した。一九四七（昭和二二）年から始まった米ソ対立はソ連によるベルリン封鎖という事態にまで発展した。四九年に毛沢東は天安門の楼上で中華人民共和国の成立を高らかに宣言した。このような共産圏の拡大に直面して、米国は日本を自由陣営の強力な一員にしようとした。経済復興に向けての米国からの種々な援助が増加した。

情勢がこのように変化していたときに、一九五〇（昭和二五）年六月、朝鮮戦争が勃発した。国連軍の後方支援基地として、日本は特需ブームに沸いた。一九五三（昭和二八）年七月に休戦するまで、特需ブームは自動車、繊維、鉄鋼、石炭、セメント、食料品、電気、家具、兵器などの産業を次々に潤した。米ドルでの支払は外貨不足を補い、原材料輸入の拡大を容易にした。この間、一九五二（昭和二七）年には連合国側との戦争状態を終結するサンフランシスコ講和条約が発効し、日本は国際社会に復帰した。

朝鮮戦争による特需ブームは日本経済を一気に戦前の経済の最高水準以上に立ち直らせた。戦前の最高水準は、一九三四—三六年であった。工業生産、実質国民総生産、実質設備投資などについて、この期間での平均数値を、一九五一（昭和二六）年には追い越したのである(23)。

実質個人消費支出についても同様である。図Ⅳ-2に示すように、個人消費支出は一九四八（昭和二三）年頃から徐々に回復し、五二（昭和二七）年以降は一段と高くなった。個人消費支出が戦前の最高水準を超えたのは他の経済指標と同じく、一九五一年であった。また終戦直後には六〇%を超えていた食料費比率は、徐々に下がり続けて一九五四（昭和二九）年には五〇%にまで低下した。この間の数字の動きの背後には、種々な消費規制の終焉と戦後の新しい消費傾向の芽生えがある。

戦後になっても生産力がすぐには回復しなかったので、戦時中からの消費規制は価格統制や配給統制のかたちで残されていた。しかし、一九五〇（昭和二五）年以降になると、消費規制の解除がさらに拡大する。食品については、一九五〇年に外食券なしで、米以外のそば、うどん、パンなどを食べられるようになった。多くの商品が自由販売になり始めた。味噌、醤油、牛乳（一九五〇年）、砂糖と内地産麦類（一九五二年）、人造米（一九五三年）などがその例である。

主食の米についてもヤミ値が低下し始め、配給量も増え始めた。一九五四（昭和二九）年頃にな

図Ⅳ-2　1人当たり実質個人消費支出と食料費比率（1934-36年価格）

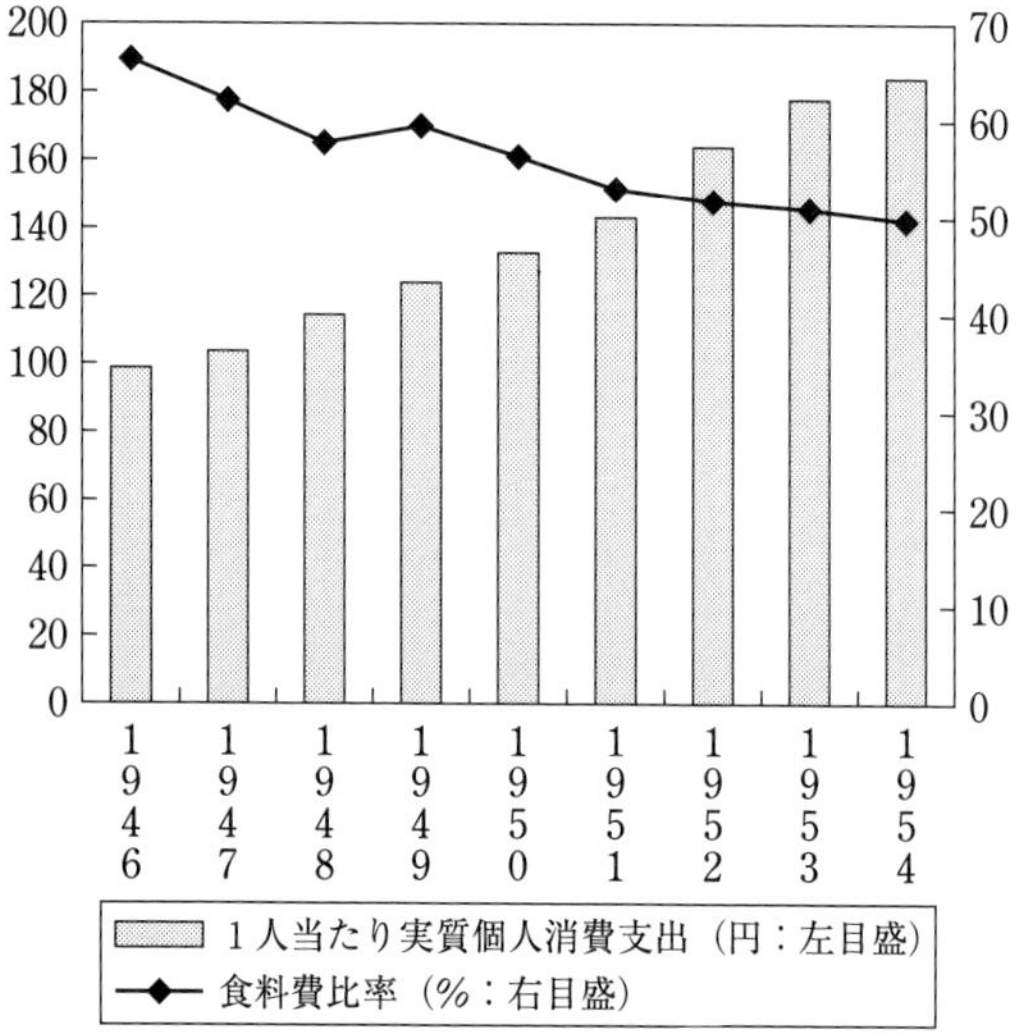

データ源：篠原三代平，『個人消費支出』，東洋経済新報社，1967年の表4-2のデータより作成。

ると、外米配給については辞退する家庭が増え始めている。衣料品についても、衣料切符制が一九五一（昭和二六）年に廃止され自由販売になった。また住宅規模は一九四三（昭和一八）年以降、一五坪までに制限されていたが、一九五〇（昭和二五）年にはその制限が撤廃されている。

さらに新しい商品の出現によって商品世界が充実し始め、消費者を引きつけた。食品については、戦前にはなかった加工商品が登場した。その代表的なものは、ポテトチップ、オレンジジュース、魚肉ソーセージ、即席カレー、缶ジュースなどである。またファッション関連商品が女性たちを引きつけ始めた。資生堂やポーラなどのメーカーは、美容講座や移動美容室をもうけて、美への関心を呼び起こした。

衣服については、ナイロンなど人工素材を使ったブラウス、スカート、プリント服地が現れた。戦前には着用しなかったような女性下着が下着ショーで広く提案され、下着ブームが巻き起こった。さらにクリスチャン・ディオールなどの海外ファッションが百貨店などによって紹介され、女性のファッション意識をかき立て始めた。

自動車は一九五〇（昭和二五）年に自由価格になり、その翌年から外車販売が始まった。一九五三（昭和二八）年になると、トヨタ自動車は国産車「トヨペット・スーパー」を発売したが、その価格は外車価格と変わらない一〇二万円であった。当時の常用労働者の平均給与は二万円前後であったから、自動車はまったく高嶺の花だった。一般の消費者は自動車よりもホンダのオートバイや原付自転車に関心を持っていた。

新商品として、消費者の関心をもっとも強く引きつけたのは家電製品である。すでに一九五一（昭和二六）年に電気洗濯機の生産が始まった。価格は二・六万から六・七万程度であった。その翌年には容量九〇リットルの小型冷蔵庫が発売された。価格は八万円である。さらに五四（昭和二九）年には松下電器が国産テレビを二九万円で発売した。これらの価格は富裕層には手の届くところまできていた。しかし、一般の消費者にはかれらの所得水準からみるとまだ高すぎた。家電製品のうち、電気冷蔵庫、洗濯機、掃除機は、家事労働を大幅に軽減化する。そのため、「三種の神器」と呼ばれ、一般消費者のあこがれの的になった。

終戦直後、人々は「親苦労、子楽、孫貧乏」ということをよく口にした。明治の人間は近代国家の建設に苦労し、大正人はその基礎に立って楽をし、昭和人は戦争のため貧しくなったというのである。しかし、昭和二〇年代の後半になると、この苦楽貧の新しいサイクルが回り始めていた。出口のみえない「貧」のトンネルから、トンネルの先にほのかな明かりがみえ始める「苦」への転換である。

今度の苦労は、民主主義国家を建設し、経済復興を推進するということであった。目の前の暗雲を突き抜け、その上に出れば、そこには輝く太陽が待っている。このような想いで、人々は必死に働き、大学生はアルバイトをしながら、学資を払い、本を買い、勉強した。日本社会は高度経済成長の夜明け前を迎えていた。長いトンネルの先にようやく明かりがみえ始め、そこには、十分な自由裁量所得を得て、多くの人たちが消費者としての生活を楽しめそうな大衆消費社会が待っていた。

Ⅴ　大衆消費社会の誕生

一九五五（昭和三〇）年から一九七〇（昭和四五）年まで、日本は驚異的な経済成長を達成していった。この期間は日本経済の高度成長期と呼ばれている。一九五五年度を基準とすれば、実質国内総生産は六五年には二・一倍、そして一九七〇年には三・五倍にまで拡大した。国民所得からみると、六〇年代の終わりには、日本は米国に次ぎ、自由世界第二位の経済大国に躍り出ていた。

この急激な経済成長の過程で、日本社会は大きく変貌した。消費者の歴史においても同じである。その画期的な出来事は、消費社会が誕生したことである。それは、ほとんどすべての人が消費者として主体化したことを強調して、大衆消費社会とも呼ばれている。すでに米国は第二次世界大戦後から大衆消費社会に入っていた。英、仏、独などのヨーロッパ発展国も一九六〇年あたりから大衆消費社会へ移行しつつあった。日本もこれらの発展国と相前後して、大衆消費社会へ突入していったのである。

大衆消費社会とは何か。経済発展段階という視座からみれば、大衆消費社会は経済発展の最後の段階(1)である。それは国民の所得水準の上昇が消費需要の構造を変化させ、耐久消費財やサービスへの需要が爆発的に増加する段階である。また、大衆消費社会を次のような三点から特徴づけることもできよう(2)。それらは、非常に多くの消費者が豊かになること、消費需要が所得だけでなく購買意欲など消費者心理の影響を受けること、そして経済の変動に消費者が力を持つようになることの三つである。

しかし、消費者に焦点を置き、その長い歴史という視座からみると、大衆消費社会とはほとんどの人が消費者として主体化する社会である。それは、多くの人々が自由裁量所得を持ち、快楽主義的欲望に基づいて、商品を自由に選択できるようになる社会である。このような社会は日本においてどのような経緯をへて誕生するようになったのだろうか。

1　消費者の大衆化

個人消費支出の動向

消費支出の動きから、大衆消費社会の誕生をまず鳥の目をもって捉えてみよう。すべての消費者の消費支出を集計すれば、それは支出面からみた消費市場になる。高度成長とともに、日本の消費市場も急速に成長した。消費支出は、統計数字としては、名目および実質の家計消費支出として示

図V-1　家計消費支出（消費市場）と人口
1人当たり家計消費支出の成長

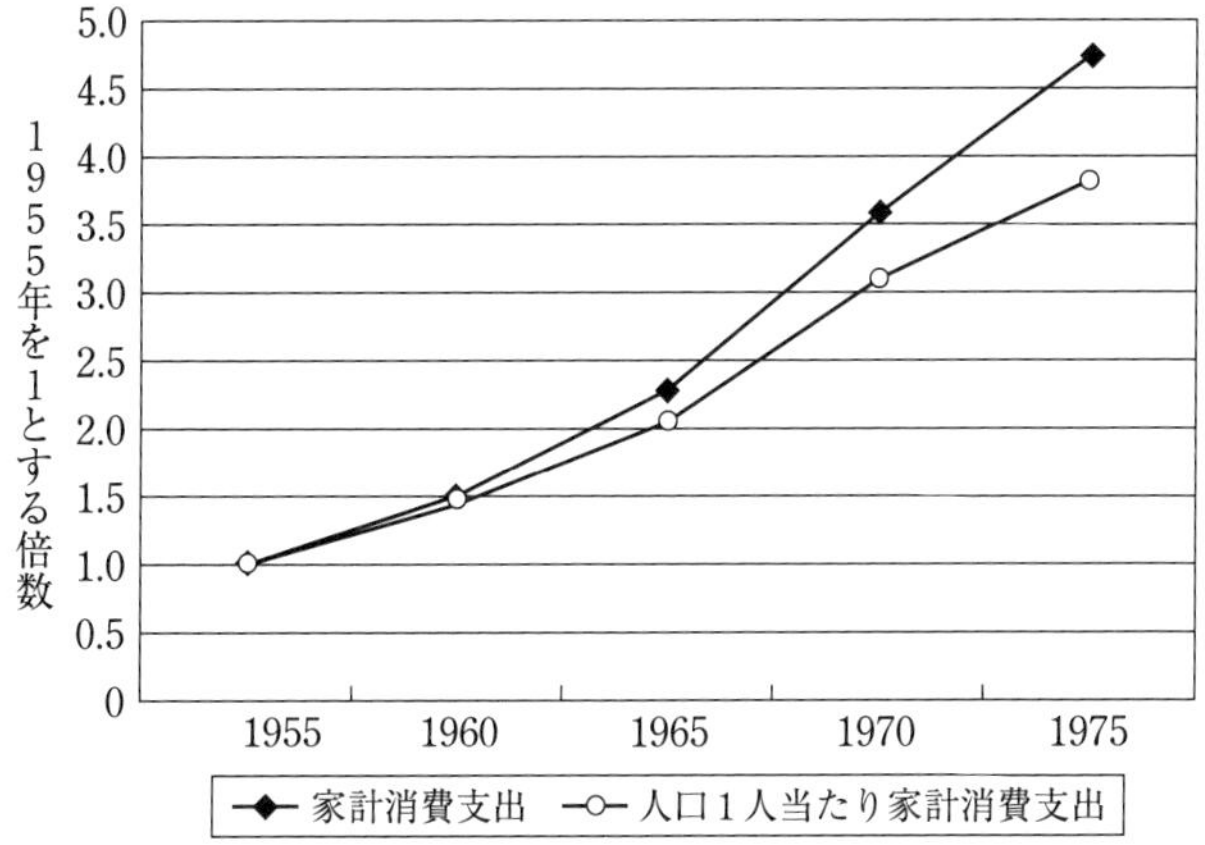

データ源：家計消費支出は実質数値。内閣府経済社会総合研究所国民経済計算部「国民経済計算報告（長期遡及主要系列昭和30年〜平成10年）」，人口は国勢調査人口。

されるようになった。実質数値は名目数値から価格変動の影響を取り除いた数値である。

図V-1に示すように、一九五五（昭和三〇）年度数値を1とすると、家計消費支出額（実質数値）は六五年に二・三倍に、そして七〇年には三・六倍となった。日本の消費市場は、わずか一五年で三倍以上に成長した。これは驚異的な速度である。戦前には消費市場が三倍を超えるのにほぼ半世紀を要した。たとえば、一八八〇（明治一三）年の実質消費支出が三倍を超えるのは一九三〇（昭和五）年以降である。

また、一人当たり家計消費支出も急成長した。一九五五（昭和三〇）年数値を1とすると、六五年には二倍になり、七〇年に

図V-2　所得（年間収入）の5分位階級別の平均消費支出の動向（全国労働者世帯）

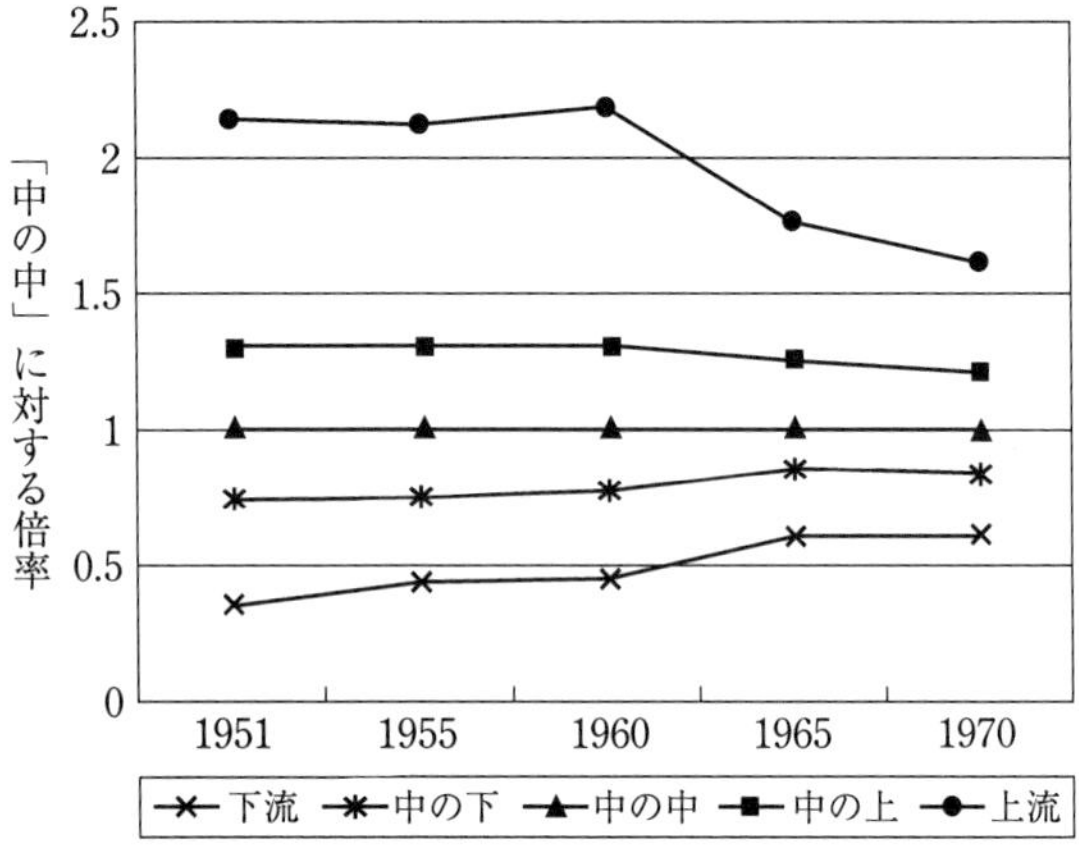

データ源：各年度の「家計調査年報」データより作成。

は三・一倍になっている。その成長率は消費市場全体の成長率とほとんど差異がない。平均的にみれば、個々の消費者の支出も急速に増加したのである。

平均消費支出が急成長したというだけではない。高度成長の過程で、図V-2に示すように、所得階級間での消費支出格差も縮小していった。図での上流、中の上、中の中、中の下、下流とは、年間所得の高い順番に消費者を並べて、これを同じ頭数に五等分していった場合にできる所得階級である。各階級は等しく二〇％の消費者を含んでいる。各線は、「中の中」の平均消費支出を基準にして、他の所得階級がその何倍になっているかの経年的変化を示している。

高度成長期が進むにつれて、各所得階層の平均消費支出は「中の中」の水準に引き寄せられていく。つまり、すべての消費者が中流化していくということである。所得階級間の消費支出の散らばりが縮小し、平均消費支出はますます消費者全体の消費支出を代表する値になっていった。

平均消費支出の成長率が高かったというだけではない。全体としての消費市場は、高度成長期に戦前とはまったく異なるパターンによって成長した。消費市場の大きさを示す消費支出は、一人当たり消費支出に人口を乗じたものである。したがって、消費市場は人口増によっても、また一人当たり消費支出の増加によっても成長することができる。

実際の消費支出（消費市場）成長は、人口と一人当たり消費支出のそれぞれの寄与率の多様な組み合わせによって決まる。注目すべきことは、消費支出成長への人口と一人当たり消費支出の寄与の仕方が、戦前と高度成長期ではまったく異なってきたことである。

戦前の消費市場は、多数の貧困な消費者によって占められていた。そして一人当たりの消費支出は徐々にしか増加しなかった。したがって本書IIの図II-3で指摘したように、消費市場の成長は、個々の消費者の消費支出の伸びよりも、消費者の頭数、つまり人口の伸びにより大きく依存していた。とくに一九二〇年代以降、消費市場の成長の六〇%以上は人口増による人口効果に依存していた。

高度成長期になると、このような特質は完全に消滅する。人口の伸びによる人口効果に代わって、一人当たり消費支出増による消費支出効果が、消費市場の成長を支えるようになる。図V-3に示

図V-3　家計消費支出（消費市場）成長への人口効果と消費支出効果の寄与率（図Ⅱ-3を参照）

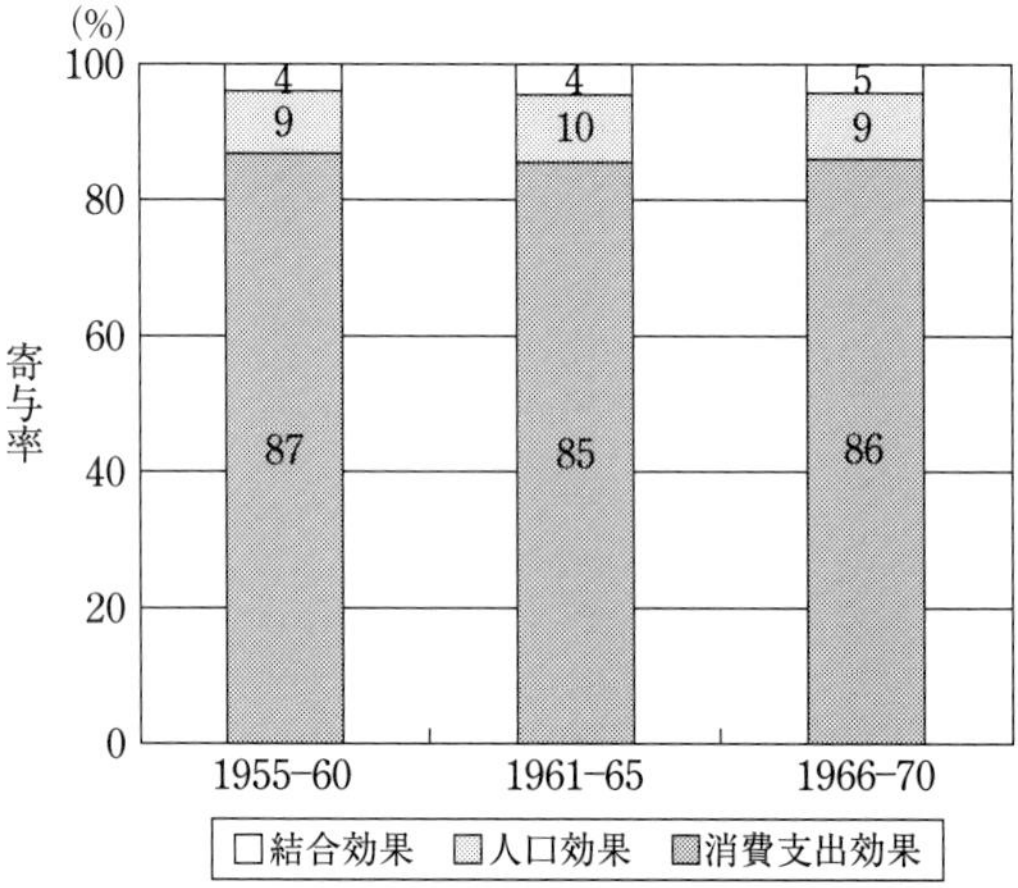

データ源：家計消費支出は実質数値。内閣府経済社会総合研究所国民経済計算部「国民経済計算報告（長期遡及主要系列昭和30年～平成10年）」，人口は国勢調査人口。

すように、高度成長期での消費市場の成長の八五から八七％近くが、消費支出効果によって支えられるようになった。

所得階級間で消費支出格差がなくなっただけでなく、平均消費支出それ自体が急速に増加したことによって、誰もが消費者として主体化した。つまり大衆消費社会が誕生したのである。この誕生によって、高度成長期での消費市場は驚異的な急成長を遂げていった。このような大衆消費社会は何を基盤として生まれてきたのだろうか。

消費支出を増やすには、消費者が自由にできる資金が増加しなければならない。この資金には借金と所得があるが、基本は所得できまる。所得源泉は人によって多様であるが、大きい資産を持たない一般消費者の場合には、その主要源泉は賃金である。戦前では、都市勤労者や農民の所得・賃金は低かった。これが消費市場の狭隘性を生んだ。高度成長は、都市勤労者や農民の所得・賃金をどのように変えたのだろうか。

都市勤労者の所得動向

まず都市勤労者の賃金の動きからみていこう。その特徴を先駆けて言えば、都市勤労者も高度成長の果実の分配を着実に受け取っていった点にある。

高度成長が始まった一九五五（昭和三〇）年は、経済成長にとってあらゆる好条件が揃った年である。保守合同によって自由民主党が誕生して安定政権の基盤ができた。国内物価は非常に安定していた。米の生産が史上最高の一、二三九万トンになり、米不足時代は終わりを告げた。米国を始め世界の主要国は好況であり、輸入を増やせる環境にあった。日本の観点から言えば、諸外国への輸出を拡大できる状況にあったのである。

日本企業はこの年一気に輸出を増やした。輸出額は七二、二三八億円であり、これは前年比でみると二三・四％の大幅増加であった。またその後二年間、前年比で二四・四％、一四・三％という驚異的な輸出増(3)を達成した。さらに一九七〇（昭和四五）年にかけて、途中に落ち込みの年度はあったものの、驚異的な輸出増を維持し続けていった。

輸出増によって、貿易収支が均衡し始めた。日本経済は、諸外国から原材料を輸入して、製造加工した完成品を輸出することによって成り立っている。この時期までの日本経済の成長への制約の一つは貿易収支であった。貿易赤字が続き、十分な原材料を輸入できなかった。輸出増で外貨を稼いだので、この制約枠がとれたのである。

一九五六（昭和三一）年の経済白書は、「もはや戦後ではない」と結語し、時代の転換を告げた。六〇（昭和三五）年になると、池田内閣は所得倍増計画を発表し、一〇年間で国民の所得を倍にすると言って国民に夢を与えた。人々は坂の上に明治人がみたのとは違う新しい雲があることに気づき始めていた。軍事大国ではなく、経済大国への途である。当時の人気流行歌手、島倉千代子は「幸せになろうね」と歌った。それはこの時代の大衆の気持ちを率直に表していた。

企業は米国などから先端技術を次々に導入する一方で、設備投資を増やして生産力の拡大をしていった。経済・経営の近代化が、時代の合い言葉になった。企業の工場立地は主として国際物流施設の整った京浜、阪神などの大都市圏であった。必要な労働力は農村から集められた。

生産力拡大が急速に行われたことを反映して、農村からの労働力移転も大量で急速であった。農村から都市へのまさしく民族の大移動である。「リンゴ村から」、「別れの一本杉」、「哀愁列車」、

「早く帰ってコ」といった流行歌によって、農村に残った親と都会に出て行った子供たち、また別れ別れになった若いカップルは相互への情感を高めていった。

農村からの労働力移転は、大都市の人口を急増させた。たとえば、一九五五（昭和三〇）年に東京都の人口は八〇四万人であったが、六五（昭和四〇）年には一、〇八七万人に増えた。三五％の急増である。東京都だけでは吸収しきれず、神奈川、埼玉、千葉の隣接県でも人口は急増した。五五年に一都三県で一、五四三万人の人口は、六五年には二、一〇二万人に増えていた。この首都圏全体で約五五九万人の人口が増えた勘定になる。阪神都市圏など他の大都市圏や地方中核都市でも同じようなことが起こっていた。

それまでの市街地では人口の急増を吸収できず、人口は次第に郊外化していくことになる。それまで春になるとレンゲが咲き、小さな蛙が飛びはねていた田畑に道路ができ、住宅やアパート、マンションが密集して建設されていった。大都市とその衛星都市間を区切っていた田畑が住宅地に変わっていった。それにつれて、都市間の境界は視覚的にはわからなくなった。

十分な都市計画を策定できないほど短期間で宅地化が進んでいったので、その後に下水道処理、ゴミ処理、交通渋滞など種々な都市問題が発生する源になった。夏休みや正月になると、現在でも大都市圏と地方との間の交通が混雑する。これは高度成長期でのこの民族大移動の残響である。

このような状況の中で、都市勤労者の賃金は、まず経済成長の成果について労働分配率を向上させることによって上昇した。高度成長期の前期において、これに貢献したのは労働組合である。戦前ならば不可能であった労働争議が、戦後の労働民主化によってできるようになっていた。

企業業績が向上しているとき、賃上げを求める労働争議はきわめて有効である。前章の図IV-1で示したように、高度成長期に入ると、労働争議件数も急増し始めている。このことがこの間の事情を物語っている。賃上げ闘争によって都市勤労者は高度成長の果実を獲得していった。

しかし、まもなく都市労働者の賃金上昇には、賃上げ闘争に加えて、別のメカニズムも働き始めた。それは若年労働者の人手不足と年功序列賃金制の相互作用である。一七歳以下の中卒の若年労働者は、当時、工場労働に従事した。企業の設備投資がさらに急増するに伴い、農村の余剰労働力も底をつき始め、若年労働者の需給が逼迫し始めた。一九五五（昭和三〇）年では求人倍率は中卒一・一倍、高卒が〇・七二倍であった。六五（昭和四〇）年になると、中卒は三・七二倍、高卒は三・五〇倍になった。七〇年（昭和四五）になると、さらに中卒が五・七六倍、高卒が七・〇六倍にまで跳ね上がった(4)。

若年労働者の人手難によって、かれらの実質賃金は図V-4に示すように急上昇した。一九五五（昭和三〇）年を基準にとると、六五年には二倍になり、七〇年になると四倍になった。これらは農村の労働力をさらに奪い、農作業のための必要労働力を欠く過疎村を作ることになっていくが、都市勤労者の賃金にも大きい影響を与えた。

図V-4　年齢階層別男子の実質月給（消費者物価調整済み）の伸び

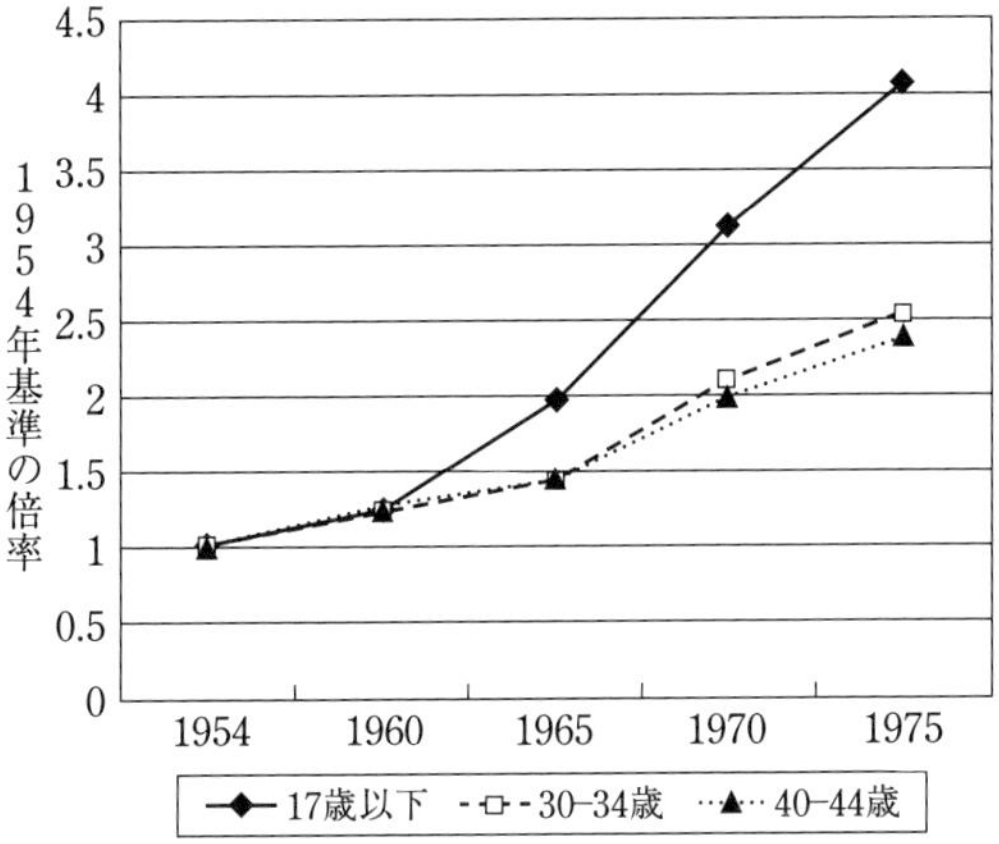

データ源：厚生労働省，「賃金構造基本統計調査報告」の各年度データより作成。

日本の賃金制度は長い間、年功序列制であった。最若年層の賃金が上昇するにつれて、より年齢の高い層の賃金も押し上げられた。しかし、より高い年齢層の上昇は若年層の上昇に比べて遅れ気味であった。この結果、賃金の年齢間格差が急速に縮まっていった。

このような傾向は、やがて進学率が高まるにつれて、高卒、大卒の初任給が年々上昇し、より高い年齢層の給与がそれを追いかけていくというかたちで続いていくことになる。こうして、常用労働者の月間平均給与額は、一九五五（昭和三〇）年には二一、九三六円であったが、以後二七、三四九円（六〇年）、四六、〇一四円（六五年）、八八、六七三円（七〇年）と急上昇していった(5)。

農家の所得動向

戦前に工場労働者とともに下流層を形成した多くの農民の場合はどうだろうか。農家所得も都市勤労者と同じように、高度成長に伴い上昇した。しかし、その上昇を支えたメカニズムは異なる。すでに戦後の土地改革によって小作人が減り、高い小作料に苦しめられる農家はほとんどいなくなっていた。しかし、高度成長によって農村から都市へ人口が流失したから、農村人口は減少していった。一九五五（昭和三〇）年に農村人口は三、六三五万人であり、人口の四〇・四％を占めていた。それが七〇（昭和四五）年になると、二、六二八万人になり人口に占める比率も二五％まで減少していった。農村人口と農村人口比率の低下は、以後も続く一貫した傾向になった。

このような傾向につれて、農家世帯規模がそれまでの六人台から四人台に減って、労働力が少なくなった。しかし、農薬や農業技術の進歩によって生産性が向上していた。また自民党政府はその選挙地盤として、農家に手厚い保護政策を行った。買い上げ米価を通じての生産者所得保障を行い、一九六一（昭和三六）年には農業基本法を制定して、米以外の農産物への多角化を援助した。しかも農家の課税所得の捕捉率はきわめて低かった。世間ではこれをクロヨンと言った。サラリーマンの所得の九割を税務署は捕捉しているのに、自営業者は六割、農業の場合は四割しか捕捉していないという意味である。

しかし、農家所得の上昇にもっとも貢献したのは兼業農家の増加である。戦後の土地改革で大地主の土地をそれまでの小作人の土地へ分割した。そのため多くの農家の耕作地面積は狭かった。しかし、戦後、農業技術が向上したので、余剰労働力が生じていた。こうした農家では、祖父《じい》ちゃん、祖母《ばあ》ちゃん、母《かあ》ちゃんを残して、一家の中心の男が工場、役所、出稼ぎなどへ働きに出た。そのため兼業農家は「三ちゃん農業」と呼ばれるようになった。

高度成長の恩恵を受けて農外所得を得る場所の賃金も上昇していったから、農家所得に占める農外所得の比率は急速に増加した。一九五五（昭和三〇）年には三〇％程度であったその数値は、六五年には五〇％を超え、七〇年には農外所得が三分の二を占めるようになった。こうして図V-5に示すように、農業所得と農外所得の合算からなる農家所得は、都市勤労者の所得の伸びよりも大きく増加した。

一九六〇（昭和三五）年に成立した池田内閣の「所得倍増計画」は確実に実現されていった。平均所得が増加しただけでなく、都市勤労者も農家も経済成長の果実を受け取り、所得を急速に増加させたので、所得分布の散らばりが少なくなった。その結果、下流層が減少し中流層が大幅に増えることになった。所得格差の減少によって中流層が増え、その中流層の所得水準が上昇する。これは大衆消費社会誕生の基礎条件である。

図V-5　実質農業所得の伸びと農外所得割合
（消費者物価により調整済み）

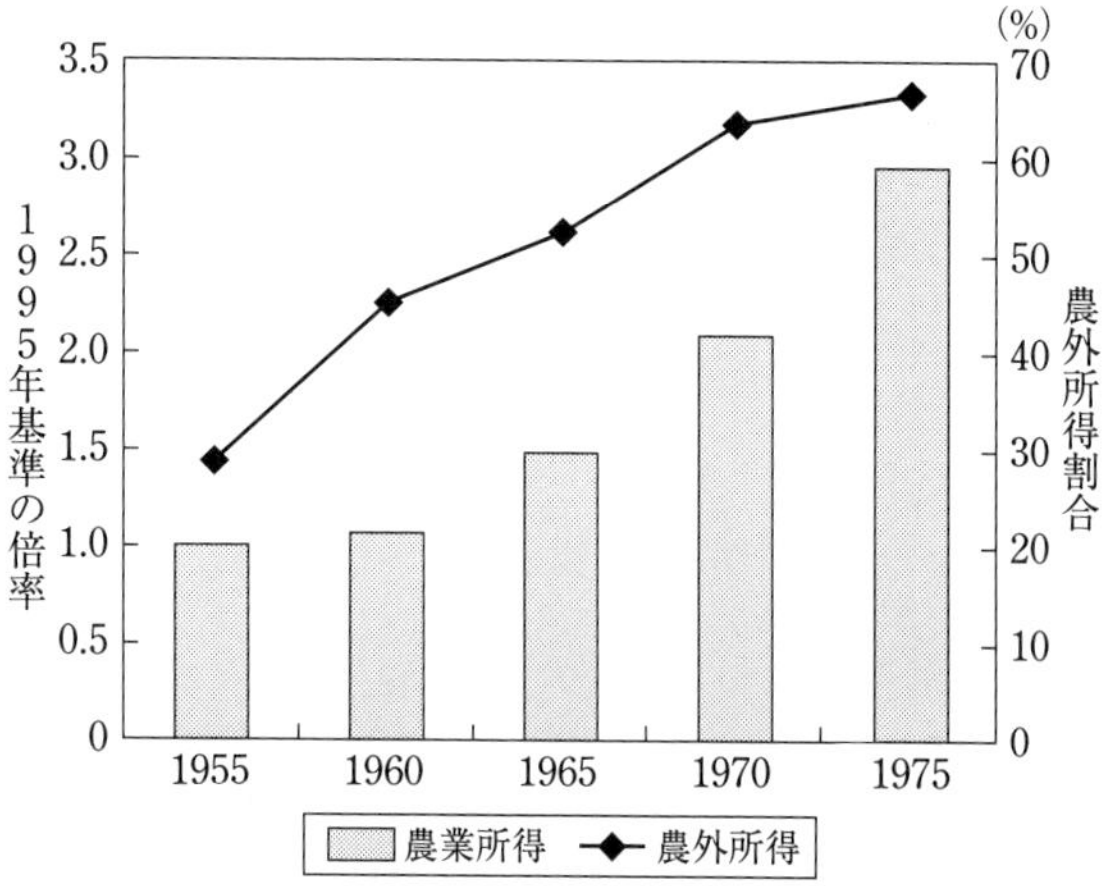

データ源：農林水産省大臣官房統計情報部，「農家経済調査報告」の各年度データより作成。

所得が上昇すれば、自由裁量所得が生じる。食料品など基礎生活費を超える所得が得られるようになるからである。自由裁量所得の増加傾向は、家計のエンゲル係数（食料費の家計に占める比率）の動きによってもうかがうことができる。

明治期にはそれは六〇%を超えていた。一九三〇年代には五〇%台であり、一九五五（昭和三〇）年でも五〇%であった。しかし、一〇年後の六五年には三九%、そして七〇年には三四%にまで低下した。少なくとも世帯単位でみるかぎり、ほとんどの消費者が自由裁量所得を持つようになっていった。選択の自由と合わせて、この自由裁量所得は大衆消費社会の誕生の基盤となった。

若者消費者の前兆

高度成長期にはそれまでみられなかったタイプの消費者も登場し始める。それは若者消費者である。彼らの特徴は世帯あるいは家族を単位として行動する消費者ではない点にある。

長い間、若者は孝を倫理とする「家」制度の中で、親の言いつけをよく守り、消費者として行動することはほとんどなかった。親が買ってくれた製品を文句も言わずに使用した。とくに主婦は若者の商品の購買代理人であった。若者は自分で商品を決めるということはほとんどなかったのである。しかし、高度成長期になると、個人的な欲望にもとづいて、独立に消費者として行動する若者がとくに東京など大都市に登場し始める。

一九五六（昭和三一）年には、太陽族が現れて世間の大人たちを驚かした。かれらは石原慎太郎の小説「太陽の季節」、それにもとづく映画に影響されて登場した。映画「太陽の季節」は大ヒットとなり、翌年には「狂った果実」「処刑の部屋」「日蝕の夏」などの「太陽族映画」が次々に現れた。太陽族は慎太郎のヘアスタイルをまねスポーツ刈りにし、アロハシャツにサングラスをかけて、湘南海岸などを奔放に遊び回った。太陽族映画は青少年に悪影響を与えるとして社会的非難の声が上がり、婦人団体が締め出しの運動を始めていた。

一九五九（昭和三四）年になると、カミナリ族が現れる。かれらは同年に発売された本格的なスポーツバイクのマフラーを外し、轟音を立てて走り回った。

一九六四（昭和三九）年には、銀座みゆき通りに高校生ぐらいの年頃のグループが闊歩し始め、みゆき族と呼ばれた。かれらは同年に発刊した若者情報誌「平凡パンチ」の影響を受けていた。男はアイビー風の格好をしてバミューダパンツをはき、小脇には当時の人気ブランド「VAN」などの紙袋などかかえていた。

女は白ブラウスにロングスカートでフラットな靴をはいた。首にネッカチーフ、腰帯を後ろでリボン風に結んでいた。このような服装で手にはフーテンバッグと呼ばれた大きい紙袋や麻袋、あるいは籐や竹の大きなカゴを下げていた。その中には、高校の制服などが入っていた。駅や喫茶店のトイレで着替えてきたのである(6)。

いずれも時代の流行トレンドをアレンジして登場したのである。このような格好は当時の大人の感覚からすれば、軟派、不良少年・少女の身なりであった。

また一九六六（昭和四一）年には原宿駅周辺に若いカップルがたむろし始めた。かれらの多くは上流層の二〇歳前後の子弟であった。かれらは流行のファッションで身をくるみ、スポーツカーやバイクで騒音を立てて走り回ったり、女の子をハントしたりした。「平凡パンチ」が描くファッション、車、セックスの世界をそのまま実現しようとした。他人の住宅の庭などに勝手に出入りして、住民を困惑させるようになった。このため住民運動や警察の補導を受けることになった。かれらの動きは、その後、原宿・渋谷が若者の街になっていく始まりである。

かれらの登場は戦前生まれの大人に大きな衝撃を与えた。民主国家になっても、戦前生まれの大人は、若い男女の交際などについては、まだ自ら生まれ育った時代の倫理観を蒙古斑として残していた。儒教風、あるいは「女大学」風の倫理観は、多くの大人たちの心の片隅でしぶとく生き残っていた。一〇代の若者は成人への準備として、学業、仕事あるいは花嫁修業に励むべし、これが当時の大人たちの伝統的な考え方であった。

青少年の行動については、従来、家庭あるいは職場があるべき行動に向けて監視の目を光らせていた。しかし、高度成長によって、多くの若者が農村から大都市へ移動した。かれらの多くはそこで就業し、その給与は年々上昇した。経済力を向上させ、しかも親元から離れて監視されない多くの十代の若者たちが大都市でその数を増やしていったのである。

また都市在住の家庭でも、経済成長の過程で家計にゆとりができると、子供への小遣いを増やしていった。さらに郊外の団地族では、両親が共稼ぎで子供の行動を監視できない家庭が増えていった。すでに一九六三（昭和三八）年には「カギっ子」という言葉が流行語になっている(7)。両親が共稼ぎで家に誰もいないので、カギを持たされている子のことである。

自由にできるお金を持ち、両親の監視の目が届かない若者が、大都市の刺激的な環境に置かれる。

これが若者消費者を生み出す培養環境である。高度成長期の若者消費者の多くは、中卒あるいは高卒で就業した大都市の若者であった。あるいは学業に専念できない上流階層の子弟たちであった。普通の大学生が消費者として登場することはまれであった。

当時、ほとんどの男子大学生は、一年中学生服あるいは夏には白シャツを着用した。大学の教室は、夏には白、それ以外の季節では黒の一色に染まっていた。文学部などを除けば、女子学生はまだ少数であった。彼女たちの多くは白ブラウスに襞スカートという身なりであった。大学生は、大企業などへの就職を目指してまじめに勉学に励むか、あるいは安保闘争、学園紛争など学生運動に情熱を燃やしていた。

しかし、人口構成からみると、戦後生まれの若者層はその後次第にその数を増やして、消費社会に大きい影響を与えていくことになる。戦後生まれの団塊の世代が後に控えていた。しかし、大学生も含めた若者消費者が本格的に台頭するのは、一九七〇年代以降のことである。歴史に大きいうねりが出てくる前には、いくつかの前兆が現れるものだ。太陽族、カミナリ族、みゆき族、原宿族などの名前で、当時のマスコミで報道された若者の動きは、七〇年代以降における若者消費者の台頭の予兆であった。

2　新製品による生活革新

マーケターの役割

高度成長は、自由裁量所得を持つ都市勤労者や農家を創り出した。また、自由に使えるお金を持った若者消費者も生まれ始めていた。たしかに、エンゲル係数の低下が示すように、高度成長期の消費支出増加の多くは自由裁量所得によるものである。しかし、自由裁量所得の増加がそのまま消費支出を増加させ、大衆消費社会を誕生させたわけではない。自由裁量所得は、必需消費を超える贅沢消費ではなくて、貯蓄に向かうかもしれないからである。

何がその方向を決めるのだろうか。それは、消費者が必需消費を超える贅沢消費への欲望を持つかどうかである。この欲望がなければ、自由裁量所得は貯蓄に向かう。自由裁量所得と消費の媒介項は、贅沢消費への消費者の欲望の高まりである。

しかし、贅沢消費への欲望は必需消費への欲望とは異なっている。食品などの場合に典型的にみられるように、必需消費への欲望はいわば物理的に生じる。腹が減れば、食欲は自然に出てくる。寒ければ衣類が欲しくなる。雨露をしのぐには、最低限の住居が欲しくなる。これらのためには最低限の資金がいる。必需消費は所得のある部分と確定的に結びついている。

自由裁量所得と贅沢消費の間には、このような関係は存在しない。消費者を取り巻く商品世界に何も欲しいモノがなければ、贅沢消費への欲望は生じないからである。贅沢消費の対象はしばしば従来存在しなかったような新製品に向けられる。しかし、生活様式を大きく革新するような新製品に関するかぎり、それがマーケターによって具体的な商品として提案される前に、その種の商品を欲しいという消費者はいない。

テレビ、電気冷蔵庫、電気洗濯機、クーラー、パソコン、携帯電話などが市場に登場する以前に、それらを欲しいと叫んだ消費者は一人もいなかった。この種の商品に対する欲望がまったく存在しなかったというのではない。ただそれは家事労働を軽減したいといったおぼろげな欲望というかたちをとって、いわば生活世界の大海で塩のように存在していたに過ぎない。この塩を具体的な商品のかたちへ結晶化させるのがマーケターの役割である。マーケターが、この種の新製品を市場に出して、初めてそれへの消費者の欲望が生じる(8)。

しかし、他方で技術革新だけが大衆消費社会を誕生させたわけでもない。技術革新を含んだ設備投資は巨額であり、投資リスクを吸収するには輸出市場だけでなく国内にも安定的で巨大な市場が必要である。この市場は戦後における民主化と所得上昇によって生まれ始めた大衆中間層市場、その人口の都市集中、生活向上を目指すその同質的な欲望などによって用意された。社会経済構造の再編による戦後の変化が、技術革新による戦後の新製品が求める巨大で安定的な潜在市場を提供したのである。

新製品マーケターはこの潜在市場を欲望創造によって現実化したのである。高度成長期における消費支出の伸びは、消費者側での自由裁量所得の増加を母とし、新製品によるマーケターの欲望創造を父として生み出されたものである。

戦前には百貨店が贅沢消費のマーケターとして主役を演じた。高度成長期にマーケターとして華々しく登場したのは、百貨店に加えて、住宅、家電、車、加工食品、化学製品、繊維・衣服などの消費財メーカーである。

これらのメーカーは革新的な新製品を大量生産し、次々に市場導入した。消費者を取り巻く商品世界が大きく変貌した。いままで高嶺の花と思われていた贅沢品が、大量生産によって価格を下げ消費者の眼前に現れた。消費財メーカーはこれらの新製品を大量消費に結びつけるために、テレビ、ラジオ、新聞、雑誌などマス媒体を使って広告していった。

もちろん広告したからと言って、その商品がすぐに売れるわけではない。広告効果はさしあたりその種の商品の存在や特徴についての情報を消費者に周知させるに過ぎない(9)。しかし、高度成長期には、技術革新や欧米からの輸入によって、多くの新製品が開発、導入された。広告商品が画期的な新製品であるとき、広告はきわめて強力な説得効果を持ち、消費者の購買意欲を高める。と

図V-6　広告費の伸び

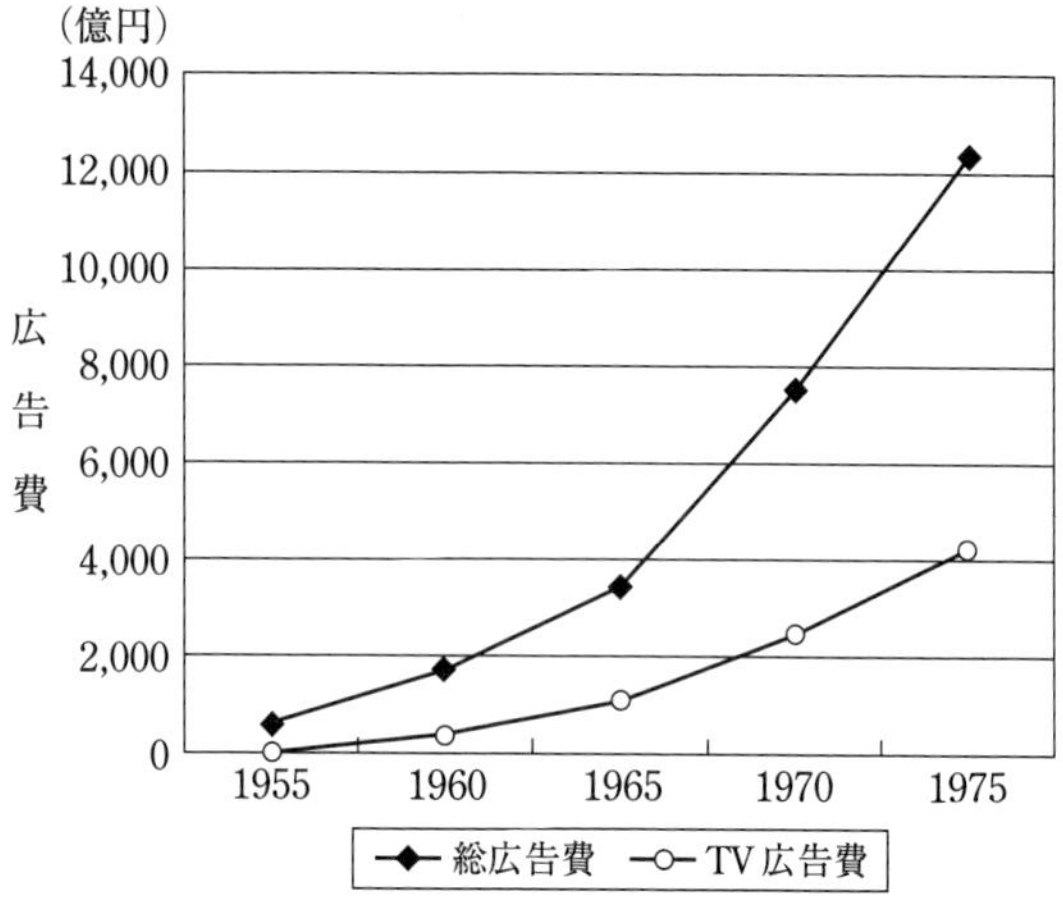

データ源：電通，「広告景気年表」データにより作成。

くに、高度成長期にはマーケターは、テレビという新しい強力な広告媒体も利用できるようになっていた。

一九五五（昭和三〇）年から七〇（昭和四五）年までの高度成長期に、総広告費は前年比の伸び率で平均一八％を記録した。このような長期にわたる急速な伸び率はその後の期間ではみられない[10]。また新しい媒体としてのテレビ広告も、高い電波料にもかかわらず、着実に成長していった。動画によって、他の媒体にない広告表現ができたからである。

このような広告費の急速な伸びは、高度成長期にそれだけ画期的な新製品が多く、また消費者への広告説得効果が大きかったことの傍証である。広告に次々に登場した新製品は、消費革命とでもいうべき生活様式の大変化を生み出した。主要な生活局面についてみてみよう。

住生活の変化

戦時中、空爆によってとくに都市の住宅の多くが焼き払われた。たとえば終戦直後の東京では、約六〇万世帯のうち、九万三、〇〇〇世帯は家がなく、防空壕やバラックで生活した。高度成長期に入っても、住宅問題はまだ解決していなかった。一九五五（昭和三〇）年、建設省（現国土交通省）は全国での住宅不足を二七〇万戸と推定していた。五九（昭和三四）年の建設白書が言うように、「住宅はまだ戦後」であったのである。

高度成長が進むにつれ、この住宅不足の都市へ人口がますます集中していった。都市の住宅問題はますます深刻化した。この問題を解決するために登場した新製品が2DK規格の居住空間である。

それは一九五五（昭和三〇）年に住宅公団（当時）が開発した練馬区の光が丘団地のアパートに初めて採用された(11)。それ以来、民間マンションでも採用され、一九六三（昭和三八）年のニュータウン法の成立によって進められた大阪の千里、東京の多摩、名古屋の高蔵寺などの大規模なニュータウン建設でも採用されていった。2DKは、少なくとも六〇年代の終わり頃まで、都市での標準的な居住空間として普及していったのである。

当時2ＤＫに住むのは消費者のあこがれであり、「花の団地族」とも言われた。公共団地、ニュータウンの分譲や賃貸の抽選には多くの人が殺到した。民間マンションは地価や建築費の高騰を反映して、その家賃や購買価格は上昇し続けていた。それにもかかわらず、２ＤＫがあこがれの居住空間になったのは、都市郊外に立地して周囲環境にゆとりがあっただけではない。それよりもその建築思想(12)が新しい時代に合っていたからである。

時代は、個人主義にそった家族プライバシーの重視、夫婦を中心にした生活、女性の家事労働の軽減などを求めていた。

２ＤＫはマイホーム主義の城を目指していた。２ＤＫは伝統的な日本家屋には必ずあった玄関、床の間、仏壇などを取り払ったり縮小した。核家族だけが楽しく暮らせる家族中心の機能的な居住空間を狭い空間に確保しようとした。扉にシリンダー錠を設けて、各家族のプライバシーを確保した。

間取りでは、とくに夫婦の寝室部屋を間仕切りして、そのプライバシーを確保できるようにした。ほとんどプライバシーが確保できなかった旧来住宅に比べると大きい変化である。従来住宅では至る処にみられた先祖の痕跡はまったく消去され、来客などにも備えた空間ではなく、核家族だけの私的生活の場所に変化した。さらに風呂をつけたことも人気の秘密である。一旦入ってしまえば、２ＤＫは完全にくつろげるプライベート空間になった。この種の団地、マンションが普及するにつれて、何百年もの間、街には必ずあった風呂屋が消えていった。

次に、食寝を分離して、DKに椅子・テーブルで食事するようにした。それまでは和室でちゃぶ台が食事空間であった。食事空間の変化は、食生活の洋風化にも対応していた。流し台は石に代えステンレス流しを採用した。DKは調理台、配膳台、食器棚も含め機能的に配置できるようにした。これによって、食事にかかわる主婦の家事労働が軽減できた。

それだけではない。もっと重要な変化はDKの構造が食生活における文化革命の基盤になったことである。DKでは台所（厨房）と食事場所が同じである。食事するには強制的に厨房に入らねばならない。この建築構造が、「男子厨房に入るべからず」、という伝統文化を破壊した。

高度成長期以前の中流以上の日本家屋では、厨房と食事場所は分離されていた。厨房はいわば女の聖域であり、男子禁制の場所だった。昔気質の祖母などがいると、台所へ来ては出世しないといって、男の子を追い出す家庭もあった。この文化がDKによって壊れたのである。

2DKは五〇から七〇平米の広さであるので、ウサギ小屋とも言われた。しかし、新婚当初の夫婦にはそれで十分であった。住宅の広さについて、日本人は家族構成員の年齢の総和以上であれば満足する。とくに、子供が全部巣立ってしまうまでの家族ではそうである。二七歳の夫と二三歳の妻の新世帯であれば五〇㎡で満足したのである。しかし、一〇年後、六歳と四歳の子持ちになれば、満足できる広さは八〇㎡になる。そして、二〇年後に子供が中高生以上になると、一二〇㎡なければば満足できなくなる。

住宅の広さへの願望は、都市流入人口の加齢とともに高まっていった。３ＬＤＫ、４ＬＤＫのマンションや一戸建て住宅への欲望が強まったのはこの結果である。そしてこの欲望は、住宅費用の安いところを求めて、都市人口をさらに郊外化させることになる。広い住宅を得た代償は、通勤距離が一時間以上、場所によっては二時間近くなることに耐えることであった。

安い一戸建て住宅への需要に対しても新製品が発売された。プレハブ住宅がそれである。初の本格的プレハブ住宅は、一九五九（昭和三四）年の「ミゼットハウス」である。大和ハウスは、このブランド名で子供の勉強部屋として売り出した。三時間で一一万円で建つということを訴求点にして、大いに広告された(13)。

やがてプレハブ住宅の技術は、家全体にまで拡張された。電器メーカーの松下、自動車メーカーのトヨタ、あるいはポリバケツを作っていた積水化学などがこの新しい産業に参入した。プレハブ住宅によって、住宅部品が規格化され、初めて工場で大量生産されるようになった。従来の大工が造る木造建築に比べて、耐用命数は短くなったが工期が短く、より低価格で供給できた。

団地やマンション、プレハブ住宅の出現は、消費者の住宅観に革命をもたらした。従来の家屋は、何世代にもわたって受け継がれるものであった。基礎や構造材がしっかりしているので、いまでもリフォームすれば立派な家になるものが少なくない。従来の家屋では、仏壇、掛け軸、家具調度品、庭木など、至るところに先祖の声がこだましていた。住宅は数世代にわたって受け継がれるべき家産であった。

それが核家族一世代かぎりの、耐用年数が短い消耗財としての住宅へと変化したのである。それは数世代夫婦が同居する複合直系家族から核家族への変化に対応していた。この新しい住居形態は、それまで続いてきた「家」制度の崩壊を建築面で象徴するものであった。

住宅はより密閉的になり、通気性に乏しくなった。数世紀にわたり、夏を旨として建てられてきた住宅はその構造を変えた。それればかりでなく、高層のアパート・マンションが建ち並ぶことによって、住宅に個性がなくなった。どの都市へ行っても同じような景観がみられるようになった。都市ばかりではない。農村地帯でも、藁葺きに代えて、プレハブ住宅が立ち並ぶようになると、農村風景も大きく変わってしまったのである。

耐久消費財への欲望

高度成長期に行われた市場創造の点で、耐久消費財メーカーはおそらくもっとも巧妙であった。消費者の目線からみると、かれらは画期的な新製品を継続的に投入して、消費者の欲望を膨らまし続けた。

図V-7　3種の神器の普及

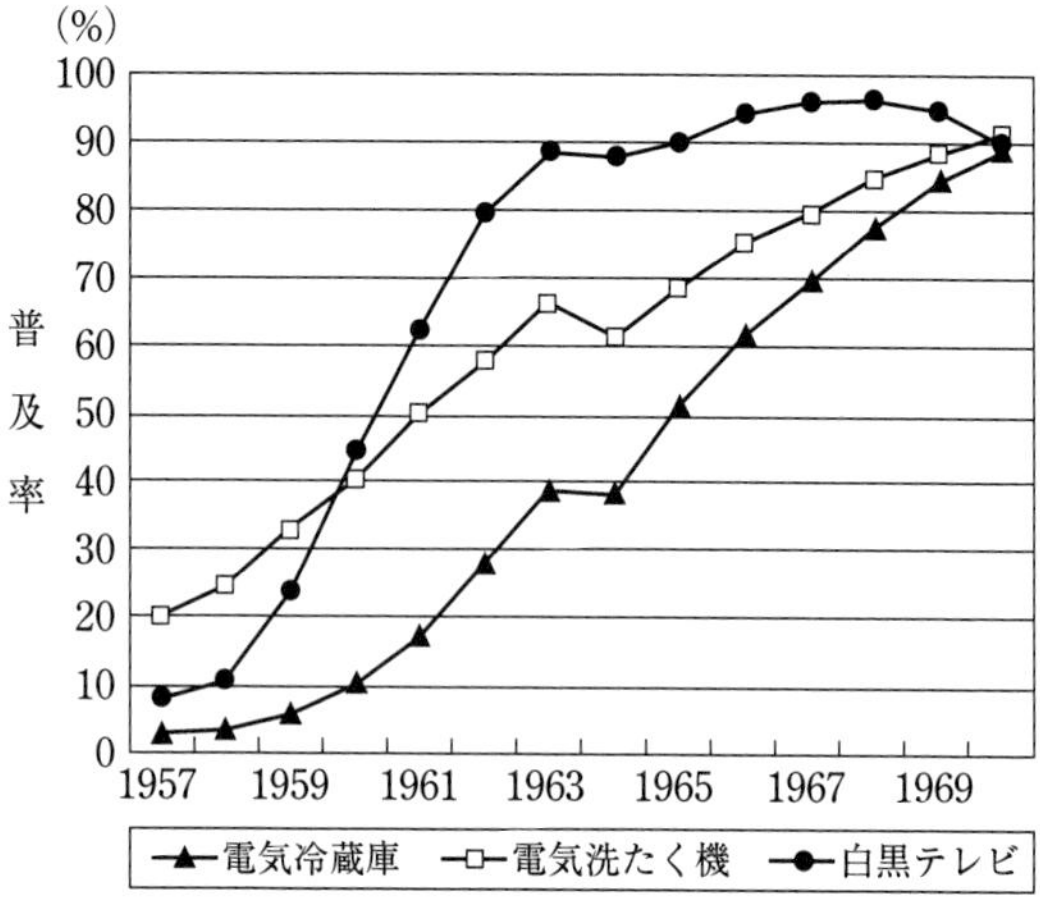

データ源：内閣府経済社会総合研究所「消費動向調査年報」。

その種の新商品としては、テレビ、電気冷蔵庫、電気洗濯機、電気掃除機、自動炊飯器、石油ストーブ、ビデオカメラ、ステレオ、ルームエアコン、オートバイ・スクーター、乗用車などがある。高度成長の前期では、とくに白黒テレビ、電気洗濯機、電気冷蔵庫が三種の神器と呼ばれ、消費者の欲望をとくに高め、消費様式を大きく変貌させた。

図V-7に示すように、三種の神器は驚異的な速度で普及した。一九六五（昭和四〇）年までに五〇％の世帯が保有し、七〇（昭和四五）年には世帯の九〇％が三種の神器を保有した。この背景には、マーケターの市場創造努力とそれへの消費者の反応がある。マーケターの努力が消費需要を刺激し、需要拡大がマーケター側の量産規模の拡大、価格引き下げ、性能向上を可能にし、それがまた消費需要を刺激する。このようなマーケティング・サイクルが円滑に高速度で回転した結果である。

三種の神器は高度成長期の少し前に発売された。高度成長期に入ると、これらの商品は製品改良を加え性能を向上させていった。白黒テレビは自動調整機能などを追加し、一四型、一六型、一七型、一九型と次第に画面サイズが大きくなっていった。そして一九六六（昭和四一）年にはカラー・テレビが現れる。

テレビ放送開始の翌年、一九五四（昭和二九）年に発売された、松下電器の一四型テレビは一二・五万円であった。当時の常用労働者の平均月給の約六倍である。しかし、同型テレビの価格は五五年に八九、五〇〇円、六〇年には五八、〇〇〇円まで低下する。一方、平均月給は六〇年には二七、三四九円にまで上昇していた。常用労働者の平均月給の約二倍で買えるようになった。

テレビの普及は消費生活を情報面で一変させた。団地アパートや民間マンションでの密室的で狭い居住空間を、映画、歌謡番組、ホームドラマなどを楽しめる娯楽場に変えた。米国ドラマをみて、アメリカ人の生活様式を知ることができた。

またテレビは二ＤＫの密室空間にも、社会の動きをのぞく窓を与えた。国内・国外ニュース報道は家庭を全国各地や世界と視覚的に結びつけた。農村や地方都市にいても、大都会で起こっていることを直ちに知ることができるようになった。テレビ普及を加速した皇太子（現天皇）のご成婚（一九五九年）、東京オリンピック（一九六四年）などはその例である。テレビによって、都市と農村、日本と世界の生活情報のギャップは急速になくなっていった。

電気洗濯機も水流、風呂水吸水、容量アップ、全自動と機能強化し、脱水機付きなども登場する。日立製作所が一九五二（昭和二七）年に市販を始めたとき、その価格は五三、九〇〇〇円であった。しかし、五四（昭和二九）年以降、二万円台の機種を市場に提供し始めた。

電気冷蔵庫も同じである。フリーザー付きが現れ、容量も八五リットルから一〇〇リットルを超えるように大型化されていった。一九五二（昭和二七）年に九〇リットルの小型冷蔵庫は約八万円もした。しかし、六〇年代に入ると、性能が向上したにもかかわらず、五、六万円で買えるようになった(14)。白黒テレビと同じように、常用労働者の平均月給の二倍程度で買えるようになったのである。

電気洗濯機は電気炊飯器や電気掃除機とともに、家事労働を軽減して、とくに女性の自由時間を増加させた。この増加によって、女性は子供の教育や社会的交際により多くの時間を割けるようになった。電気冷蔵庫によって家庭の食品貯蔵能力が増加した。それまでの氷ブロックによる木製冷蔵庫に比べると、冷凍能力も貯蔵可能量も大幅に増加したからである。またサランラップ、タッパウェア、防臭剤など関連商品を利用することによって、貯蔵中の食品の質低下も防止できるようになった。

三種の神器に始まった耐久消費財の新製品は、新しい用途分野でも次々に現れた。主なものをあげれば、一九五七（昭和三二）年にやぐら式電気ごたつ、電気毛布、電気ポット、五八年にフィッシュグリル、電気座布団、五九年に自動炊飯器、乾電池式電気カミソリ、六〇年に自動皿洗い機などで、以後の年度も毎年のように新製品が登場した。

すでに普及した商品についても機能向上した新製品が現れた。二槽式から全自動の洗濯機へ、小型冷蔵庫から二ドアの大型冷蔵庫へなどといった動きはその例である。高度成長期に耐久消費財の商品世界は、急速な技術革新を背景にして、質量ともに絶えず変化していた。

こうして消費者の欲求は満足原則ではなく、快楽原則に支配されるようになった。欲求充足が欲求を低下させるのではなく、より大きい欲求へと増幅した。家庭電化を進めれば、電化欲求が減少するかわりに、快適な生活を求め、より一層の電化を求めるようになっていったのである。糸の切れた凧のように留まるところなく、消費者の欲望は所得上昇の風を受けて舞い上がっていった。

一九六〇年代の終わりになると、さらにより高度な商品への欲求が芽生え始める。カラーテレビ、クーラー、カー（乗用車）からなる三C時代の夜明けである。

クーラーは六〇年前後から発売され始めていた。しかし、高価格であること、設置場所を取ること、騒音があることなどの理由でなかなか普及しなかった。六〇年代の中頃になると、クーラーは一体型のウィンドタイプからセパレートタイプに変わり、設置場所と騒音問題を解決する(15)ことによってマンションや団地でも設置できるようになった。クーラーの普及もようやく離陸し始めた。

その普及率は、一九六一（昭和三六）年の〇・四％から六九（昭和四四）年の四・七％にまで上昇した(16)。クーラーの普及によって、密室的なマンションやアパートも日本の気候風土に対応できるようになろうとしていた。

一九六〇（昭和三五）年のカラーテレビ放送開始以降、カラーテレビはその高価格や番組内容が充実していなかったのでなかなか普及しなかった。六〇年に松下電器が売り出した二一型カラーテレビは五〇万円もした。その後、価格は下がり六五（昭和四〇）年には一九型が一九万八、〇〇〇円まで低下した。また消費者の所得上昇やカラー放送の本格化もあって、六九（昭和四四）年にその普及率は一三・九％に達した(17)。一般に、普及率が一〇％を越えるようになると、普及が加速してくる。六〇年代の後半、カラーテレビの普及は加速期に入っていた。

一九六一（昭和三六）年には二・八％に過ぎなかった乗用車の普及率も、六九（昭和四四）年には一七・三％になり、普及の加速期に突入した。この背景には、マツダ・クーペ、トヨタ・パブリカなど、三〇万円台の国民大衆車の市場導入、所得上昇、そして六五（昭和四〇）年の名神高速道路の開通に始まる道路整備がある。

乗用車の普及によって、消費者のモビリティは飛躍的に向上し、消費生活は革命的に変化することになる。それはやがて七〇年代に入って本格化する。その内容は、人口の郊外化の一層の促進、農村生活の都市化、ショッピングセンターの郊外立地による買物パターンの変化、旅行などレジャーの多様化などである。

衣生活の変化

容姿や身なりも大きく変化し始めた。すでに五〇年代の初め頃から、化粧品マーケターは美容室の開設などによって、女性の美への関心を高めていた。高度成長期になると、種々な媒体を使った広告、系列小売店の強化などによって、そのマーケティング活動を全面的に展開し始めた。女性が化粧するのは当たり前になっていった。

一九六三（昭和三八）年に行われたある調査によれば、東京の女子事務員のうち、口紅をつけない人は七・七％、白粉をつけない人は二二・一％になっていた(18)。キスミー化粧品から発売された落ちない口紅が話題を呼び、化粧トレンドも赤とピンクを強調するピンク系から、自然の肌色を目指したオークル系に移行し始めた。メークアップは巧妙になり、女性はより美しくなっていった。

この女性の影響を受けて、男の方にも変化が生じた。頭髪を固めるポマードから、整髪料を使い、ドライヤーでセットする、さわやかなヘアメークへ移行し始めた。ひげ剃り後にはクリームを使い、肌荒れをふせぐようになった。男性用ビューティルームを特設する理容店も出始めた。そして一九六七（昭和四二）年、人気男優チャールス・ブロンソンを使ったＣＭによって、大ヒットした「マンダム」シリーズ以降、男性化粧品は急速に拡大した。何日も洗髪しないぼさぼさの髪と無精ひげの、むくつけき男は、男らしい男から不潔な男へのイメージ転換を遂げた。

しかし、繁華街など街の風景を大きく変えたのは衣服の変化である。和服姿が減り続け、ほとんどの人が洋服で出かけるようになった。和服姿は正月、成人式、入学式、卒業式、冠婚葬祭、茶道や華道の会合、歌舞伎座など、特定の時、場所、機会に限られるようになった。

洋服の普及は、既製服の大量生産によって促進された。大手メーカーがこの分野に参入し、サイズ規格を標準化するとともに、注文服に見劣りしない既製服が適度の価格で提供されるようになった。既製服化の進行は六〇年代の衣服の変化の重要な特徴である。

大手メーカーや百貨店の参入により、既製服のイメージも転換し始める。それまで既製服は「つるし」と呼ばれ、安物あるいは粗悪品のイメージがあった。それが高級品もあるというイメージに変わっていった。たとえば、紳士服について、一九五九（昭和三四）年に大丸は、高級既製紳士服「トロージャン」を発表した。こうして、一九六九（昭和四四）年には紳士服の四一％は既製服になっている(19)。また婦人服にもプレタポルテが登場した。

オフィス冷房施設が未整備であったこの時代に、洋服の着用はとくに熱く蒸し暑い夏季が問題だった。これに対応するため、一九六一（昭和三六）年頃から帝人や東レなどの繊維メーカーが化繊を使った半袖のワイシャツを開発し、消費者に受け入れられた。「ホンコンシャツ」、「セミスリーブ」などがそれである。

衣服がブランド化し、ファッション化し始めたことも、六〇年代の重要な特質である。紳士物については、とくにポロシャツにブランド・マークをワンポイントでつけたものが流行し、ゴルフやレジャーにさいして着用された。もっとも人気があったワンポイントは、ゴルフの名手アーノルド・パーマーの傘のマークであった。男性カジュアルウェアのブランド意識が多くの消費者に広まった始まりである。一九六八（昭和四三）年になると、ワイシャツの色彩も従来の白一色から多色化したカラーシャツが登場した。

しかし、もっと変化したのは女性の衣服である。一九五八（昭和三三）年には、三越、高島屋、伊勢丹など一流百貨店が、流行に敏感な十代を標的にしてファッション・コーナーを特設し始めた。スカートの丈はますます短くなり、最終的にはミニスカートが登場した。ミニスカートが起点となって、若い女性の下着、髪型、履物が変化した。

高級衣服については、百貨店がシャネルなど欧州の著名デザイナーによるファッションを次々に紹介した。一九六四（昭和三九）年頃になると、各百貨店が独自に流行色を提案し始めた。それまでの白いブラウスに襞スカートという姿は次第に消えていった。繁華街など街の風景は、次第に時の流れを感じさせるようになり、色彩豊かになっていった。

衣服における男女の性差も少なくなり始めた。女性ならば、スカートをはいているという通念が

衝撃のミニスカート

壊れ始めた。スカートとともにズボンが着用されるようになり、六〇年代も終わりの頃になるとジーンズも出始めた。それまで脇につけられていた女性ズボンのジッパーの位置も男と同じ正面に変わっていった。ユニ・セクシャル指向の芽生えである。

　外衣の洋服化やそのシルエットの変化によって、女性下着も大きく変わり始めた。体を締め付けたコルセットが消え、体の自然な線に沿ったものになっていった。大胆なデザインが提案され、多様なカラー化が急速に進んだ。シミーズや木綿のズロースが次第に消え、それに替わって化学繊維のブラジャー、パンティ、パンティストッキングが着用されるようになった。従来、男の目線で作られてきた「女らしさ」は、女権の向上を背景にして、女みずからが考える「女らしさ」に変化していった[20]。

　既製服化やファッション化につれて、誰もが普段は洋服を着るようになった。しかも中流階層化によって、その品質にもあまり差異がなくなってきた。こうして何世紀も続いてきた衣服の社会的伝達機能が消滅していった。貧富、都会者と田舎者、女性の未婚者と既婚者などが、服装だけでは区別できなくなったからである。

ズボン、ジーンズ、さらには男物のワイシャツさえ着用する女性が増え、ユニ・セクシャル傾向が高まると、性差さえも少なくなっていった。何世紀にもわたって、衣服は社会階層、職業、居住地域、性差などによってできる消費者集団の「制服」の役割を果たしてきた。いまやその歴史的な役割を終えたのである。

食生活の変化

食品分野にもマーケターが出現し、とくに加工商品の大量生産とマーケティング活動で食生活を変えていった。種々な清涼飲料、酒類が瓶やアルミ缶によって包装化された。清涼飲料ではジュース、コーラ、ペプシ、プッラシーなど、酒類では缶ビール、缶入りハイボール、そして種々なドレッシングなどである。

加工食品メーカーはまたインスタント食品の開発を進めた。即席めん、即席焼きそば、ふりかけ、インスタント・コーヒーなどである。毎年、若干の改良と新しい包装のもとに新しいブランド名で登場する「新」製品が夥しく導入され、テレビには五秒間のスポット広告が氾濫し始めた。

調理に手間がかからない加工食品、とくにインスタント食品の登場は、食生活を大きく変えるきっかけになった。まず食事に伴う作業を変えた。それらが出回るまで、家庭での食事は食材を購入し、それを調理することによって作られていた。その作業を担当したのは女である。加工食品はこの調理作業を商品化したものである。加工食品の登場によって、女の手を煩わすことなく、男や子供も食事にありつけるようになった。これによって、女の家事労働の一部が削減された。

それ以上に重要なのは、食事の準備の担当者についての伝統的な考え方を変えるきっかけになったことである。それまで食事の準備をするのは女の仕事と考えられてきた。インスタント食品の登場はこのような考え方を変えるきっかけになった。今日のスーパーやコンビニの店頭は、インスタント食品、レトルト食品、包装総菜で満ちあふれている。現在の商品世界のこの状況を生み出した源流は、高度成長期に登場したインスタント食品である。

しかし、他方でインスタント食品の増加は、基礎食材から料理を作る女の調理能力が衰えるきっかけにもなった。どの家庭でも同じ味になり、おふくろの味が食生活から消えていくことになる。さらに、加工食品が出回るにつれて、食物についての消費者の情報も欠落する部分が生じた。それ以前では、料理がどのような素材、調味料で作られたのかのすべてを消費者は知っていた。しかし、加工食品について頻繁に新製品が出回り、その原料のすべては包装にたんに表示されるだけとなった。表示されなければ、また表示が正しくなければ、原材料を確認できなくなった。

3　生活価値の変化

大衆型物質主義の定着

大衆消費社会の誕生は、その過程で消費者の生活価値を大きく変化させていった。まず変わったのは禁欲主義から物質主義への転換である。何世紀にもわたって、人々の生活は倹約による禁欲主義によって支配されてきた。禁欲主義は武士道を維持するため、あるいは農民が貧困の中を生き抜くため、あるいは軍事大国化や戦争遂行のために奨励された。儒教道徳や軍国主義は、禁欲主義を美化し、物質主義を悪徳として告発してきた。

物質主義は、衣・食・住あるいはレジャーに関連する物品、財貨やそれらを獲得する金銭を重視する考え方である。それは快楽主義の下部《しもべ》であり、快楽主義を追求する一手段である。物質主義を重視すれば、生活の幸福度や快適さは心の豊かさとは関係がない。モノをたくさん所有し、それに取り巻かれている生活が幸福で快適な生活である。消費者の歴史において、上流層の多くは多かれ少なかれ物質主義にもとづいてその生活をおくってきた。

大衆消費社会の誕生によって、上流層だけでなく、中流層にもこの物質主義が普及した。戦時中の消費規制、戦後の物資欠乏によってモノへの欲望は長い間抑圧され、モノへの購買意欲は高まっていた。所得水準が上昇し、商品世界が拡大すると、長い間にわたって抑圧されていたモノへの欲望は、火に油を注いだごとく燃えあがった。しかし、中流層の物質主義は、同じ物質主義といっても、その形態は上流層の物質主義とは大きく異なっている。中流層が求めたのは大量生産品であったからである。

大量生産技術が導入される以前の時代では、贅沢品の多くは素材の希少性とそれを製品化するさいの匠の技に基礎を置いている。贅沢品は、高級素材を使い、匠の技によって製品をより洗練させたものである。それ故に希少であり高価なものになった。さらに高級呉服や美術工芸品に代表されるように、これらの贅沢品はそのものが持つ独特の雰囲気、つまりアウラを放っていた。贅沢品はこのアウラによって、所有者や使用者に喜び・快楽を与えた。

上流層の物質主義の多くは、いわばスノッブ的欲望にもとづく物質主義である。スノッブとは、社会的地位が上位の人は非常に尊敬するが下の人を軽侮し、地位や財産などに価値を置く上流気取りの人のことをいう。スノッブ型物質主義は、下位階層との差異化を重視する。下位階層の人間では獲得できない希少な財を求めようとする。各時代において上流階級がその地位を社会的に示すため求めたのは、主としてこのアウラを放っている贅沢品である。

しかし、大量生産品にはアウラはない。それは同じものを大量に複製する技術によって造られているからだ(21)。耐久消費財など技術的に大量生産可能な商品が贅沢品であるのは、それが新製品として登場した初期の期間だけである。その消費市場が拡大して量産が可能になると、大量生産品の価格は急速に低下する。贅沢品の必需品への移動の多くは、大量生産による価格低下をきっかけにしている。

たしかに大量生産品については、贅沢品か必需品かはいつそれを買うかに依存している。そして新製品のこの採用時期は、その人の社会的位置によって大きく影響されている。とくに量産につれ価格低下が発生する大量生産品について、その採用時期は上流、中流、下流といった社会階層の順番になる。しかし、高度成長による所得の急速な上昇はこの時間差を縮めた。

大量生産品なので希少財ではなく、誰でも入手することができた。これによって中流層はその私的生活をより快適に、より便利にしようとした。また家事労働を軽減し、女性の自由時間を増やそうとした。中流層の物質主義は、スノッブ型物質主義とは異なる大衆型物質主義であった。大衆型物質主義で求められた新製品の多くは、都市化、核家族化、男女平等、女権向上など、戦後の民主化によって生じた、人間の新しい社会関係に対応するものであった。

高度成長期を通じて、マーケターは大衆消費市場を目指した新製品を継続的に投入していった。大衆型物質主義を支える商品世界は、質量ともに急速に拡大した。さらに都市化によって多くの中流層は、郊外の団地・マンションなど集合住宅に住むようになった。この居住環境の変化も、大衆型物質主義をさらに促進させることになる。経済学者の言うバンドワゴン効果(22)がこの種の居住環境ではより強く働くからである。バンドワゴン効果とは、パレードが先頭の楽隊車（バンドワゴン）に先導されて行進するように、流行や時勢に遅れないために商品を購入しようとする大衆の願望である。

中流階層の都市居住環境でバンドワゴン効果がより強く働くのは、そのような環境で消費者が群衆化し、大衆化するからである。群衆化とは同じ場所に高密度で存在するということである。これによって中流消費者はさらに大衆化した。大衆化とは自分が他人と同一であることにかえって喜びを感じることである(23)。

幸福感を味わうには、隣近所にテレビ・アンテナが設置されれば、自分のところにもテレビ・アンテナを立てる必要があった。核家族化によって伝統的な「家」の束縛を逃れることができたが、都市の集合住宅環境で中流消費者はその消費行動に、近隣コミュニティという集団からの新しいプレッシャーを受けることになった。

所得水準を選び取る

高度成長期が進むにつれて、中流層に留まるために必要な製品の数が増えていった。多様な家電製品やファッション製品だけではない。郊外のより広い住宅に住むようになると、応接セット、ステレオ、クーラー、乗用車のような高額商品も必要になってきた。

既存製品についてもその機能が高度化し、価格が上昇した。たとえば、白黒テレビが月給の二倍程度で買えるようになった一九六二（昭和三七）年には、一四型カラーテレビが一九万八、〇〇〇円で登場した。また電気洗濯機についても、一九六五（昭和四十）年に渦巻き式の自動洗濯機が五万三、〇〇〇円で市場導入され、旧機種の二倍の価格になった。さらに住宅を購入した消費者はそのローン返済が付け加わった。

同じ中流層といっても、商品世界の拡大や変化にすべての消費者がその所得で対応できたわけではない。経済法則によれば、ある期間の消費水準は所得によって決まる。所得によって、欲しい商品をすべて購入できないとすれば、消費者は消費水準を引き下げたであろうか。

高度成長期の消費者の多くはそのようなことはしなかった。かれらは衣食足りても礼節の節を知ることはなかった。逆にかれらは必要な商品を購買できるように所得水準を選び取ろうとした。こ

図V-8　常用労働者の月間実労働時間

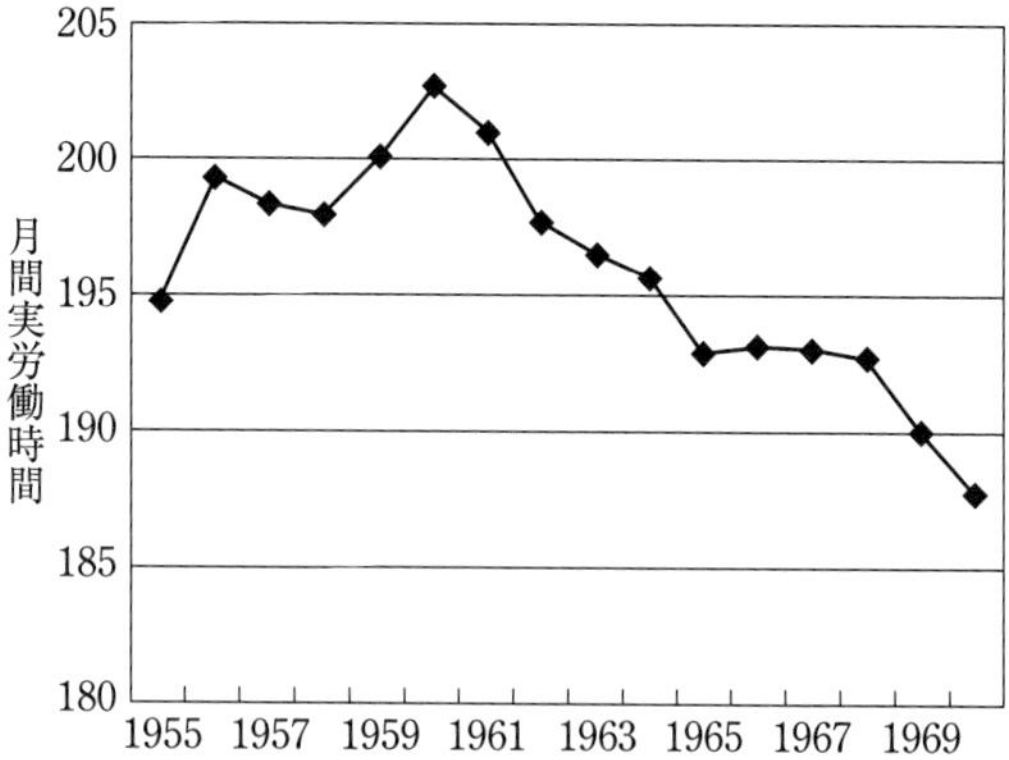

（注）事業所規模30人以上，サービス業を除く。
データ源：厚生労働省大臣官房統計情報部雇用統計課「毎月勤労統計調査年報」「毎月勤労統計調査月報」。

れによって、所得が消費水準を決めるという経済学の因果関係が逆転した。希望する消費水準によって、所得水準を決定するようになってきたからである。

所得水準を選び取るためにどのような方策をとったのだろうか。まず最初は長時間労働に従事することであった。戦後の労働民主化によって、基準労働時間を超えれば残業手当を獲得することができた。図V-8に示すように、高度成長期の中頃まで、実労働時間は増え続けた。夕食時の家族団らんの機会を犠牲にしてまでモーレツに働く社員が増えた。

所得水準を選び取るもう一つの方法は、妻も働きに出ることである。子育て後などにもとの職場に復帰することはできなかったが、パートタイマーなどの就業場所が出現し始めていた。高度成長

図Ⅴ-9　世帯主収入との計に占める妻の収入比率

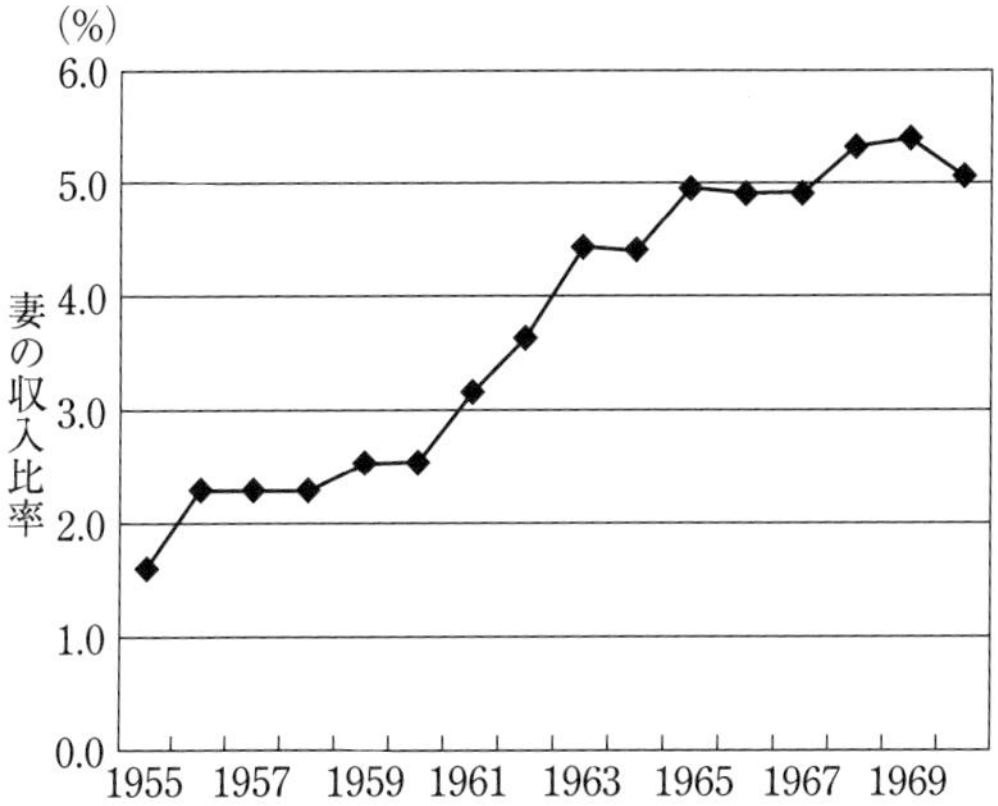

（注）1962年までは全都市，それ以降は人口50,000万人以上の勤労者世帯。
データ源：「家計調査年報」の各年度データより作成。

期の始めでは妻の収入は月額六一〇円であった。しかし、その後九一二円（一九六〇年）、二、八二三円（六五年）、五、〇四九円（七〇年）と増え続けた。その増加率は世帯主以上の大きさであり、世帯収入に占める妻の収入比率は高度成長期に急速に増加していった。パート賃金の上昇率は常勤賃金の上昇率を下回るから、これは妻の労働時間が増えていったことを物語る。

その絶対額でみると、妻の収入は低かった。しかし、中流層を構成した勤労者の中には、次々に登場する新製品を購入し続けるにはその所得が臨界点に近い消費者もかなりいた。臨界点とは、それを超えると新製品を買い続けることができるような所得水準である。この臨界点を超えるのに妻の収入が貢献した。

それは英語の読解力における語彙力と似ている。知っている単語数が増えるにつれて、読解力は連続的に向上するものではない。七、〇〇〇前後の単語をおぼえた頃から、読解力は一段と不連続的に飛躍する。未知の単語を類推できるようになるからである。この場合、七、〇〇〇語の語彙力が読解力の臨界点になる。新しい一、〇〇〇語の語彙力増加の意味は、六、〇〇〇語の語彙力の人と三、〇〇〇語の語彙力しか持たない人とでは大きく異なるのである。

世帯主の残業と妻のパートによる収入の増加でも足らない消費者は消費者ローンに依存した。家電メーカー、乗用車メーカーなどは、高額商品を販売するために消費者ローンを整備した。消費者ローンには銀行を窓口にするものと、販売店ルートによるものがあった。銀行が消費者に融資する場合には、耐久消費財メーカーは消費者の不払いが生じた場合の連帯保証を行った。販売店ルートのローンの場合には、メーカーないしその系列の販売金融会社が小売販売店に資金援助を行った。

米国流のマーケティング技法は有効需要を創造するための技法である。有効需要とは購買資金の裏付けを持った購買意欲である。したがって、米国流マーケティングは主として購買意欲の喚起に重点を置いている。しかし、高度成長期に日本のメーカーが直面した問題は、旺盛な購買意欲を持つが、十分な購買資金を持たない多くの消費者の存在であった。このような消費者を顧客にするために消費者ローンを積極的に整備したのである。消費者ローンは将来所得を先取りして、現在の「所得」水準を引き上げたのである。

高度成長期に登場した耐久消費財の消費者ローンは、明治以来存在したいわゆる月賦販売とは大きく異なっている。月賦販売は既製服の衣料品店や家具店などが行い、その店の自己資金によって消費者に支払い猶予を与えた。月賦販売の利用者は主として下流の消費者であった。

月賦でしか買えないというのは消費者の貧困を表すものであり、軽侮の対象にすらなった(24)。消費支出の伝統的ルールは、「入りを図って出《い》ずるを制す」であった。つまり支出は収入の範囲内に納めよということであった。このようなルールが支配した時代には、月賦は借金と同じく悪徳であったのである。

これに対して、耐久財の消費者ローンは、はるかに高額な商品を買うために、中流層によって利用された。ローンにさいしての消費者信用は、その消費者の将来所得への期待にもとづいていた。こうして借金は悪徳であるという社会的イメージが消えた。借金ができるということは、その人の生涯所得が高いであろうということを意味するようになったのである。高度成長下での所得上昇期待によって、消費者の心の中では借金もその持つ意味を大転換させたのである。

流通革命の役割

高度成長期における消費様式の変化の中で忘れてはならないのは買物先の変化である。それまで消費者の買物先は百貨店と中小商店だけであった。中小商店の多くは、商店街や食品市場を構成した。しかし、高度成長期にはスーパーの台頭による流通革命が起こる。初期のスーパーはセルフサービス店とも呼ばれた。その最初は一九五三（昭和二八）年に東京青山に出店した紀伊國屋である。高度成長が始まった五五年にはセルフサービス店は全国で四〇店に過ぎなかった。

しかしその後、セルフサービス店は急速にその数を増やしていった。一九六〇（昭和三五）年には一、四六五店舗になり、政府によるセルフサービス店の最初の悉皆調査である六四（昭和三九）年の「商業統計」では、全国に三、六二〇店のセルフサービス店があると報告されている。そして高度成長期の後半になると、セルフサービス店をチェーン展開する大手流通企業が成長していた。たとえば、六八（昭和四三）年での代表的な企業の売上高、店舗数をみると、ダイエー（七五〇億円、三八店）、西友ストア（五五〇億円、五六店）、ジャスコ（五〇八億円、六八店）などである。

これらのスーパーチェーンは全国の各都市に店舗展開していった。初期ではその品揃えは特定品種に偏っていたが、次第に店舗面積を拡大して食料品、衣料品、雑貨などを扱う総合スーパーへ成長していった。しかしその中心は食料品と衣料品であった。スーパーチェーンは大量仕入にもとづいて、低価格を実現した。とくに高度成長期でのその低価格はきわめて破壊的であり、商店街や百貨店に脅威を与えた。まさに流通革命という言葉にふさわしく、スーパーチェーンの売上は急成長した。流通革命をリードしたダイエーの中内　㓛社長（当時）は、その著書の中で次のように述べ

図V-10　家計支出先の変化

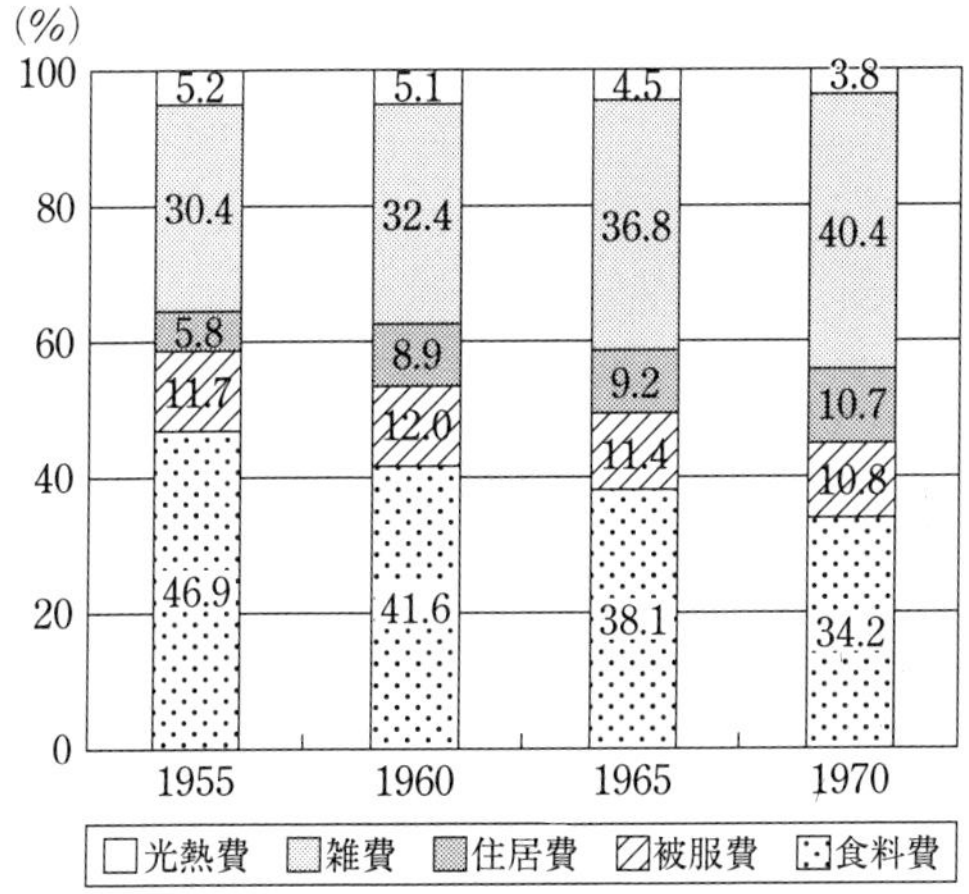

(注) 人口50,000以上の都市
データ源：「家計調査年報」の各年度データより作成。

ている。

「私にとってキャッシュ・レジスターの響きは、この世の最高の音楽である。…私どもが真心をこめて、『よい品をより安く』と願って開発し商品化した品々が売れることは、消費大衆が私たちを支持している証拠」(25)である。しかし、消費者は流通革命の何を支持したのだろうか。食料品や衣料品の低価格が消費生活に持っていた意味は何だったのだろうか。それを解くカギは、高度成長期における家計消費支出の支出先構成、つまり消費構造の変化にある。

高度成長期の消費者のあこがれ商品は生活向上に結びつく耐久消費財であった。これを含む住居費の比率は五・八％から一〇・七％へと約二倍になった。また主婦の自由時間の増加につれ、社会的交際費や交通費を含む雑費の比率も一〇％ほど増加した。しかし、スーパーチェーンが主力商品とした食料品や衣料品の構成比は減少している。とくに食料品の減少が著しい。流通革命は需要成長率が相対的に低い商品領域で起こったのである。このような商品領域を扱いながらも、スーパーチェーンは高度成長期に急成長したのである。

食料品や衣料品の需要成長率が相対的に低かったのは、これらの商品がカテゴリーとしてはあこがれの商品ではなかったからである。耐久消費財の需要成長率が高かったのは、それが高額であるにもかかわらず、あこがれの商品だったからである。耐久消費財の分野で次々に現れる新製品を購買するために、とくに所得水準が相対的に低い消費者は残業やパートまで行った。それでも足りないときは消費者ローンを利用した。しかし、それとともに他の領域での消費支出をできるだけ押さえる必要があった。

節約の領域として選ばれたのは、食品や日常衣料などである。この領域でスーパーチェーンは価格訴求を導入した。消費者、とくに所得水準が相対的に低い消費者ほどその価格訴求は魅力的であった。スーパーチェーンの急成長は、このような消費者の喝采を受けたことによるものである。価格低下は消費者にとって所得上昇と同じような効果がある。食料品や衣料品の価格低下を生み出すことによって、流通革命は消費者にとってあこがれ商品であった耐久消費財の購入のために必要な「所得」を部分的に増やしたとも言えよう。

VI 消費社会の成熟と揺らぎ

時代が進むにつれて歴史の変化は加速する。昨日のことが一昔前のようにも思われてくる。一九七〇（昭和四五）年、「モーレツからビューティフルへ」というTVコマーシャルが流れた。時代の転換がまた来るかもしれない。多くの人がコマーシャルをみて感覚的にそう感じていた。

コマーシャルには、「ビューティフル」と書かれた大きいカードを持った、ヒッピースタイルの若者が街を歩いて行く姿が映し出されていた。モーレツという言葉によって、人々は経済大国を目指して馬車馬のごとく猛烈に働き、駆け抜けてきたそれまでの日々を連想した。ビューティフルという言葉によって、それまでの日々とは違う別の生活が待ち受けていることを感じとっていた。

一九七〇年代の前半には、時代の変化に敏感な「経済白書」のタイトルにも、「新」とか「超えて」いう言葉が目立つようになる。たとえば、「日本経済の新しい次元」（七〇年）、「新しい福祉社会の建設」（七二年）、「成長経済を超えて」（七四年）、「新しい安定軌道を目指して」（七五年）、「新たな発展への基礎がため」（七六年）などである。実際に、この期間は高度成長から安定成長への転換期であった。高度成長は一昔前の話になった。この転換期を経て、消費者とその生活も高度成長期とは異なる様相をみせるようになる。消費は新しい様式へと変化していったのである。

1　消費リーダーの交代

時代の転換

一九七〇（昭和四五）年前後には、時代の転換を予兆するような多くの出来事が起きた。経済面に絞ってみても、経済大国への途は、六八（昭和四三）年にGNP（国民総生産）が米国に次いで自由世界第二位になることによって達成されたかにみえた。日本経済の動向は世界経済に大きい影響力を持つようになっていた。また逆に世界の動向によっても、より大きい影響を受けるようになってきた。

一九六〇年代後半から、産業構造でも素材型重化学工業にくわえて、自動車や機械工業が輸出競争力を増大して、米国を始めとする世界の市場を席巻しつつあった。六八年頃から日本の外貨準備高は貿易黒字によって急速に増えていた。しかし、国際情勢は、すでに自由世界第二位のGNP規模にまで拡大した日本が、従来と同じような高度成長路線を歩み続けることを許さなかった。

その最初の出来事は、一九七一（昭和四六）年のドル・ショックである。米国はベトナム戦争と赤字財政に苦しんでいた。ニクソン米大統領は、ドルと金との交換停止と変動為替相場制への移行を電撃的に発表した。それに関連して、日本円の為替レートは一ドル三六〇円から三〇八円になった。一六・八%の円高である。ドルの大幅な切り下げにもかかわらず、その後も米国の貿易赤字が続き、七三（昭和四八）年には主要国はほとんど変動相場制に移行した。それに伴い長期的な円高基調が定着した。国際競争力が高まるほど円高となり、日本経済の成長はそれだけ抑止されるようになった。

同じ七三年には第一次石油ショックが生じた。同年一〇月に勃発した第四次中東戦争を受けて、石油輸出機構に加盟の産油六カ国が、原油価格を約七〇%引き上げるとともに、石油生産を段階的に削減することを決定した。産業エネルギーである石油を中東に全面的に依存していた日本にとって、これは大きいショックであった。

「禍福《かふく》は糾《あざな》える縄の如し」、災いと福とは、縄をより合わせたように入れかわり変転するものだ。激動の時代を生き抜いてきた人ほど、このことわざを忘れない。終戦後の廃墟から立ち上がり、苦労して築きあげてきた経済的繁栄の基盤が、それを享受し始めてまだ間もないというのに壊れるかもしれない。政府、企業、消費者など、日本中がこの不安におびえた。

さらに悪いことには、この石油ショックは前年から始まっていた物価騰貴と連動した。一九七二（昭和四七）年に成立した田中内閣は列島改造論を掲げ、これが地価高騰を引き金とする物価騰貴を引き起こしていたからである。消費者物価は前年比で、七二年には四・九％、七三年には一一・六％と上昇し、ついに七四年には二三・二％まで上昇した。狂乱物価とも呼ばれた消費者物価の騰貴は人々を不安に陥れた。

また物不足のうわさが消費者の間にも広がり、社会心理的なパニックが生じた。とくに中年以上の消費者は、戦時中の物不足を思い出したのであろう。スーパーの前にトイレット・ペーパーを買いだめしようとする消費者の長い行列ができるという騒ぎまで引き起こした。これら一連の出来事を発生させながら、一九七三（昭和四八）年から七五（昭和五〇）年まで日本経済は戦後最大と言われる不況に突入していった。

政府は経済の引き締め政策によってインフレを押さえ込もうとした。また石油ショックに対しては、一九七三年に戦時中の統制経済と同じように、統制法案を用意した。石油製品需給安定法や国民生活安定法がそれである。また同年に雇用保険制度の改正を行った。これにより、不況業種を指定して雇用調整が行われた場合に、給与の一部を雇用保険基金から支給できるようにした。この制度はよく利用されたが、統制法案は発動せずにすんだ(1)。引き締め政策が功を奏して、七五年以降には消費者物価が年々低下していったからである。

不況の克服に際しては、産業界も必死だった。生産設備が過剰になると、直ちに減量経営を目指して雇用調整に入った。幸いなことに、一九六〇年代の後半から、金融、保険、流通、対事業所サ

図Ⅵ-1　家計消費支出（消費市場）と1人当たり家計消費支出の成長

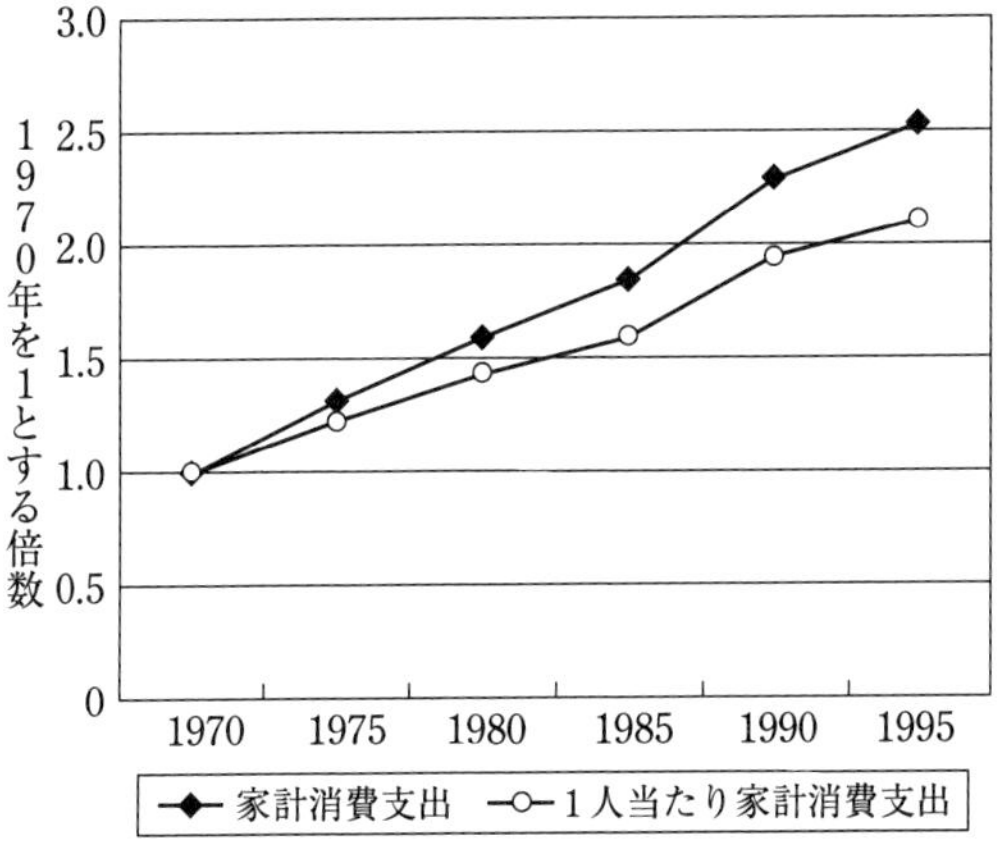

データ源：家計消費支出は実質数値。内閣府経済社会総合研究所国民経済計算部「国民経済計算報告（長期遡及主要系列昭和30年～平成10年）」，人口は国勢調査人口。

ービスなど、第三次産業が急成長していた。第二次産業の過剰労働力は第三次産業によって吸収された。企業別労働組合も減量経営に協力した。それまで実質賃金の上昇を目指してきた組合の多くが、物価上昇分だけの賃上げで妥協した。

一九七五（昭和五〇）年をピークにして労働争議件数は急速に低下していく。労働組合は高度成長期に労働者の実質賃金上昇のエンジンとして機能し、一億総中流化に大きく貢献した。しかし、七〇年代の中頃以降、その機能を急速に低下させていった。

守りの経営だけではない。エネルギー費用の上昇を克服するために、企業は種々な省エネ技術を開発した。さらにマイクロ・エレクトロニクス技術などを利用して、原材料費率が低く、付加価値の高い高度加工商品を開発した。工作機械や自動車などの産業はこの典型である。これらの商品の輸出を伸ばすことによって日本経済は破局を免れた。

その後、一九七九（昭和五四）年にイラン革命をきっかけに第二次石油ショックが起こるが、これも第一次石油ショックの経験を活かして乗り切ることに成功した。七〇年代に次々に襲ってきた危機を乗り切ることによって、日本社会に安堵感がみなぎった。もう経済的繁栄を壊されることはない。かつてのように高度成長は望めないが、経済は安定的に成長を続けた。この全体的な経済の動きに対応して、消費市場も高度成長から安定成長に軌道を移すことになる。

一九五五年から七〇年にかけての高度成長期には、実質の家計消費支出（消費市場）は年率（複利）一〇・九％で成長した。その間の一人当たり家計消費支出も年率（複利）七・八％で成長した。しかし、七〇年以降はこれらの成長率は大幅に下がる。同じ一五年間をとって七〇年から八五年の成長率をみると、消費市場の成長率は四・二％に、そして一人当たり家計消費支出の成長率は三・二％に低下した。もはや急速に豊かになるということはなくなったのである。

安定成長への移行に伴い、消費市場全体にも変化が現れた。まず第一に、消費市場の成長にさいして人口増の寄与する割合が増加した。高度成長期には人口増の寄与率は一〇％にも満たなかった（前章、図V-3）。それが図VI-2に示すように、一九七一（昭和四六）年から八五年の期間は二〇％を超えるようになった。八〇年代末にはバブル経済の影響によって一〇％未満に戻ったが、九一

図Ⅵ-2　家計消費支出（消費市場）成長への人口効果と消費支出効果の寄与率（図Ⅱ-3を参照）

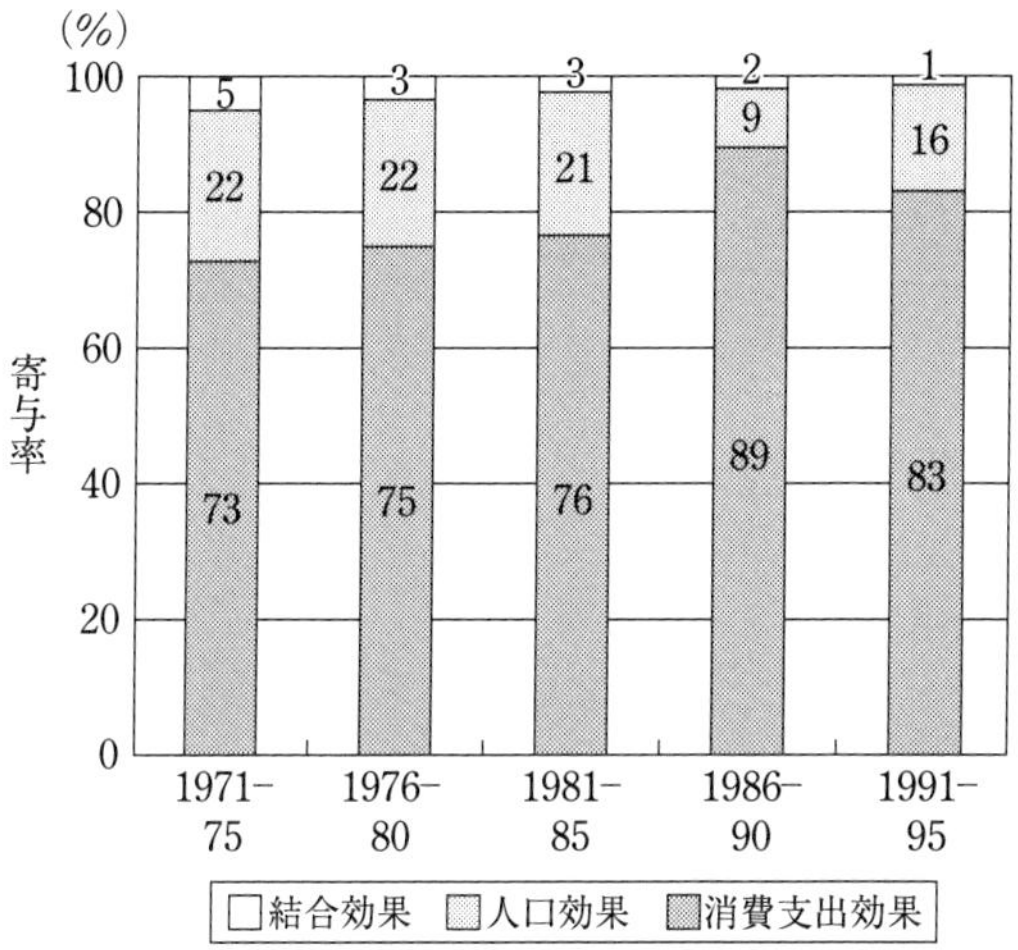

データ源：家計消費支出は実質数値。内閣府経済社会総合研究所国民経済計算部「国民経済計算報告（長期遡及主要系列昭和30年～平成10年）」。

（平成三）年以降は再び人口増の寄与率が増えている。

しかし、人口の増加率は七二（昭和四七）年の一・四％を頂点にして、それ以降は晩婚化や少子化によって年々低下していく。そして一九九〇（平成二）年には〇・三％まで低下した。人口増がなければ消費市場は成長しなくなっていくのに、人口増は年を追うごとに低下するという傾向が生まれた。

消費市場のもう一つの変化は、所得階級間での消費格差が固定化し始めたことである。高度成長期には、「中の中」階級への収束傾向があった。これが一億総中流化と呼ばれた

図VI-3　所得（年間収入）の5分位階級別の平均消費支出の動向（全国勤労者世帯）

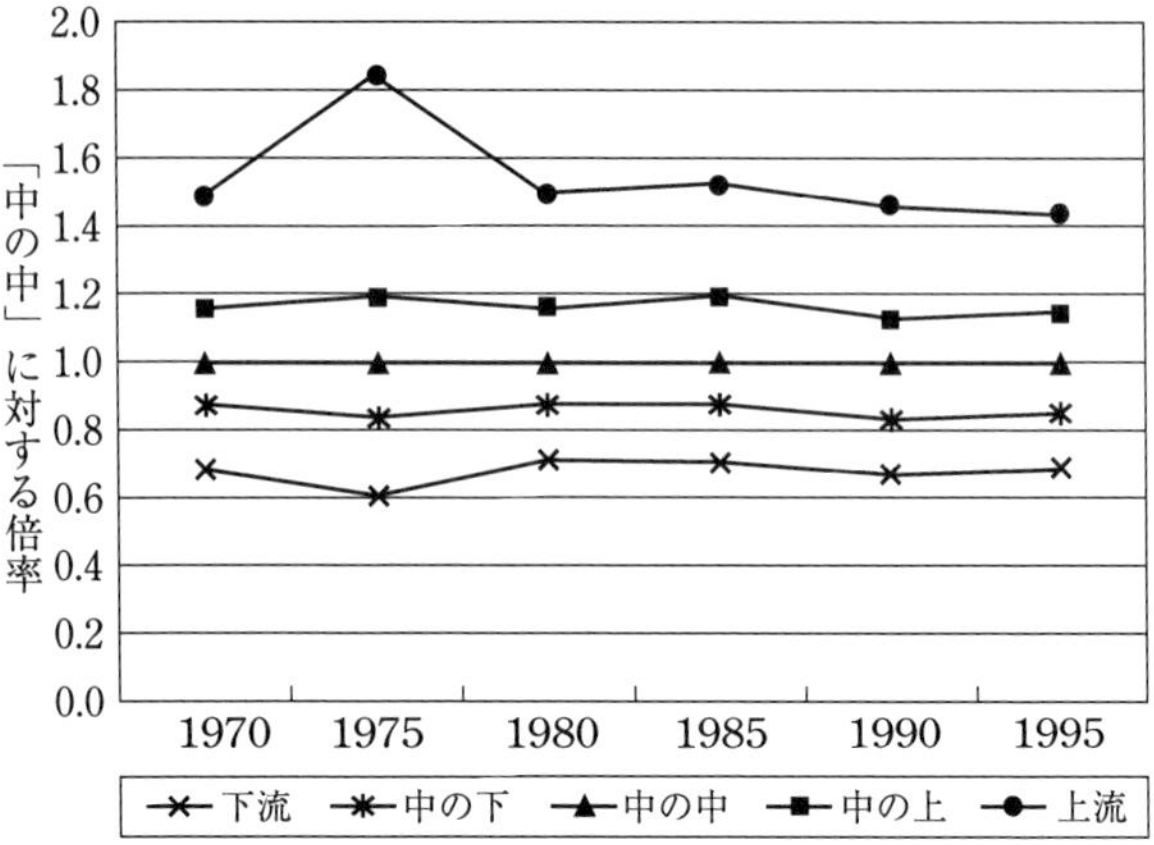

データ源：各年度の「家計調査年表」データより作成。

傾向である。しかし、図VI-3にみるように、さらにいっそうの収束傾向はみられなくなる。とくに一九八〇（昭和五五）年以降がそうである。平均消費支出の格差は、たとえば全体の二割にあたる「上流」階級は、同じく二割を占める「下流」階級の二倍強で安定的に推移していった。

長い間続いた貧富の長い帯は短くなり、そこで動きを止めた。極端な金持ちも貧乏人もいない社会、それが一九七〇年代に入って少なくとも表面上は安定し始めたのである。鳥の目をもって、消費市場の動向を示す全体数字を眺めるかぎり、この安定成長時代は波静かな海面のような時代であった。すでに高度成長を達成した後も、消費支出は安定的に成長を続けた。時代は、先進発展国の生活水準を目指した「苦」の時代から、その達成成果を楽しむ「楽」の時代へ移行したようにみえた。

新世代消費者の登場

しかし、経済の局面から、社会、心理、文化の局面で消費者をみると、この波静かな海面の底では新しい種々な変化を生み出す海流が渦巻き始めていた。これらはやがて消費者の歴史に大きい断絶を生み出すことになる。もっとも大きい変化は新世代の消費者の台頭をきっかけに起こった。新世代消費者とは、戦中・戦後生まれの若者消費者である。

表VI-1に示すように、高度成長が軌道に乗った一九六〇（昭和三五）年に、人口の年齢構成は六歳から二〇歳が一番厚い層をなしていた。かれらは一九四〇（昭和一五）年から五五（昭和三〇）年の間に生まれた世代である。この期間の前半は軍事力の基盤強化のために「生めよ増やせよ」、「子供が増えると配給米が増える」と言われ、後半は戦争が終わり一九四七（昭和二二）から四九（昭和二四）年の第一次ベビーブーム（団塊の世代）が生じた時代である。

この世代は、他の年齢層に比べて相対的に頭数が多い。一九六〇（昭和三五）年に平均寿命は六七・七歳であった。この平均寿命期間の二割弱を占める一五歳間隔の年齢層に、人口の三分の一以上が集中したのである。街を歩けば、この世代の若者の姿がすぐ眼についた。今日、高齢者の姿が

表VI-1　年齢別人口比率の推移

年　　齢	各年度の構成比（%）				
	1950	1960	1970	1980	1990
1－5	13.5	8.4	8.5	7.3	5.3
6－10	11.4	9.9	7.9	8.6	6.1
11－15	10.5	11.8	7.6	7.7	6.9
16－20	10.3	10.0	8.7	7.1	8.1
21－25	9.3	8.9	10.3	6.7	7.1
26－30	7.4	8.8	8.8	7.7	6.5
31－35	6.3	8.0	8.1	9.2	6.3
36－40	6.1	6.5	7.9	7.9	7.3
41－45	5.4	5.4	7.1	7.1	8.6
46－50	4.8	5.2	5.7	6.9	7.3
51－55	4.1	4.5	4.6	6.2	6.6
56－60	3.3	3.9	4.3	4.8	6.3
61－65	2.8	3.1	3.6	3.8	5.5
66－70	2.1	2.3	2.9	3.4	4.1
71－75	1.5	1.7	2.1	2.6	3.1
76－80	0.8	1.0	1.2	1.7	2.4
81－85	0.3	0.5	0.6	0.9	1.5
86以上	0.1	0.2	0.3	0.5	0.9
人口総数　万人	8,320	9,342	10,372	11,706	12,361

データ源：上記年度の「国勢調査」。

眼につくのと対照的である。七〇（昭和四五）年には、この世代は一六歳から三〇歳の年齢層に達していた。かれらが消費者として登場することによって、消費者の歴史は大きく変わることになる。一九七〇（昭和四五）年前後から八〇年代にかけての消費の変化は、しばしば消費者一般の変化であるかのようにとらえられてきた。しかし、変化の過程を注意深くみれば、この期間の変化は既存消費者が同時に変わることによって生じたのではない。むしろ頭数の多い新世代が、新しい消費者として数多く一挙に登場したことをきっかけにしている。かれらは混声合唱団としての消費者の新しい合唱団であった。その頭数が他の合唱団に比べてダントツに多かっただけではない。かれらが歌う音色も他の合唱団とはまったく異なっていたのである。

かれらは既存消費者とはまったく異なる消費パターンを生み出した。それは、加齢効果、時代効果、そしてコーホート効果の複合産物であった。

人の消費活動は加齢の影響を受ける。同じ年度でも、若年、中年、老年の年齢層により異なってくる。これを加齢効果という。また、その消費活動が行われる時代の影響も受ける。同じ若年層でも、一九六〇年度、七〇年度、八〇年度と時代が異なれば、その消費パターンは異なる。これを時代効果と言う。ある時代のある年齢層の消費パターンは、さらに加齢効果でも時代効果でもない要因の影響を受ける。これをコーホート効果と言う(2)。

コーホートとは何か。一九七〇年代に新しく登場した新世代消費者もコーホートである。表VI-

1では綱カケで、このコーホートが各年代に加齢していく様子が示されている。コーホートはこのような同じ期間に出生した集団であり、同期間出生集団とも呼ばれる。われわれは人の行動様式を評する場合に、よく、明治生まれ、大正生まれ、昭和一桁、二桁生まれ、戦後生まれ、だからなどと言う。コーホート効果は、コーホートが同じような生活歴を歩むことから生じる。

新世代消費者の生活歴は、それ以前の消費者が若い頃に歩んできた生活歴とまったく異なるものであった。かれらは戦後に小学校に入学した。自由と平等を強調する完全な民主教育を小学校から受けた世代である。自己主張と個人の意見を大切にすることを学んだ。ほとんどは男女共学であった。親たちには、「男女七歳にして席を同じくせず」といった、儒教思想の蒙古斑がかすかに残っていた。しかし、新世代ではそれは完全に消え去った。しかも、かれらが育った時代は、幸せなことに、教育期間が急速に延長された時代でもある。

一九五〇（昭和二五）年に四二・五％であった高校進学率は、五七・七％（六〇年）、八二・一％（七〇年）と急上昇していた。六〇（昭和三五）年に一〇・三％に過ぎなかった大学進学率も二三・六％（七〇年）、三七・四％（八〇年）と伸びた。とくに女子の進学率向上がめざましかった。その大学進学率は六〇年には五・五％に過ぎなかったが、一七・七％（七〇年）、三三・三％（八〇年）と急上昇した(3)。「女に学問はいらない、早く嫁にいけ」という伝統的偏見は、急速に消え去っていた。教育期間の延長によって、新世代消費者は、自由、平等、セクシャリティ、生活価値などについて、親たちとは違う考え方を育むことができた。

新世代消費者は、高度成長のまっただ中で、多感な少年少女期を過ごした。戦争などによって惨めな少年少女期を体験した親は、子供には同じ思いをさせまいとして、子供に多くのモノを与える傾向がある。親の所得が年々増えると、欲しいものを買ってもらい、小遣いも増えていった。一九六〇年代の中頃から、広い住空間を求めてマイホームを郊外に買う家庭が増えだし、子供部屋を設け出した。親たちの世代は、両親の声を通じて世間や社会の動きを知った。新世代消費者はテレビの普及を通じて、親の声とは別に、社会の動きを映像によって捉えていた。

このような生活歴によって、新世代消費者は親たちの世代とはまったく異なる生活価値を持つようになる。自由、平等、そして経済的な豊かさは親たちには目標であった。一方、新世代消費者にとっては当たり前のことであり、与件に過ぎなかった。しかも、経済的豊かさは年々さらに向上し、永遠に続くものとみなしていた。経済が年々貧しくなっていくことしか知らない、バブル経済崩壊後の若者と対照的である。

このような新世代コーホートが、七〇（昭和四五）年には加齢によって高校生、大学生、あるいは社会人になっていたのである。当時、結婚年齢は男が二五歳から三〇歳、女が二〇歳から二五歳が最頻帯であった(4)から、社会人になった者でも、ほとんどは単身者であった。頭数が多いだけでなく、まったく異なる生活価値を持つコーホートが、安定した経済的繁栄が期待できる時代に、次々に若者年齢に達した。

歴史には複数の要因が偶然に重なり合って大変化をもたらす時代がある。消費者の歴史において、一九七〇年前後における新世代消費者の登場もちょうどそのような時代であった。安定的成長（時代効果）、若者であること（年齢効果）、自由、平等および豊かさへの与件観（コーホート効果）、これらが新世代消費者において重なり合ったのである。この重なり自体は偶然の産物であった。しかし、一旦重なってしまうと、新しい歴史軌道を作り出し、歴史の流れを大きく変えることになった。

若者消費者の主体化

新世代消費者の誕生は、家族消費者の分解のきっかけになった。かれらが消費者として登場するまで、消費者と言えば、それは家族を意味した。数世紀にわたって、消費の基本単位は家族であった。とくに日常生活品の購買に関しては、主婦が家族の購買代理人として機能した。これは家事労働についての長く続いた性差分業によるものである。とりわけ家族の子供たちの消費活動は主婦によってほぼ完全に管理されていた。家族の中での消費の個人行動は、武士の武具購買、町人の浮世消費、あるいは明治以降の富裕層家長の趣味や社会的交際の分野に限られていた。

しかし、一九七〇年代に登場した新世代消費者は、家族の内部においても、個人消費者として主体化し始めた。かれらは自由裁量所得を増やし、快楽主義的欲望にもとづいて自由に商品選択することを要求し始めたのである。かれらは混声合唱団の新しい合唱団として参加し、まったく異なる音色で歌い始めるようになった。

すでにかれらは高度成長が生み出した豊かな商品世界に取り囲まれていた。かれらの興味を引く新製品も次々に登場しつつあった。とくに音のパーソナル化を好む若者にとってラジカセなどはあこがれの的だった。一九七九（昭和五四）年にウォークマンが発売されると、ラジカセがモバイル化した。それは直ちに、いつでも音楽に取り囲まれていたいと願う若者の必需品になった。マーケターはテレビCMなどによって、かれらの欲望を刺激した。

若者はファッションにも敏感である。すでに一九六〇年代の後半から種々な若者ファッションが次々に登場し始めていた。みゆき族や原宿族を捉えたアイビールック、六六（昭和四一）年のビートルズ来日によって持ち込まれたモッズ・ファッション、その翌年のミニスカートの登場や新宿のヒッピーが着ていたTシャツ、ジーンズ、サンダルなどがその例である。七〇年代の初めには、この若者層、とくに女性を標的にしたファッション雑誌が登場した。七〇（昭和四五）年の「アンアン」、翌年の「ノンノ」などがその代表例である。これらの雑誌は外国のトップモードをグラビアで紹介して、ファッション意識を刺激した。

新世代消費者にとって、快楽主義的欲望は商品世界やマーケターによって十分に高まっていた。

ヒッピー族の登場

問題は自由裁量所得と商品選択の自由であった。一九七〇（昭和四五）年の大学進学率からみると、一八歳に達した若者の八割近くが社会人になっていた。しかもかれらの初任給は高度成長によってすでに高い水準に達していただけでなく、その後も年々上昇していた。また大卒でも、当時の結婚年齢からみると、新世代消費者のうち社会人になった者でも、ほとんどは単身者であった。

これらの若者社会人は、給与を得ても、親に仕送りをしたり、家の家計を負担する者は次第に少なくなっていった。親の自宅から通勤する者や中流家庭以上の単身社会人などはとくに、その収入の多くを自由裁量所得として使った。とくに女の場合はそうである。嫁入り支度などは親がするものと決めていた。このように社会人になった若者は十分な自由裁量所得を持っていた。しかも社会人になると、親たちもその商品選択に文句を言わないようになった。

一九七〇年代には、高校生や大学生も自由に使える資金を持つようになる。経済成長の果実として親の収入が増え、高校生でも親からかなりの小遣いをもらうようになっていた。大学生になると、小・中・高校生の家庭教師だけでなく、他のアルバイトで稼げる機会が増えていた。第三次産業で外食産業などのサービス業が急速に成長していたからである。少なくとも、高度成長の前半頃までは学生アルバイトは学費、本代、下宿費のためであった。しかし、親の収入が増えるにつれて、アルバイト収入は学生の自由裁量所得として、快楽主義的欲望を満たすための商品に向けられるようになった。

一九八〇（昭和五五）年になると、若者消費者はさらに低年齢化する。それは若者というより子供も含むようになる。これらの子供消費者は、新世代消費者の子供たちである。八〇年代には、新世代消費者もすでに二六歳から四〇歳の年齢層に達し、多くは新しい核家族を形成していた。この家族はそのコーホート特性から、従来の家族とはまったく異なっていた。とくに第一次ベビーブーム世代の家族はニューファミリーとも呼ばれた。これを中核としてその前後の世代の家族では、親と子供は友達のようであり、子供にも商品選択に関してかなりの自由を認めていた。

一九八六（昭和六一）年に二、五五〇世帯を対象にして行われたサーベイ(5)によると、子供でさえも多くの商品に関して商品選択権を持つようになっていた。三割以上の家庭がこの種の選択権を与えている商品をみると、小学生以下では、運動靴、玩具、雑誌、ファミコン、そして加工食品であった。加工食品にはパン、即席麺、チョコレート、清涼飲料などが含まれる。

中学生になると、シャンプー、ファッション、音響製品が追加された。ファッションには、Tシャツ、セーター、ソックス、スカート、外出用晴着だけでなく、パジャマや下着類も含まれる。音響製品はラジカセ、カセットテープ、レコードである。高校生になると、以上の商品に腕時計が加わった。これらの商品の選択権を与える家族の比率は、子供の加齢とともに高まった。子供たちも、新世代消費者の新しい家庭環境の中で、実質的には消費者として主体化を成し遂げたのである。

家族消費者の分解

家庭の中で子供たちが消費者として主体化していった過程で、親たちはどうしていたのだろうか。それは家族周期によって異なっている。家族周期とは、結婚して子供ができ、子供が大きくなって巣立っていくまでに、家庭生活がふむ段階である。それはおおむね年齢層に対応している。二〇代から三〇代前半は結婚からお産・育児の段階であり、三〇代後半から四〇代にかけて子供が小・中・高生になる。五〇代になると、子供が大学生、あるいは社会人になり、巣立ち始める。六〇代になると、新婚時代のように、夫婦二人だけが残される。

家族周期の各段階で何が消費の重点項目になるのだろうか。この推移資料(6)からうかがえる、生活変化はつぎのようなものであった。二〇代には友人との交際、車、旅行、ファッション、グルメであり、新婚気分が続いている。三〇代には子供ができ、小・中学校などに通い出す。重点項目は旅行と子供の小・中・高教育に移る。

四〇代になると、教育を重点に置く者がさらに増える。塾などの受験教育が追加されるからである。また子供の発育につれ、より広い住空間が必要になり、マイホームを買う人が多いから、住宅購入に伴うローン返済が重点項目になる。世帯主の収入が少ない家庭の女は職場復帰やパートの時間が増え出す。ゆとりのある世帯の女は、自分の趣味など教養文化向上のための習い事への関心が増える。これに伴い友人の輪が拡がり、社会的交際が増える。五〇代になると、子供が巣立ち始めるので、社会的交際の輪がさらに拡がり、趣味、習い事の追求や旅行への関心がさらに高まる。

男性には男、夫、父の役割があり、女性には女、妻、母の役割がある。男が女に対応し、夫が妻に対応し、子をかすがいとして父と母が対応する。しかし、家族周期に伴う生活変化からみると、日本の家族での役割行動はかならずしもこのような対応をしていない。男と女、夫と妻が対応しているのは、二〇代の新婚時代だけである。子供ができたとたんに、役割行動の大変化が生じる。多くの家庭は男-母型の家庭になる。この型の家庭では、男性は仕事だけに専心する会社人間であり、女性は子供の育児・教育など母としての役割が重視される。

その中でも女性は母として育児・教育に専心するだけではなかった。同時に、趣味・習い事を通じて社会的交際の輪を拡げ、女の世界も拡げていった。女性は消費者として家族の購買代理人だけでなく、自分自身も個人消費者として活動し始めていた。一九六〇年代では朝の通勤時間帯が過ぎると、郊外電車はがら空きであった。しかし、七〇年代から八〇年代にかけて、午前一〇時頃でも結構混むようになった。女性の社会的交際のための「出勤」が始まったからである。

また、都心のホテルの食堂やレストランなどの昼食時は、かつては社用族だけであったが、次第に生活にゆとりのある女性グループによってほとんど占拠されるようになっていった。彼女たちはそれぞれおしゃれをして友人たちとの交際を楽しんでいた。

男が働き、女が専業主婦であるような家庭では、所得水準が増加するにつれて、男の自由時間は減少するが、女の自由時間は増えていく(7)。ゆとりのある家庭の専業主婦として、彼女たちはこの自由時間を楽しんでいたのである。中流以上の家庭の専業主婦ほど、この時代に生活を楽しんだ人はいない。金に余裕はできたが、時間のない亭主に比べると、彼女たちは金も時間もある、よりリッチな生活をおくることができたからである。

新世代消費者の親たちは、高度成長期から一九七〇年代にかけて家庭を持った者が多い。その男たちの多くを働き蜂にした大きい理由は、教育費負担の増加やマイホームのローン返済の重圧である。七〇年代に入ると、土地価格が給与の上昇率を超えて上昇し始めた。子供が大きくなると、より広い住宅への住み替えも必要になった。マイホームを早く確保しなければ、十分な広さの住宅が

図Ⅵ-4　地価と給与の伸び率の推移

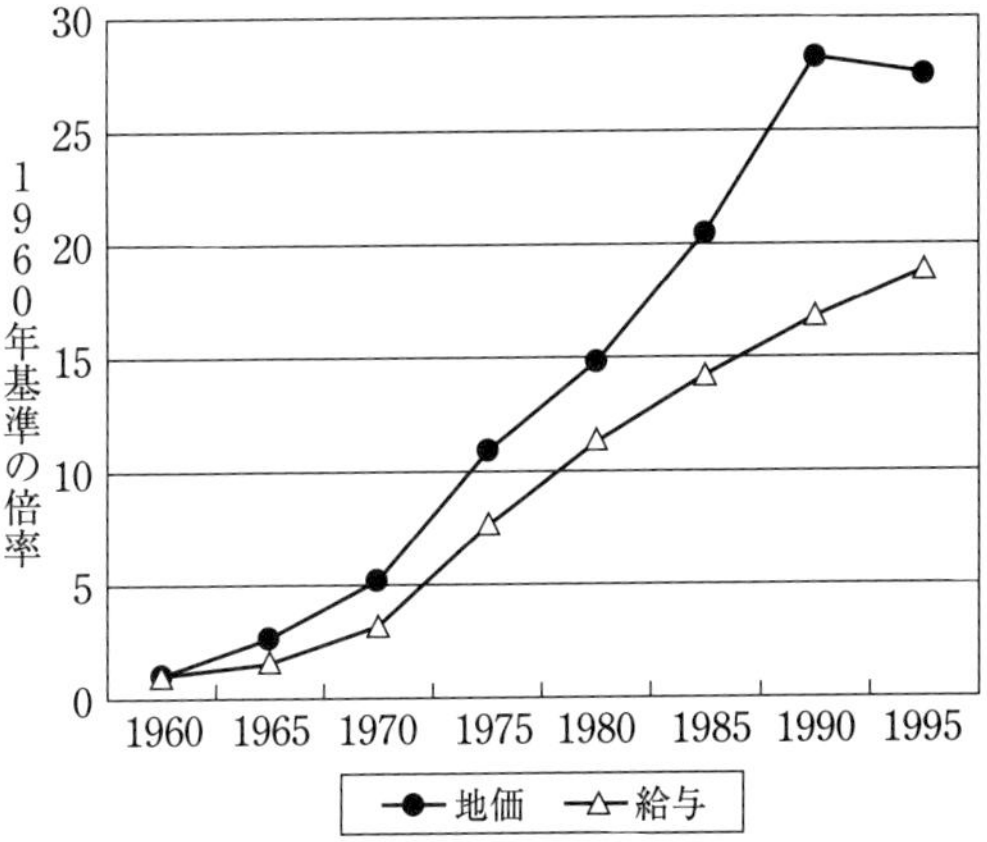

データ源：地価は日本不動産研究所研究部，「市街地価格指数」における住宅地の全国指数。給与は常用労働者月間平均給与額の全産業平均，厚生労働省，「毎月勤労統計調査」。

持てなくなる。こうして多くの人が年々ますます無理をしてマイホームの確保に乗り出していた。このローン返済を済ますためには、働き蜂に徹して収入を増やすことに専心しなければならなかった。

かれらは残業、同輩とのつきあい、あるいは得意先の接待などで夜遅くに帰宅した。さらに子供の塾通い、妻のパートなどが重なって、家族団らんの重要な機会である夕食時でも、家族全員が揃うことは少なくなった。一九八〇（昭和五五）年に行われた調査(8)によれば、第一子が小学生以上の家庭の半分以上は、家族全員が揃う夕食が週に三回以下になっていた。家庭の食事は、家族揃っての会食から、家族各人の個食化への兆しをみせていた。

男たちの中には妻と子供の冷たい視線を背中に浴びながら、日曜、祭日でも接待ゴルフに出かける者もいた。少し贅沢な個人消費と言えば、このゴルフ用品やネクタイ、ライター、筆記用具、バッグのブランドものぐらいであった。ローン返済がたいへんな三〇・四〇代では、「亭主元気で留守がよい」などと言われながらも、猛烈に働いた男たちの多くは五〇歳前後になると窓際族になり、やがて定年を迎える。

「男」の役割を終えて、定年後に父として家庭に帰ろうとしても、子供たちはすでに巣立っていた。夫として帰ろうとしても、妻は女として趣味や友達たちとの社会的交際の世界で羽ばたいていた。あえて夫と妻の関係に戻ろうとすれば、まとわりつく「濡れ落ち葉」としていやがられた。何もせずに家の中でごろごろしておれば、「粗大ゴミ」とまで言われた。子供と妻が消費者として個人的に主体化した時代に、働き蜂の多くの男たちだけが家の中にも場所がなく、取り残されていった。

このような事情を背景に、一九八〇年代に中年男性の間に書斎願望が急速に高まった(9)。それは家庭に居場所を確保して、父権・夫権を復活させたいと願う中年以上の男たちの切なる叫びであった。しかし、それを実現できた男たちは数少ない。定年後に多くの男たちの趣味の上位を占めるようになったのは園芸である。太陽と水と肥料をやれば、草花はかならず花が咲く。園芸に凝るのは、そうならなかった多くの男たちの生活歴の裏返しであろうか。「生まれたときが悪いのか、それとも俺が悪いのか」。消費社会の成熟の中で、一九六〇年代後半の流行歌「昭和ブルース」の一節を口ずさみたくなった男の数は少なくはない。

こうして、一九七〇年代から八〇年代にかけて、家族は消費の基本単位としては次第に分解し始めていた。

2　成熟消費の主要指向

ブランド指向の誕生

一九六〇年代の後半から七〇年代にかけて、新世代の消費者が年々増えていった。かれらは自由裁量所得、快楽主義的欲望、そして商品選択の自由をもって主体化した。しかし、かれらの多くは、主体化の条件を統合して直ちに個人消費者として行動することはできなかった。それは、口もまだきけず、身体の各部分を自由に統制できないで、本源的な欲望に従い支離滅裂に行動する幼児に似ていた。「私は誰なの」、「私は他の人とどう違うの」といったアイデンティティ（同一性）を、幼児が自分で確認できないように、主体化したばかりの消費者もその個性・同一性を消費活動にどう表現するかがわからなかった。

幼児は鏡をみて喜ぶ。そこに支離滅裂ではない統合された統一体としての自分の全体像をみるからである。精神分析者ラカンは、幼児が初めて自己を確認し形成する段階を鏡像段階と名付けた(10)。主体化したばかりの多くの新世代消費者も、消費者としてはいわばこの鏡像段階にあった。内面的にまだ未統一な幼児が、鏡によってアイデンティティを獲得するように、主体化したばかりの消費者もその自己像を映す鏡が必要であった。その鏡になったのが、かれらを取り巻く他の若者たちである。他の若者たちの消費活動の中に自分を位置づけ、それとの類似性あるいは差異をみることによって、アイデンティティを形成しようとした。しかし、かれらの〈私〉探しゲームは、強烈な自我追求ではなく、同じような気の置けない仲間を捜し求めるゲームであった(11)。

他者が何者であり、また自分が何者であるのか。それを伝えるもっとも効率的な媒体は、衣服を始めとする装いである。歴史を振り返れば、衣服は貧富・貴賤など階級・身分・富裕度を示す伝達手段として使われてきた(12)。しかし、戦後の民主化や高度成長によって、社会には身分・階級はなくなり、一億総中流化していた。

この社会で若者たちは、装いを自分の趣味・嗜好を伝える媒体として使った。貧富・貴賤に比べると、趣味・嗜好は移ろいやすい。まだそれらを確立する過程にある若者の場合はとくにそうである。さらにそれを市場機会として捉えるファッション・マーケターの動きがその変化を増幅する。

実際に、一九六〇年代後半から七〇・八〇年代にかけての若者ファッションほど変化の激しいものはなかった。若干の例を挙げれば、六〇年代の後半、新世代消費者の先発グループは、ジーンズやミニスカートによって、年上の世代に反抗の狼煙を上げた。七〇年代も中頃になると、ファッション・トレンドは分岐し始める。

神戸はわが国でも有数の富裕層居住地を後背地に持っている。ここで発祥したニュートラは、その装いの中心にヴィトン、フェンディ、セリーヌなど海外有名ブランドを取り入れ、良家の子女を演出した。それに続いた横浜のハマトラでは、横浜元町有名ショップ、フクゾーの服、キタムラのバッグ、ミハマの靴など、いわばマイナー・ブランドを身につけた。顧客規模は大きくはないが、知る人ぞ知るショップ・ブランドである。雑誌「JJ」はニュートラ、ハマトラの情報発信基地であり、若者たちはそれを通じて種々なブランドの存在を知った。

一九七〇年代後半になると、ヘビーデューティ、サーファーと呼ばれるトレンドが現れた。このトレンドでは、スポーツ用に開発された衣服、履物などをタウン・ユースにすることが特徴であった。テニスやバスケット用のシューズ、スポーツウェア、冬山登山用の外衣などで街を歩く。今ではどこでもみかける風景がここに生まれた。これらのトレンドは雑誌「ポパイ」を情報発信基地にして、カジュアル・ファッションの領域を拡げていった。また受験戦争から落ちこぼれた十代の若者が、異様なファッションで街に登場した。なかでも「ブティック竹の子」の奇抜なハーレムスーツを着て、原宿歩行者天国で踊り狂った竹の子族が有名である。

竹の子族

一九八〇年代になると、波静かな海面のような時代の気分を反映して、若者たちのこのような傾向はさらに倍加される。その主役は大学生だった。短大を含む大学生数は、七〇（昭和四五）年には一六七万人であった。それが八〇年には二二一万人、九〇年には二六一万人に増えた。経済が安定していたこの時代、大学生の就職難はほとんどなく、逆に企業側を選別する時代であった。

大学に入ってしまえば、親たちも文句を言わなくなった。親たちは大卒であれば、かなりの社会的地位が保証される時代に生まれ育った。大学進学率が高まり、時代が変化していることに気づかなかったのだろうか。一九六〇年代末の学園紛争以降、大学では必修科目など修学への拘束も少なくなっていた。勉強しなくても就職先に困らないため、学生は遊び金を稼ぐためアルバイトに精を出し始めていた。大学は学舎からレジャーランドと化しつつあった。

学生たちは雑誌JJやポパイの情報にもとづき、ますますブランドにこり始めた。男はポロシャツやゴルフパンツにブランドのワンポイントがついたものを着用した。女は海外有名ブランドのバッグ、アクセサリー、衣服を身につけ始めた。円高が進行していたので、学生も海外旅行ができるようになっていた。彼女たちは海外でヴィトンなど有名ブティックの前に行列してブランドを買いあさった。このような有名ブランドを身につけて登校したので、当時フランスから留学してきた女子学生が、「先生、日本の大学では毎日パーティがあるのですか」と皮肉を言うほどであった。

かれらはブランドによってそのアイデンティティの差異化を追求すると同時に、自己の鏡としての同調者を求めた。それは一つの矛盾であった。差異化の同調者が増えれば、差異化そのものがなくなっていったからである。それが次の差異化への動きを引き起こした。田中康夫のベストセラー小説「何となくクリスタル」(13)は、大人たちがほとんど知らないようなブランドに取り巻かれた、若者のけだるい日常生活を描いている。ブランド多様化の極限は、一九八〇年代における多様なDC（デザイナー&キャラクター）ブランドの隆盛である。多くのデザイナーがその個性をブランドに表現しようとしたものであった。

矛盾を動因としたこの動態が生み出したものは、ブランドの個性化、多様化、短サイクル化である。消費市場は多様な市場細分に断片化した。流行トレンドは、川のよどみに浮かぶ泡沫のように、現れては消え、合わさっては離れることを繰り返していた。

ブランドを身につけた多くの若者たちが街にあふれる。それは大人たちにとっても一つの社会的圧力になっていった。まさしく、数は力なりである。それまでは富裕層に限られていた海外有名ブランドを、多くの大人たちも求めるようになった。男はネクタイ、腕時計、ライター、文具、コート、スポーツ用品、酒などにそれを求めた。女もバッグ、時計、装身具、スカーフ、セーター、靴、化粧品などを求めた。その入手先は海外旅行に際しての免税店利用である。香港、シンガポール、ホノルル、ロサンジェルス、ロンドン、パリ、アムステルダムなどの免税店は日本人であふれかえっていた。

ブランド指向の高まりによって、新しい消費関係が生まれた。それはブランド忠誠による消費者と特定マーケターの安定的な関係である。消費者が特定ブランドに固執し、繰り返してそれを購買するとき、ブランド忠誠が生まれる。それが高まれは、マーケターはより高い価格を設定して価格プレミアムを取ることができる。また忠誠客を維持する費用は新規顧客の獲得費用よりも安い。安定成長の下で消費市場がそれほど拡大しなくなると、多くのマーケターがブランド・マーケティングのこの特徴に着目した。

ブランドを構築して忠誠顧客を作ろうとするマーケターは、ほとんどあらゆる製品カテゴリーに広がった。しかし、これらのブランドは同じくブランドと言っても、シャネル、エルメス、グッチ、ヴィトン、ローレックスといった海外有名ブランド、つまりブランドものとは異なっていた。海外有名ブランドは、最高級の材料を使い、卓越したデザイナーの仕様書に基づき、自工房でいわば手作り的に作る。そのため、きわめて高価格である。ブランド・マークやロゴはそれらを象徴するものであった。

多くの製品に拡がったブランドも、同じように名前、マーク、ロゴなどを持っている。しかし、それらは大量生産品である。しかも、下請け工場などでも作らせ、たんにマークをつけているに過ぎない。競合品とは違うと言っても、その差異はわずかである。しかもその差異を「良い―悪い」よりも、消費者の嗜好やライフスタイルにもとづく「好き―嫌い」に置き、それを広告によってイメージ的に創り上げようとする。

海外有名ブランドをA級ブランドとすれば、これらはB級ブランドである。あるいは、「良い―悪い」の垂直軸で圧倒的な品質格差をつける海外有名ブランドを垂直型ブランドと呼ぶとすれば、「好き―嫌い」にもとづく、B級ブランドは水平型ブランドとも呼べよう。たしかに、商品の購買にさいして、この種のB級あるいは水平型ブランドでも、それを意識する消費者が増えた。

しかし、商品の差別化基盤が弱いので、すぐに競争者の模倣による追随を受け、その差別性は急速に退化した。ファッションの領域と同じように、ブランドはますます多様化し、その入れ替わりが激しく短サイクル化していった。マーケターはマイクロ・エレクトニクス技術によって柔軟な生産・流通体制を組み、それに対応しようとした。

ブランド構築に成功した製品カテゴリーは、ファッション関連を除けば、自動車、スポーツ用品ぐらいであった。家電、医薬・化粧品、日用雑貨、加工食品の領域では、トップ・ブランドを除けば、ほとんどのブランドは強力なブランド忠誠を構築できなかった。また、これらの領域ではたとえブランドを構築しても、次第に価格プレミアムを取れなくなった。消費者がそれらを特売価格やディスカウンターなどの割引価格で購入しようとしたからである。

サービス指向

一九七〇（昭和四五）年から九〇（平成二）年にかけて、サービス経済化がさらに進行した。就業者数の比率からみると、第三次（サービス）産業の比率は、四七％（七〇年）から五九％（九〇年）に増加した。この間、第二次（製造業）産業の比率は三五％前後で一定であった。サービス経済化は第一次（農林水産）産業の比率を低下させることによって進行したのである。サービス経済化の動きの中で、消費者もモノよりサービスをより求めるようになったと言われてきた。しかし、その

図Ⅵ-5　消費支出の増加倍率（1990年／1970年）の10大費目

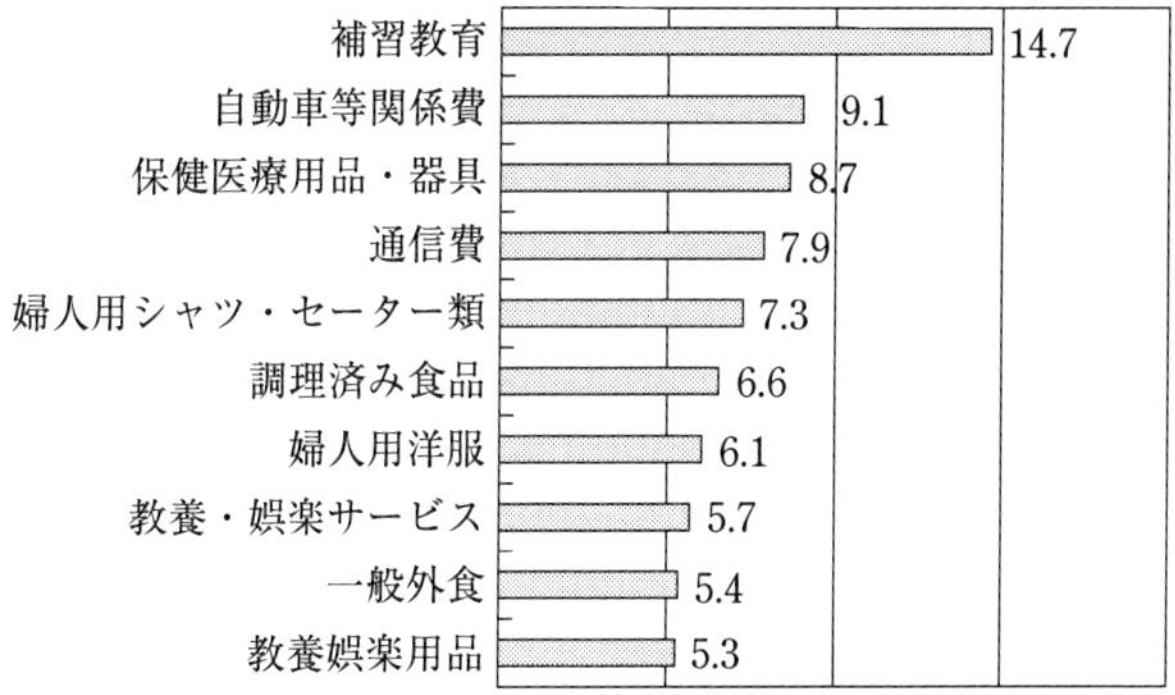

（注）光熱費など公共料金を除く。
データ源：上記年度「家計調査年報」。

内容はどのようなものだろうか。

これをみるため、商品やサービスについての、一世帯当たり年平均一ヶ月間の支出に注目しよう。一九七〇年を基準にした九〇年の倍率で、上位一〇位までの費目を取り出してみると、図Ⅵ-5のようになる。トップは学習塾通いなど補習教育の一四・七倍であり、第一〇位は教養娯楽用品の五・三倍である。この二〇年間で、一世帯当たり年平均一ヶ月間支出の増加倍率は三・九倍であったから、これらの一〇大費目は各家庭で、とくにその比重を増加させた費目である。

これらの一〇大費目は、消費社会の成熟につれて芽生え、大きく増大し始めた消費指向を反映している。その指向は子供への補修教育、家族の教養・娯楽の向上、健康、食生活の合理化、流行化、社会的交際やモビリティの拡大など、一口で言えば「生活の質」向上を目指す指向であった。

それまでの商品世界を前提にすれば、この種の指向はモノだけで満たすことはできなかった。モノではなく、多くのサービスを必要とした。たとえば、子供の補修教育には家庭教師、娯楽には映画館、娯楽施設など、健康にはスポーツジムや医療施設、交際には人との面談のための移動、モビリティにはタクシーや公共交通機関による移動などが必要であった。第三次産業の就業者の増加は、このサービスへの需要が拡大していったことを物語っている。

しかし、一般にサービス産業は労働集約的であり生産性が低い。需要が高まるとサービス価格は上昇していく。この問題を解決し、需要の高まりに対応するため、マーケターは一九七〇年代から八〇年代にサービスを工業化(14)して、サービス商品についての二つの主要な革新を行った。図VI-5の主要費目のほとんどは、これらの革新製品への需要であった。例外は「婦人用シャツ・セーター類」、「婦人用洋服」だけである。これらの高倍率は、女性におけるファッション志向の高まりだけでなく、彼女たちの就業率の高まりや社会的交際範囲が拡がったことが進んだことを示すものである。

ハード・テクノロジーによるサービス革新

第一のサービス革新は、ハード・テクノロジーによるものである。人間がサービス作業をやる代わりに、機械・人工物などのモノ商品を使う方法である。図VI-5における自動車、保険医療用品・器具、通信費、調理食品、教養・娯楽用品などがこれに入る。

乗用車があれば、公共交通サービスに頼ることなく、モビリティを自由な方向に拡大できる。自動車関連の高い倍率は、乗用車が各家庭に急速に普及したことによる。一九七〇（昭和四五）年にその普及率は二二・一％であったが、その後五七・二％（八〇年）、七七・三％（九〇年）に上昇した(15)。それは都市では郊外化によって、また農村では人口減によって、車がなければ通勤、通院、買物などが不便になったことに対応しようとした結果である。

「保険医療用品・器具」の倍率が高いのは、高齢化が徐々に進行し始め、人々の健康指向が高まったことを示している。これらの商品を使えば、医療・健康サービスの一部を代替できる。通信費は主として電話代である。中高年の男は五分間でも長電話と思うが、三〇分間でも長電話と考えない女性や若者が増えた。電話が面談の代わりに使われるようになった。「教養・娯楽用品」は、文房具、運動用品類、テレビゲームや他の玩具を含む。これらのうちとくにゲーム類は家庭を娯楽場に変えた。

ハード・テクノロジーの中でおそらくもっとも消費生活を変えたのは調理済み食品である。すぐ食べられる料理物は、食品素材と料理作業の産物である。調理済み食品はこの料理作業というサービスをモノに変えた。一九七〇年代に、カップヌードル、シチュー、ミートソース、ぜんざい、赤飯など、インスタント食品が多くの分野に広がった。とくに製品として進化したのは即席麺である。スープ味が多様化し、具の種類が増えた。七四（昭和四九）年には国民一人当たり年間四〇食を食べるようになり、その売上は年間二、〇〇〇億円に上った。即席麺が五八（昭和三三）年に市場導入されて以来、この年まで三〇〇倍の成長であり、年率四〇％の高率で成長したことになる。

さらに、電子レンジの普及が種々なレンジ用調理食品などを生み出した。電子レンジは一九七〇年代から普及し始めたが、八〇年には三三・六％、九〇年には六九・七％にまでその普及率を高めた(16)。大型冷蔵庫、インスタント食品、レンジ用調理済み食品、そして電子レンジがあれば、家庭はいつでも個食に対応できるようになった。レンジ用調理済み食品はたんに副食だけでなく主食のインスタント化を加速した。図VI-5の調理済み食品の倍率は六・六倍であるが、主食用調理済み食品に限ると、一三倍という驚異的な成長倍率になる。

これらの調理済み食品の消費が急拡大した背景には、マーケター側の技術革新だけでなく消費者側の種々な要因がある。標準的な核家族で食事が個食化し、主婦がパートや社会的交際で多忙になったこと、また高齢化・晩婚化などによって単身世帯が増加したことである。

一九六〇（昭和三五）年には、世帯の一九・三％が単身世帯であった。しかし、単身世帯は二四・八％（八〇年）、三〇・一％（九〇年）と着実に増加していった(17)。単身世帯では、男でも自分で調理して食生活を維持しなければならない。調理済み食品は、食材から料理する場合に出る食材の無駄を省いた。それは、男の調理能力の不足を補う一方で、女の調理能力を低下させた。

ソフト・テクノロジーによるサービス革新

第二のサービス革新は、ソフト・テクノロジーによるものである。この技術ではサービス要員は組織的に予め計画されたシステムに組み込まれる。図VI-5では、「補習教育」、「教養・娯楽サービス」、「一般外食」などの費目がこれに入る。

補習教育は、中学・高校・大学の受験のための学習塾での教育である。これらの学習塾は入試問題の傾向分析、教材の標準化、受験校別・能力別クラス編成、塾教師の訓練によって、受験勉強をシステム化した。一九七〇（昭和四五）年から九〇（平成二年）年にかけて進学率が高まるにつれ、受験問題も難しくなった。小学生などの勉強は従来は親が面倒をみたが、親も問題が解けなくなった。

ある調査によると、親に対する子供の全幅的信頼は小学校五年頃に崩壊するという。そのきっかけは、親が流水算、旅人算、ニュートン算など特殊算の問題を解けなくなるからだ。また、とくに公立学校における教育内容が低下するにつれて、受験塾は急成長した。とくに、一九八〇年から「ゆとり教育」が実施されると、学習塾への需要は一気に高まった。

国の文教政策は、受験産業の育成にはきわめて効果的であった。しかし、親にとっては、教育費を直接にあるいは税金のかたちで二重に支払わねばならなくなった。また、多くの子供が小学生から学校と塾の二重の学習を強いられた。よく遊びよく学ぶ子供たちが街から消えた。

かつての固定的身分制度に守られた上流階級とは異なり、ほとんどの中流家庭では、子供が十分に生活していける財産や安定した社会的地位を親が残せない。親が子供にしてやれることは、将来に子供が安定した、より上位の社会的地位を得るための基盤になる教育だけである。こうして社会全体の中流化が進めば進むほど、教育競争が過熱する。それは家族の世代にまたがる競争になる。補習教育費の倍率が消費費目の中でトップになったことは、親の教育費負担が急速に増加していったことを物語る。

とくに年齢層別にみると、教育費負担は三〇代から四〇代にかけて大きくなる。さらにこの年齢層では住宅を取得する人が多いので、ローン返済の負担がある。もともとこの年齢層の核家族では、子供が毎年大きくなり、衣料費や食料費もそれにつれて増えていく。さらに住宅ローン返済だけでなく、教育費負担が重なれば、その消費生活を支える自由裁量所得は急激に減少することになる。

世帯主の収入がこれらの負担増に見合うだけ上がればよいが、そうでない場合には妻も働きに出る。それでも足りない場合には、生活を切り詰めねばならなくなる。外見的には華やかにみえた一九七〇年代からの成熟消費も、とくに社会の中核になるべき三〇代、四〇代の世代には、生活地獄への途を用意しつつあった。

そのすぐ下の世代から晩婚化・少子化が始まったのは、核家族形成に伴うすぐ上の世代の生活苦をみていたからではないだろうか。男は結婚して妻子をかかえれば、その収入によって豊かな生活を将来も安定しておくれるかどうかに不安を感じ始めた。他方で女は、結婚して亭主・子供のために生きるべきか、それともひとりで永遠に女として生きるべきか。とくに婚期を控えた女にとって、この問題がハムレット的悩みになり始めた。

「教養・娯楽サービス」は、サービス指向であるとともに、非日常体験指向を表している。教養・娯楽サービスという費目は、旅行費用、教養・文化の習い事の月謝、そして他の教養娯楽サービス、つまり映画、演劇、文化施設入館料など含んでいる。大きさからみると、旅行費用と他の教養娯楽サービスが、教養・娯楽費の大部分を占めた。

映画、演劇、文化施設などは、一日に何時間あるいは一週間に一日単位で行われる余暇活動である。それはいわば仕事や家事作業の勤労意欲を再生産するかたちのリクリエーション型の余暇である。一九八〇（昭和五五）年頃より週休二日制が導入されたので、この種の余暇活動が広がった。人々は日常の雑事を忘れ、休日を楽しみ明日への勤労意欲を高めるようになった。

しかし、余暇活動としてこの時代に生じた最大の変化は旅行、とくに海外旅行である。一九七〇（昭和四五）年には海外旅行者数は年間六六万人に過ぎなかった。一九八〇年になると、それは三九一万人に増え、さらに九〇年には一、一〇〇万人にまで増加した(18)。この背景には、円高の進行による旅行費用の低下がある。七〇年に一ドル三六〇円であったが、八〇年には二四二円になった。一九八五年先進国は米国の貿易・財政赤字を解消するため、協調的なドル安をはかることを認めた。このプラザ合意以降、円高は歯止めを失って、九〇年には一ドル一五〇円まで下がった。この円高傾向は今日まで続いている。

さらに、マーケターは外国語が話せなくても、海外旅行ができる種々なパック商品を開発した。日本人のほとんどが海外旅行経験を持つようになっていった。海外旅行の経験を重ねるにつれて、団体旅行よりも個人旅行を好む人の割合が増加していった。訪問先も地球上の各地に広がり始めた。現在でも海外旅行は消費者がもっともお金を使いたいと考える領域である(19)。この傾向はとくに一九八〇年代に生まれた。

海外旅行は年に何日という単位で行われる長期間の余暇である。消費者は多様な目的で海外旅行に出かける。異文化との接触、名所旧跡めぐり、グルメやブランド・ショッピング、入学記念や結婚記念日の家庭イベントなど、実に多様である。動機は多様であるにもかかわらず、日常生活からの脱出という点では同じである。

日常生活から脱出し、異境の地で喜び、出会い、感動し、ファンタジーを体験して、生活時間そのものを楽しんでいる。海外旅行の盛行は、余暇活動がリクリエーションのように労働力の再生産よりもむしろ、生活時間そのものを楽しむ余暇に変わり出したことを示している。

ウォルト・ディズニー社は、米国の余暇が一日に何時間という単位であった時代には、映画を主力事業にしていた。週末利用など一週、何日へ余暇単位が拡大すると、ディズニー・ランドをつくった。さらに、年に何週へと余暇単位が移行すると、フロリダのオーランドに長期滞在型のディズニー・ワールドをつくった。日本人の海外旅行が増えたとは言え、まだこの長期滞在型にまでには至っていなかった。

外食指向

外食費の急増も、一九七〇年代から八〇年代にかけての食生活の激しい変化の主要局面を示している。六〇年代には、外食は主として法人需要であり、休日などに家族がそろって外食している風景などはほとんどみられなかった。普通の消費者が外食する機会は、旅行に出かけたとき以外はほとんどなかった。七〇年代の前半でも、売上高からみた外食の大手は「日本食堂」、「ニュートーキョー」、「養老の滝」などであったことがこれを示している。

しかし、一九八四（昭和五九）年になると、外食の大手はマクドナルド、すかいらーくグループ、小僧ずし、ほっかほっか亭、ロイヤル（洋食）、ケンタッキー・フライドチキンなどに変わっていた。これらの新興外食産業は、外食産業を工業化することに成功した。そのシステムは、食品加工工場のような集中調理施設、標準化された店舗のチェーン展開、物流システム、サービス・マニュアルの整備などによって支えられていた。これらは、家庭の伝統的な料理生産機能もソフト・テクノロジーによって外部化し始めたことを示している。

ファースト・フード店は、子供、若者、忙しい主婦などを対象にした。これによって簡単に食事をとれるようになった。しかし、食生活文化には大変化が生じた。たとえば、弁当は大人たちにとっては家で作って外で食べるものであった。子供たちにとっては外で作ったものを家で食べるものに変化した。ファミリーレストランは、核家族を対象として、家族団らんの機会を外部化するとともに、主婦につかの間のくつろぎの時間を与えた。またグルメ型レストランは若いカップルや社用族の食事の場所となった。

主要飲食店数の推移をみると、図VI-6に示すように、食堂・レストランの店数は一九六〇年代の後半から急速に伸び出している。それはサービスの工業化に成功しなかった旧来の料亭やそば・うどん店が停滞しているのと対照的である。図はさらに、七〇年から八〇年代にかけて喫茶店や歓楽型飲み屋（バー・キャバレー・ナイトクラブ、酒場・ビアホール）が急速に増えたことを示している。喫茶店の急増は若者や専業主婦など昼間の流動人口の増加を示している。

それと同じように、一九七〇年代中頃からの歓楽型飲み屋、とくにバー・キャバレー・ナイトク

図Ⅵ-6　主要飲食店の店舗数の推移

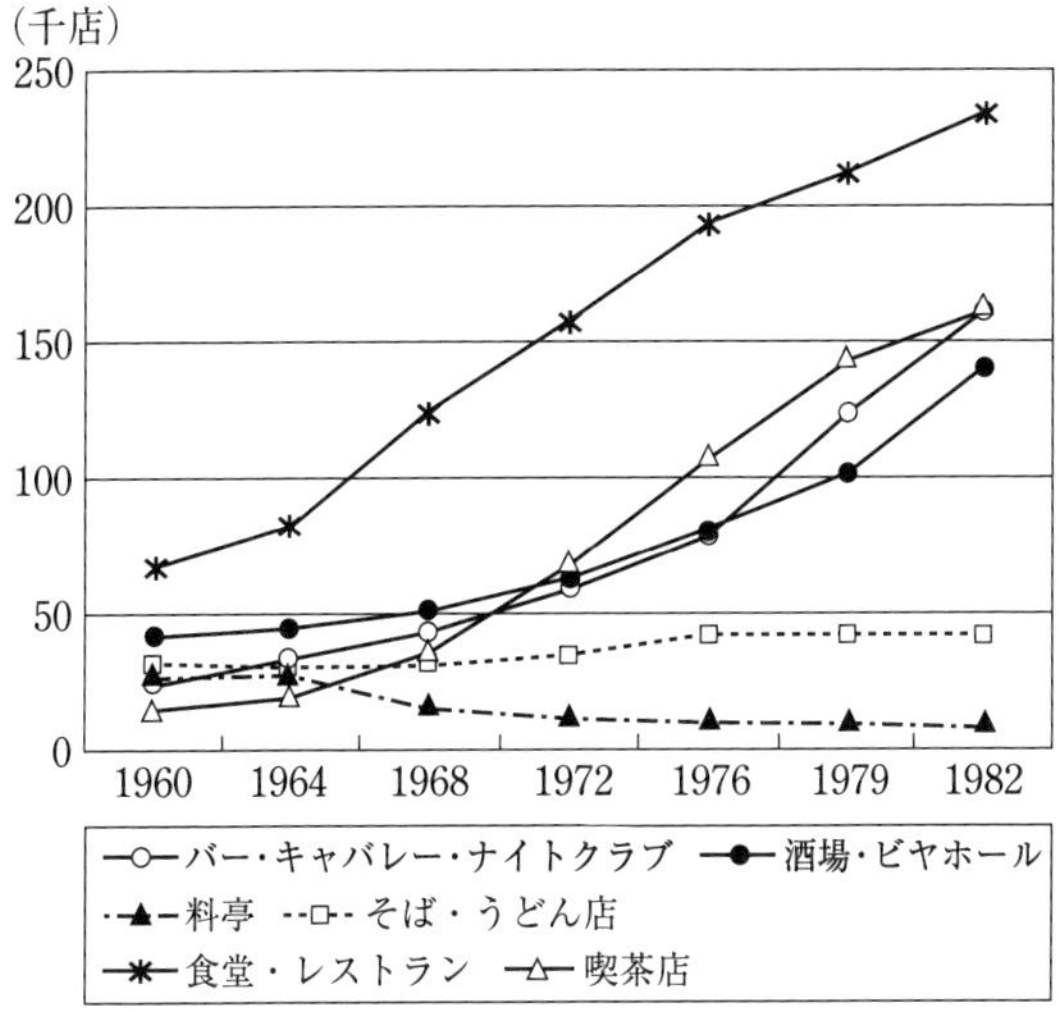

データ源：「商業統計表」，82年より後は調査なし。

ラブの急増が印象的である。この頃から八〇年代にかけて、日本の主要都市には明け方までネオンが消えない不夜城地区ができた。北から言えば、札幌のすすきの、東京の銀座、名古屋の女子大小路、大阪の北新地、広島の流川、小倉の紺屋町、博多の中州などである。深夜一二時を過ぎても、街は酔客たちであふれかえり、タクシー乗場には長蛇の行列ができていた。

　主要な客は中高年の男たちであった。そこは働き蜂の唯一の休息所であり、息抜きの場所であった。かれらには元禄の浮世消費の血が騒いでいた。一流クラブでは、シャネルなど一流ブランドで着飾った、選りすぐりの美女をそろえ、かれらを歓待した。市価の何倍もの価格のついた洋酒などを飲みながら、一時の会話を楽しんだ。そして数時間の歓楽のために高額の金を支払った。

しかし、かれらのほとんどは自分のポケットマネーで飲んだわけではない。かれらの小遣いは妻に管理され、少額であった。自分の金で飲むのは医者か弁護士ぐらいであった。多くの男たちは会社の交際費・接待費を使って飲んだ。当時の多くの企業文化から言えば、接待費の半分は自社の社員の慰労費であった。具体的には、接待客数を上回る頭数で陪席しご相伴にあずかったのである。接待費は中高年の男たちにとって一種の付加給付のごときものであった。

やがてこの浮世消費の饗宴に若者たちも加わった。場所はディスコである。若いカップルなどは、先端ファッションを身につけ、大音響の中で踊り狂っていた。一九八〇年代も末になると、お立ち台ができ、そこでボディコン衣裳を身につけた女性が踊り、会場をリードした。

このような歓楽街の夜の風景からみれば、とくに一九八〇年代は至福の時代であるようにみえた。しかし、九〇年代初頭のバブル崩壊を念頭に置けば、それはまさにグスタフ・クリムトが描いた「接吻」の世界であった。この名画は、断崖の縁に立っていることも知らずに、華やかな衣裳をまとい、接吻を交わしながら恍惚の境地にある男女を描いている。絶頂期にあっても、いつ転落するかわからない。断崖はその不安や可能性を示唆している。

買物利便性指向

豊かな生活をおくるには、種々な商品の買物が必要になる。耐久消費財やブランドものなど、贅沢品の買物はその頻度も少なく、買物の過程それ自体も楽しめるので、消費者にとってたいした負担ではない。たいへんなのは、食品を始めとする日常生活品の買物である。少なくとも一九六〇年代の中頃まで、多くの消費者、とくに主婦はこの種の買物先として商店街や市場を選び、ほぼ毎日のように出かけた。

しかし、一九七〇年代以降になると、この買物パターンに大きい変化が現れた。消費者は新しいかたちの買物利便性を強く求めるようになっていった。マーケターの側からみると、この変化を引き起こしたきっかけは、郊外型のショッピング・センター（SC）の急速な発展である。SCは、各店舗を中心に数十の専門店を配した計画型の買物施設である。六九年以前では、SCは一六九ヵ所に開設されていた。この種の施設の大半は、大都市圏の非隣接都市の駅前や商店街に併設したショッピング・ビルのかたちで作られた。

一九七〇年代以降になると、SCの開設数が急増し始める。七〇年代には、六四九ヵ所にSCが開設され、八〇年代にその開設数は七〇六ヵ所に増えた。その立地場所の多くは、人口の郊外化に対応して、商店街など既存の商業集積を離れた場所になっていった。これらのSCの平均売場面積は、七〇年代は約一三、〇〇〇㎡、八〇年代は約一二、〇〇〇㎡である(20)。八〇年代に低下しているのは、この時代に大規模小売店舗法による大型店規制(21)によって、売場面積が削減されたためである。

SCの売場面積のうち五、〇〇〇㎡前後をスーパーが占め、残りを四〇から五〇の専門店が占めるというのが標準的な売場配置であった。さらに、多くのSCが広い公共空間と十分な駐車場を併設するようになっていった。日常生活用品が一ヵ所で買えるというワンストップ・ショッピングをSCは売り物にした。その主要な顧客層は子供をかかえた郊外居住の三〇代から四〇代のファミリー層であった。

SC開設数が急増したということは、この時代に消費者がSCの登場を喝采を持って迎えたことを示している。消費者は何に喝采したのだろうか。

この年代の主婦は育児、共稼ぎ、あるいは社会的交際のためにきわめて多忙であった。SCには車でアクセスでき、しかも種々な日用品が一ヵ所でそろう。さらに、SCはファースト・フードやファミリー・レストランなどの飲食店、子供の遊技場などを併設したから、休日でのファミリー・ショッピングには最適の場所であった。SCは彼女たちにいわば総合的な利便性を提供した。彼女たちはこの総合的利便性によって、買物時間を大幅に節約でき、生活を合理化できることに喝采したのである。

一九七〇年代から都市の中心部でも、同じように利便性を売り物にする新しい店舗が誕生した。その典型はこの業界を先導したセブン-イレブンの急成長にみられる。七四（昭和四九）年に一号店を出した同社の店舗数は、八〇（昭和五五）年には一、〇〇〇店を超え、九〇（平成二）年には四、〇〇〇店に達した。同社の成功をみて多くの追随者が出た。全国のコンビニ数は八〇年には推計で一一、七〇〇店となり、九〇年には三九、六一四店にまで達している(22)。こうして全国のどの都市に行っても、コンビニがみられるようになった。

コンビニエンス・ストア（コンビニ）である。コンビニの急成長は、七〇年代の中頃から始まった。

コンビニはそれまで近隣商店街などで多くの店舗に分散して売られていた商品を、一店内に効率的に品揃えした。コンビニが扱った商品はそれまで、食料品店、菓子屋、日用雑貨店、文具店、本屋、医薬・化粧品店などで分散的に扱われていた商品である。コンビニは最寄り品で購買頻度の高いものを品揃えに集めたのである。また、次々に登場するインスタント食品や缶入り飲料の新製品を店頭に並べた。さらに、弁当や各種のサービス商品を取りそろえていった。

このような最寄り品の品揃えを提供するだけでなく、コンビニは稠密に立地してアクセスの便宜性と二四時間営業による時間上の便宜性を付け加えた。大型店の夜間営業時間が大規模小売店舗法によって規制され、商店街の多くが店を早く閉めるようになった時代、夜間市場はコンビニの独占市場になっていった。これらの立地、時間、最寄り品の総合的利便性が若者や単身世帯の喝采を浴びたのである。これらの人たちにとっては、コンビニは個人の冷蔵庫あるいは商品保管場所と同じような機能も果たした。

このようなＳＣやコンビニの発展は、一九七〇年代から八〇年代にかけて、日用品買物に関する総合的利便性を求める消費者が急速に増えていったことを示している。

3　消費者意識の変化

権利意識の高まり

安定成長の時代に、多くの人が消費者として主体化して、消費生活を楽しみ出しただけではない。消費者としての意識自体も大きく変わり始めた。これによって、消費社会にも揺らぎが出始めた。

まず、消費者としての権利意識が高まった。消費者の権利の主内容は、安全であること、知らされること、選択できること、意見を反映させることなどである。これは、消費社会がいち早く成熟していた米国で、一九六二（昭和三七）年にケネディ大統領が提唱したものである。この種の権利意識が、日本でも一九七〇年代に多くの消費者に広く普及した。権利意識の高まりは、消費社会の発展を商品世界の拡大によって主導してきたマーケターへの不信の表明でもあった。

このきっかけは、すでに高度成長の過程でその影の部分が次第に目立つようになり、種々な社会的事件を引き起こしていったことにある。森永ヒ素ミルク事件（一九五五年）、サリドマイド事件（一九六二年）、ユリア樹脂食器（一九六六年）、カネミ油症事件（一九六八年）などは、種々な化学物質の安全性についての消費者の関心を高めた。たしかに、多様な新製品を次々に市場に送り出すさい、大量生産・流通を可能にするため、企業は種々な化学物質を多く使用し始めていた。

たとえば、食糧の大量生産に農薬、化学肥料、飼料添加物、抗生物質が使われた。その大量流通のために、保存料、殺菌料、酸化防止剤が添加された。さらに商品を売れやすくするため、着色料や着香料が添加された。これらは食品の安全性への危惧を高めた。衣料品については、防虫、蛍光増白、難燃、柔軟、衛生、ホルマリンなどの加工剤が取り入れられた。これらによってかぶれや発疹の危惧が高まった。

欠陥商品だけでなく、商品の価格設定についても消費者の疑念が高まっていた。とくに技術革新による新製品開発に関しては、企業は巨額投資を要する。それを計画的に回収するため、収益性の管理は不可欠であった。そしてその基礎となったのが価格を維持することであった。一九六〇年代から始まった物価騰貴に関連して、消費者はこの管理価格にも注目し始めた。とくに医薬品、化粧品の再販売価格維持制度や家電製品のヤミ再販維持制度が注目され始めた。

どの加工食品を選んでも、有害添加物が含まれているかもしれない。どのカラーテレビを選択しようとしても、家計予算制約の点から高すぎる。このような選択状況が与えられると、消費者の葛藤が高まる。葛藤とは、いずれの選択肢も受け入れがたく、消費者として意思決定ができない心理状況である。葛藤はまた、いずれの製品が適切であるかの情報が不十分であるときにも生じる。製品の不当表示はかなり以前からあったが、一九六〇年代にはニセ牛缶事件、ジュース成分不当表示事件（六七年）などが起きた。製品の品質表示についての消費者の不信が高まった。

葛藤状況にある消費者は、その問題を市場で解決できない。つまり、適切な売り手・製品を選択するという行動を通じて、不良な売り手・製品を市場から排除できない。あらゆる選択肢が消費者にとって受け入れがたく、またいずれが適切であるかの情報が不十分だからである。消費者としてとれる行動はまず苦情行動であった。

しかし、当時の企業は個々の消費者の苦情に対応する組織体制を持っていなかった。消費者は苦情先を行政に変えた。行政も苦情対応の体制が不十分であり、法体系も錯綜し、消費者というものの存在を十分に認めていなかった。一九六八（昭和四三）年に消費者保護基本法が国および自治体の行政課題を体系づけるため成立したが、それは消費者を保護しなければならないという建前を宣言したものに過ぎなかった。しかし、これ以降、地方行政体に消費者問題の専管課が設置され、各地に消費者センターが設置され始めた。

一九七〇年代の初頭、消費者の四つの権利がほとんど確保されていないことに、多くの消費者が気付き始めた。消費者がその葛藤を解決する方法は、組織された集団行動を取る以外になかった。消費者問題は、消費者の集団行動を組織化せずに解決できない。この主張がコンシューマリズムの本質である。コンシューマリズムの考え方は、マスコミ報道などを通じて急速に広まった。

消費者の集団化には、まずその器としての組織が必要である。種々な消費者団体がその器になった。一九七〇（昭和四五）年には、全国各地に多くの消費者グループが結成された。高度成長期以前には、三四五の団体が設立されていた。高度成長期（一九五五—六九）に設立された団体数は四四八に増えた。ところが、七〇年代にはさらに八四五の団体が設立されほぼ倍増した。八〇年代になると、それは五〇五団体となって低下した(23)。必要な団体が行き渡り始めたのであろう。二〇〇四（平成一六）年時点で二、八〇五の消費者団体があるが、そのうちの七六％が八〇年代の終わりまでに設立されていた。全国の消費者団体はやがて全国的な連携へと発展していった。

次に必要だったのは、このような組織へより多くの消費者を参加させることであった。コンシューマリズムへの個人消費者の参加度にはいくつかの段階がある。それらは、無関心、関心はあるが行動は起こさない、苦情などを個人的に行う、消費者団体の運動に協力する、消費者団体の会員として活動するといった段階である。消費者運動のような大衆運動を盛り上げるには、団体組織だけでなく、それを支えるすそ野の広がりが重要である。

一九七四（昭和四九）年に、衣服、加工食品、家電の購買行動について行われたサーベイ(24)によると、消費者のうち消費者団体の会員は二％に過ぎなかった。しかし、消費者運動に協力したことのある消費者は一八％にのぼった。また、苦情などの個人行動の経験者は二七％、行動は起こしていないが消費者問題に関心を持つ者は三五％もいた。これらを含めると、八割を超える消費者が消費者問題に注目したり行動を起こしていた。すそ野は十分に広がっていたのである。

一九七〇年代の前半は、このコンシューマリズムの炎が燃えさかった時代である(25)。消費者の集団行動は多様なかたちで展開された。まず個々の消費者の購買力を結集した不買運動がある。たとえば、七〇（昭和四五）年にはカラーテレビの国内・国外二重価格問題で、消費者五団体と全国消費者団体連絡会が全国的に連携した。トップメーカーの松下電器の製品ボイコット運動を展開して、低価格でのカラーテレビ新製品発売を約束させた。また、生活学校は六〇年代後半から人口甘味料のズルチンやチクロ、合成殺菌料AF2など有害物質を含む加工食品の添加物の不買・追放運動を継続的に行っていた。

集団行動のもう一つのかたちは、政治的圧力団体として行政に法改正を陳情したり、訴訟することであった。たとえば、一九七三（昭和四八）年に主婦連は東京高裁に公正取引委員会を相手にジュース訴訟を起こした。ジュース表示の公正競争認定に関して、公正取引委員会に不服申し立てをしていたが、申し立て資格を却下されたからである。これ以外にも、食品、薬品、自動車、欠陥住宅、ガス器具などで被害にあった消費者の訴訟が引き続き起こった。

こうした消費者団体の実力行使や、組織化された消費者大衆の反逆は企業や行政を震駭させた。一九七〇年代の半ば以降、多くの企業が消費者窓口を設置し始めた。中には消費者問題担当役員を置くところも出てきた。地方行政体にも消費者行政に力を入れるところが出てきた。たとえば、神戸市は七四（昭和四九）年に神戸市民のくらしを守る条令を制定した。その後、同市と神戸市消費者協会は、消費者問題神戸会議を組織し、ほぼ二〇数年間にわたり、全国から毎年約二、〇〇〇人の消費者問題関係者を集めて、消費者問題を公開討議し、都市レベルでの消費者運動をリードした。

一九八〇年代になると、企業や行政の消費者問題対応組織が整備され、七〇年代初頭のような激しい消費者運動は沈静化した。派手な事件が好きなマスコミは、消費者問題が下火になったと評したがそうではない。七〇年代の消費者運動は、ほとんどの消費者の心に消費者としての権利意識を植え付けた。

企業が消費者の権利を侵害していないかどうか。それを監視する消費者の目は定着した。たとえば、一九八〇年代に定期的に行われた豊中市のサーベイは、この年代を通じて六〇から七〇％の消費者が消費者問題にたえず関心を持ち続けたことを示している(26)。企業や行政が手を抜けば、激しい消費者運動が再び燃え上がる素地は広がった。

自律意識の高まり

安定成長期には、マーケターと消費者の関係にも変化が出始めた。高度成長期には、マーケターの笛に合わせて消費者が踊った。消費者の快楽主義的欲望はより強くなり、耐久消費財を筆頭に、次々に登場する新製品をどん欲に採用していった。生産それ自体が消費者の欲望を創造する、つまり欲望が生産に依存しているという依存効果(27)は強力に働いていた。マーケターとの消費関係で、多くの消費者はいわば他律的に行動していた。

安定成長期に入ると、この関係が変わり始めた。笛吹けど踊らず、といった状態が出始めたのである。とくにこの傾向が顕著になってきたのは、大量生産メーカーの新製品ブランドであった。一九七〇年代以降、これらのメーカーには画期的な新製品が少なくなった。そのため、製品に些細な差異を入れ広告宣伝し、ブランドを確立しようとした。この差別化戦略のねらいは、海外有名ブランドと同じように、ブランド忠誠の育成によって価格プレミアムを取ることであった。

しかし、多くの消費者はこのメーカーのマーケティング戦略に反応しなくなった。一九七四年に行われた一、一九九人の消費者についてのサーベイ(28)によると、多くの消費者がメーカーの新製品導入を懐疑の眼で見始めている。

五七％の消費者は、消費者がいま持っているものをだめだと思い込ませ、買い換えさせるのがねらいであるとみなしていた。六八％の消費者は、値上げをカムフラージュすることにねらいがあるとみていた。また、六九％の消費者は、自動車、家電などにみられる製品のスタイル（型）の変化は、製品の性能変化ほど重要でないと考えていた。

ブランドによる差別化戦略についても、否定的な考え方を示す消費者がいた。四四％の消費者は、よく広告されている有名ブランドは、あまり知られていない品物よりも価格が高いのは当たり前であるとはみなさなかった。つまり有名ブランドが価格プレミアムを取ることを認めなかったのである。また、五八％の消費者は、たいていの製品について、各メーカー間のブランド差異はほとんどないと考えていた。

大量生産品でもそのブランドを成功させるには、海外有名ブランドの場合と同じように、いくつかの条件がある。その中でもっとも基本的なことは、その品質に競争品とは異なる重要な特性があること、その差異を消費者に認めさせること、そしてそれに基づき価格プレミアムを取ることである。

海外有名ブランドのようなA級ブランドと異なり、大量生産品ブランドのようなB級ブランドは、競合品との間に品質上の重要な差異を作り出すことが難しい。こうして、広告宣伝などに一層頼るようになる。しかし、一九七〇年代に多くの消費者がこのようなブランドについては、マーケターの期待通りには行動しなくなった。

一九八〇年代になると、マーケターは分衆化した市場に対応するとして、消費多様化戦略を打ち出した(29)。同じ製品カテゴリーについても多くのブランドが導入され、しかも短サイクルで次々に新しいブランドが導入された。またマイクロ・エレクトロニクスの発展によって、多品目の生産・流通を管理することができるようになっていった。

市場の分衆化は種々な要因によって生じる。消費者の欲求に関して言えば、まず、多くの人々が使うブランドは使いたくないという個性化欲求がある。また、使ったことがないブランドを使ってみたいという変化欲求や同じブランドを何度も使っていると飽きがくるという飽食欲求なども市場の分衆化を発生させる。

しかし、一九八六（昭和六一）年に二、五五〇人の消費者を対象にして行われたサーベイでは、少数の消費者がこの種の欲求を示したに過ぎない。八％の消費者が個性化欲求を示し、二五％の消費者が変化欲求を示した。飽食欲求を示したのは一八％である。消費多様化戦略は消費市場の一部で受け入れられただけである。

一九七〇年代から八〇年代にかけて、消費者は六〇年代のようにマーケターの笛に合わせて踊らなくなった。マーケターとの関係において、革新的な新製品が導入されないかぎり、かなりの数の消費者は自律的に行動するようになっていった。消費社会の発展を支えてきた快楽主義的欲望の膨張に対して、抑止のメカニズムが働き始めたのである。

格差意識の高まり

高度成長期に消費支出の貧富の格差は急速に縮まった。前述のように、各消費者の年間収入を順番に並べて、頭数が同じくなるように五等分してできるクラスは五分位クラスと呼ばれる。各クラスはそれぞれ二〇％の消費者を含んでいる。収入の高い順に、これらのクラスを今までと同じように、「上流」「中の上」「中の中」「中の下」「下流」と呼ぼう。「下流」に対する「上流」の倍率は貧富の帯、つまり格差である。この幅は高度成長期に一気に縮まった。「下流」に対する「上流」の消費支出倍率は一九七〇（昭和四五）年で二・二倍になった。これから、一億総中流化の意識が生まれた。

安定成長期にはこの格差はほぼそのままで九〇年度まで安定的に推移した。それにもかかわらず、安定成長期には一億総中流化の意識にも陰りがみえ始めたと言われる(30)。社会のすべての人が必ずしも豊かな消費生活を楽しめなくなってきたからである。どこに格差が生まれてきたのだろうか。表VI-2に要約された消費生活にかかわる主要な指標によってみていこう。

消費生活の内容に立ち入ってみると、安定成長期に格差が安定あるいは縮小したいくつかの項目がある。可処分所得については格差はほとんど広がらなかった。食生活にかかわる費目についても

表VI-2　所得（年間収入）階級「下流」に対する「上流」の倍率（全国勤労者世帯）

	年度			
	1960	1970	1980	1990
可処分所得	4.5	2.5	2.4	2.5
金融資産純増	*	4.0	6.1	3.9
消費支出	3.0	2.2	2.1	2.2
消費支出項目：				
主　食	1.4	1.3	1.3	1.4
副食品	2.0	1.6	1.5	1.6
し好食品	2.4	1.5	1.4	1.5
外　食	3.4	2.0	1.7	1.9
家賃・地代	1.2	0.7	0.4	0.3
光熱・水道	2.5	1.6	1.5	1.5
家具・家事用品	4.8	2.1	2.0	2.2
被服・履物	4.1	2.6	2.8	2.9
保健・医療	2.6	1.6	1.4	1.5
交通・通信	4.0	3.1	2.1	2.0
教　育	5.2	3.8	3.4	4.1
教養・娯楽	4.2	3.3	2.6	2.6
その他の消費支出	4.6	2.5	3.1	3.2

（注）「下流」は5分位階級の最下位20%，「上流」は最上位20%。
＊「下流」がマイナスになるので計算できない。
データ源：上記年度の家計調査年報。

格差は広がっていない。食生活上の格差は消費支出格差よりもはるかに小さい。光熱・水道費、保健・医療、交通・通信についても、同じことが言える。また、家具・家事用品についてはほぼ消費支出格差と同じような格差で安定的に推移した。基礎的な生活局面については、消費者ほぼ同じような消費生活をおくっていた。

しかし、大きい格差を残したまま、安定成長期に入っても縮まらなかった費目がある。それは「教育」、「その他の消費支出」、「被服・履物」、「教養・娯楽」である。

これらのうちで、「教育」は貧富倍率がもっとも高い。「教育」はもっとも贅沢な消費費目になった。「教育」をこのように変質させた最大の理由は、学習塾など補助教育である。少なくと一九六〇年代頃までは、学習塾などに通わなくても、公立学校でまじめに勉強すれば、受験に成功することができた。しかし、公立学校の荒廃によって、小学校から学習塾に通わせ、私立の中・高校に通わなければ、最終的に良い大学に入学できないようになった。

図VI-5に示したように、補助教育は増加率がもっとも高い費目である。一人の子供の大学入学までの補助教育費や私立学校に通わせる費用を累積すれば、レクサスのような高級車を十分に買える金額になろう。このような投資をしても、それが成功するとは限らない。それはハイリターンであるが、リスクの高い投資信託を買うのに似ている。中流家庭の親が子供にしてやれることはそれぐらいしかない。しかし、「教育」の貧富倍率が最大であるということは、収入のより少ない家庭ではこのような投資をあきらめたことを示している。親ができることは、どのような教育環境でも子供がうまく育ってくれることを祈るだけである。

貧富の差は、「他の消費支出」、「被服・履物」、「教養・娯楽」にもある。これらの費目は外出行動にかかわるという点で共通している。「他の消費支出」はいわゆる社会的交際費を含んでいる。「被服・履物」は新ファッションなどを購入する費用に関連している。「教養・娯楽」の大きい費目は国内あるいは海外の旅行である。主婦もパートや共稼ぎに出て、食生活など基礎的な生活局面の人並み化を支えている家庭では、これらの費目にまで支出する余裕は少ない。

表VI-2は家計の資産ストックからみた格差が拡大していることを示している。まず、平均消費支出でみる格差以上の格差が、自由裁量支出では出始めたということである。それは居住住宅が持ち家であるかどうかによって生み出された格差である。所得階級で「下流」や「中の下」など所得が下位四〇%に入る世帯は持ち家率が少なく、消費支出に占める家賃・地代費率は、より上層の所得階級に比べて高くなる。「家賃・地代」は食料費とともに必需費目であり、自由裁量所得を減少させる。

安定成長期でも、地価は上昇し続けた。このため、図VI-7にみるように、所得が高い階級の地代・家賃比率はそれほど変化しなかったが、「下流」や「中の下」階級の家賃・地代費率は上昇し始めた。それだけではない。持ち家を持つ階級では地価上昇によって持ち家の資産価値が上昇した。

図Ⅵ-7　所得（年間収入）階級別にみた消費支出に占める家賃・地代の比率

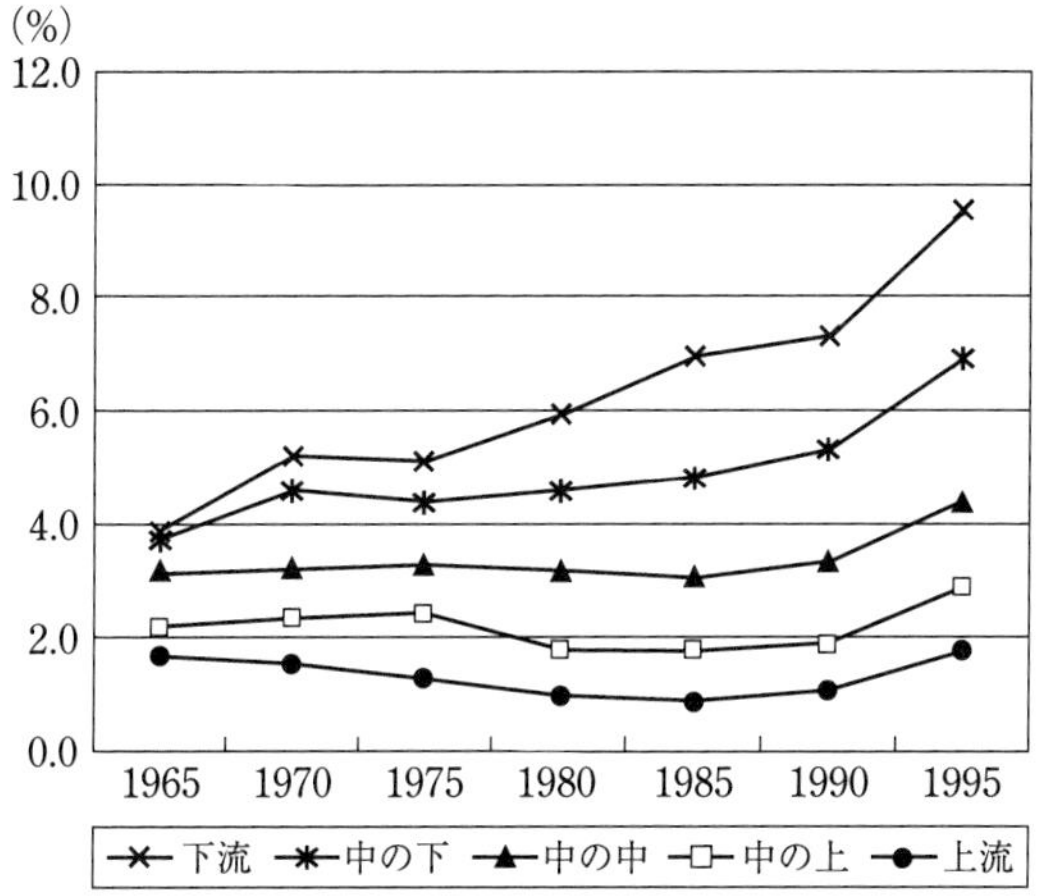

データ源：各年度の「家計調査年表」より作成。

それが心のゆとりを生み出した。しかし、持ち家のない「下流」や「中の下」階級では、地価上昇のこのような恵みにあずかることはできなかった。

さらに、貧富の格差は金融資産の純増格差によって年々累積していった。「上流」と「下流」では、ほぼ四倍以上の格差がある。これが長年にわたって累積すると、金融資産の大きい格差を生み出すことになる。誰でも加齢によっていずれ定年を迎え働けなくなる。公的年金は老後に豊かな生活をおくるのには十分ではない。

老後生活が豊かにおくれるかどうか。経済面だけに絞って言えば、持ち家であるかどうかと蓄積した金融資産の大きさによる。安定成長期は年々の基礎的な消費生活における貧富の差をなくしたが、長期的にみると、やがて来る老後生活での貧富の大きい格差を年々生み出していったのである。これについての危惧は中年層にまで拡がっていった。しかし、衣食での人並み水準は、相対的に下流の消費者でも維持され続けた。

イソップ寓話「蟻とキリギリス（原著はセンチコガネ）」(31)で、夏を楽しく暮らすキリギリスは冬期の食物不足を心配していなかった。安定成長期における相対的に下流の消費者は、冬の到来を心配しながらも、夏を人並みに楽しく暮らそうとしたキリギリスであった。冬が来たとき、イソップ寓話と同じように、食物を与えてくれる蟻が現れるだろうか。

注記

I

（1）石井寛治、『日本経済史、第二版』、東京大学出版会、一九九一年。

（2）W. Sombart, *Luxus und Kapitalismus*, 1922（W・ゾンバルト、金森誠也訳、『恋愛と贅沢と資本主義』、論創社、一九八七年）、第一章参照。

（3）『女大学宝箱』、一七一六年、石川松太郎編、『女大学集』、東洋文庫、一九七七年所収。

（4）鬼頭　宏、『人口から読む日本の歴史』、講談社学術文庫、二〇〇〇年。

（5）F・ブローデル、村上光彦訳、『物質文明・経済・資本主義　一五―一八世紀、I―1日常性の構造1』、第一章、みすず書房、一九八五年。

（6）山川菊榮、『武家の女性』、岩波文庫、一九八三年。

（7）一石を〇・九両、一両を四万円として換算した。石高を現在の賃金水準に換算するには、江戸特定期と現在の、米価、大工の手間賃など賃金、あるいはそば代金などの物品価格を使って行われる。しかし、江戸期と現在では生活内容が異なり、また米価、賃金水準、物品価格も時期によって大きく変動するから、この換算計算は難しい問題であり、大雑把な目安に過ぎない。日本銀行金融研究所貨幣博物館のホームページでは、米貨換算で一両を約四万円としている。しかし、この米貨換算での一両の値打ちも、江戸初期では一〇万円、中～後期では三から五万円、幕末では三～四千円と大きく変動する。江戸中期の一両は、換算ベースを大工の手間賃にすると三〇～四〇万円になり、そば代金にすると一二～一三万円になる（http://www.imes.boj.or.jp/cm/htmls/feature_faq.htm # question1）。また、磯田道史、『武士の家計簿：『加賀藩御算用者』の幕末維新』、新潮新書、二〇〇三年には、別の換算計算がある。

（8）山本常朝、『葉隠』、一七一六年頃、岩波文庫（上）、（中）、（下）、一九四〇―四一年。奈良本辰也・駒　敏郎訳、

『葉隠Ⅰ・Ⅱ』、中公クラシックス、二〇〇六年。
(9) R・N・ベラー、池田　昭訳、『徳川時代の宗教』、岩波文庫、一九九六年。
(10) 同上書。
(11) 石川松太郎編、前掲書。
(12) R・N・ベラー、池田　昭訳、前掲書。
(13) 石田梅岩、『都鄙問答』、一七三九年、岩波文庫、二〇〇七年、における「巻の四　或人、主人の行状ノ是非ヲ問ノ段」を参照。
(14) R. Williams, *Keywords : A Vocabulary of Culture and Society*, Fontana, 1976.
(15) 山本常朝、前掲書、奈良本辰也・駒敏郎訳、前掲書。
(16) この訳文はウィキペディア「武家諸法度」による。
(17) N. McKendrick, J. Brewer and J. H. Plumb, *The Birth of a Consumer Society : The Commercialization of Eighteenth-Century England*, Indiana University Press, 1982.
(18) カーライル、石田憲次訳、『衣服哲学』、岩波文庫、一九四六年。
(19) 山川菊榮、前掲書、五七頁。
(20) 大岡敏昭、『幕末下級武士の絵日記：その暮らしと住まいの風景を読む』、相模書房、二〇〇七年。
(21) 山川菊榮、前掲書。
(22) 大岡敏昭、前掲書には、忍藩十万石の下級武士、尾崎石城の「石城日記」に描かれた料亭での交友絵図が紹介されている。
(23) 渡辺尚志、『百姓たちの江戸時代』、ちくまプリマー新書、二〇〇九年。
(24) 津田左右吉、『文学に現はれたる我が国民思想の研究（五）』、岩波文庫、一九七八年、三六頁以下。
(25) 同上書。

(26) 正親町町子、『松陰日記』、一六八五―一七一〇年、増淵勝一訳、『柳沢吉保側室の日記―松陰日記』、国研出版、一九九九年。

(27) T. B. Veblen, *The Theory of the Leasure Class : An Economic Study in the Evolution of Institutions*, 1889.（高哲男訳、『有閑階級の理論』、ちくま学芸文庫、一九九八年）

(28) 正親町町子、増淵勝一訳、前掲書、三五頁。

(29) R. Benedict, *The Chrysanthemum and The Sword*, Houghton Mifflin, 1946.（長谷川松治訳、『菊と刀：日本文化の型』、現代教養文庫、一九六七年）

(30) 正親町町子、増淵勝一訳、前掲書、四一頁。

(31) モースはこのメカニズムを贈与交換分析の中心に置いている。（M・モース、吉田禎吾・江川純一訳、『贈与論』、一九二五年、ちくま学芸文庫、二〇〇九年。）また、南　智恵子、『ギフト・マーケティング』、千倉書房、一九九八年、参照。

(32) 磯田道史、前掲書。

(33) 同上書。

(34) 喜田川守貞著、宇佐美英機校訂、『近世風俗志（一）（守貞謾稿《もりさだまんこう》）』、幕末頃執筆か。岩波文庫、一九九六年、一八六頁。

(35) 江戸時代の都市人口については、ウィキペディア　フリー百科事典「近代以前の日本の都市人口統計」に種々な歴史研究の成果がその出典とともに要約されていて便利である。

(36) 齋藤誠治、「江戸時代の都市人口」、『地域開発』、九月号、一九八四年。

(37) 内藤　昌、「江戸―その築城と都市計画―」、『月刊文化財』（一七五号）、一五―二九頁。一九七八年。内藤　昌、『江戸の町』、草思社、一九八二年。内藤　昌、「都市構造における職人町のありかた」、『歴史公論』、九巻（八号、通巻九三号）、七六―八二頁、一九八三年による、「江戸の住区別面積の変遷と諸都市の住区別面積」、ウィキペディア、

「近代以前の日本の都市人口統計」に所載。

(38) 一七七〇年の庄内藩の江戸在住者は、家中一〇、六七六人のうち五七八人、一八〇五年の津和野藩では家中五、四六四人のうち二七二人が江戸在住であった。武家の平均家族数を六人弱、家長が江戸に単身赴任するものとすれば、家長総数に占める江戸在住者の比率は庄内藩三一%、津和野藩三〇%になる。（ウィキペディア、同上書）

(39) 石川英輔、『雑学「大江戸庶民事情」』、講談社文庫、一九九八年、六一頁。

(40) 喜田川守貞著、宇佐美英機校訂、前掲書。

(41) 同上書、二〇五—二〇六頁。

(42) 武光　誠、『大坂商人』、ちくま新書、二〇〇三年。

(43) 井原西鶴、『日本永代蔵』、一六八八年、暉峻康隆訳・注、小学館ライブラリー、一九九二年。

(44) G・バタイユ、生田耕作訳、『呪われた部分』、二見書房、一九七三年。

(45) 武光　誠、前掲書、一〇六頁。

(46) 井原西鶴、前掲書、一〇九頁。

(47) 同上書、一〇〇頁。

(48) 同上書、四一頁。

(49) 井原西鶴、輝峻康隆訳、『世間胸算用』、一六九二年、小学館ライブラリー、一九九二年、一九頁。

(50) 同上書。

(51) N. McKendrick, J. Brewer and J. H. Plumb, *op. cit.*, W・ゾンバルト、前掲書。

(52) G. Simmel, "Fashion", *International Quartely*, X, October, 1904, reprinted in *The American Journal of Sociology*, Vol. LX II, No. 6, 1957.

(53) 『女大学宝箱』、前掲書。

(54) 小野武雄、『吉原と島原』、講談社学術文庫、二〇〇二年。

(55) 近松門左衛門、『心中天の網島』、諏訪春雄訳注、『曽根崎心中、冥土の飛脚、心中天の網島』、角川ソフィア文庫、平成一九年、八五頁。
(56) 九鬼周造、『「いき」の構造』、一九三〇年、講談社学術文庫、二〇〇三年。
(57) 井原西鶴、吉行淳之介訳、『好色一代男』、中公文庫、一九八四年。
(58) 武光　誠、前掲書。
(59) 恩田　杢、笠谷和比古校訂、『新訂 日暮硯』、岩波文庫、一九八八年。
(60) 津田左右吉、前掲書、一五五頁。
(61) 中野孝次、『清貧の思想』、草思社、一九九二年、文春文庫、一九九六年。
(62) A. H. Maslow, "A Theory of Human Motivation", *Psychological Review*, 50, 1943, 370-396.
(63) 中野孝次、前掲書。

II

(1) 富永健一、『日本の近代化と社会変動』、講談社学術文庫、一九九〇年。
(2) 川島武宜、『日本社会の家族的構成』、岩波現代文庫、二〇〇〇年。
(3) 柳田国男、『明治大正史 世相編』、一九三一年、中公クラシックス、二〇〇一年。とくに第一〇章参照。
(4) 川島武宜、前掲書。
(5) 石井寛治、『日本経済史 第二版』、東京大学出版会、一九九一年。
(6) 同上書、表25、26。
(7) 週刊朝日編、『値段史年表：明治・大正・昭和』、朝日新聞社、一九八八年。
(8) 同上書。
(9) 石井寛治、前掲書。

(10) 樋口一葉、高橋和彦訳、『樋口一葉日記』、アドレエー、一九九三年、三五七頁。
(11) F・エンゲルス、マルクス=エンゲルス全集刊行委員会訳、『イギリスにおける労働者階級の状態』一、二、国民文庫、大月書店、一九七一年。
(12) 渡辺京二、『逝きし世の面影』、平凡社ライブラリー、二〇〇五年。
(13) 石井寛治、前掲書、一二〇頁、表16参照。
(14) 同上書、一六〇、一三三頁。
(15) 総務省統計局、「長期統計系列」(http://www.stat.go.jp/data/chouki/zuhyou/07-01-a.xls) のデータより計算。
(16) 横山源之助、『日本の下層社会』、一八九九年、岩波文庫、一九四九年、二九〇頁。
(17) 同上書、三〇八頁。
(18) 小林多喜二、『不在地主』、一九二九年、青空文庫 (http://www.aozora.gr.jp/)。
(19) 横山源之助、前掲書、岩波文庫、三〇七頁。
(20) 小林多喜二、前掲書。
(21) 矢部洋三ほか編著、『現代日本経済史年表 一八六八~二〇〇六年』、日本経済評論社、二〇〇八年、三四頁の表による。
(22) 石井寛治、前掲書。
(23) 柳田国男、前掲書、三〇六頁。
(24) 本節に現れる年度資料は、主として下川耿史・家庭総合研究会編、『明治・大正家庭史年表』、河出書房新社、二〇〇〇年による。
(25) 兼好法師、西尾　実・安良岡康作校注、『新訂 徒然草』、岩波文庫、一九八五年。原著は一三三一年頃か。
(26) 篠田鉱造、『明治百話 (下)』、一九三〇年、岩波文庫、一五五頁。
(27) 柳田国男、前掲書、三八頁。

(28) 以上の年度は、下川耿史・家庭総合研究会編、前掲書による。
(29) 樋口一葉、前掲書。
(30) 今　和次郎、『東京銀座街風俗記録』、一九二五年、今　和次郎（藤森照信編）、『考現学入門』、ちくま文庫、一九八七年所収。
(31) 「東京府統計書」、下川耿史・家庭総合研究会編、前掲書、掲載による。
(32) 週刊朝日編、前掲書。
(33) 假名垣魯文、『牛店雑談 安愚楽鍋』、一八七一年、岩波文庫、一九六七年。
(34) 森　鷗外全集第一巻、筑摩書房、一九五九年所収。
(35) 柳田国男、前掲書、第二章。
(36) 同上書。
(37) 同上書。
(38) 下川耿史・家庭総合研究会編、前掲書、掲載による。
(39) 篠原三代平、『長期経済統計 個人消費支出』、東洋経済新報社、一九六七年、表2-6参照。
(40) 横山源之助、前掲書、四九頁。
(41) 下川耿史・家庭総合研究会編、前掲書、三六五頁のデータより計算。
(42) 週刊朝日編、『値段史年表　明治・大正・昭和』、一九八八年。
(43) 鈴木牧之編撰、『北越雪譜』、一八三七〜一八四一年、ワイド版岩波文庫、一九九一年。
(44) 兼好法師、前掲書、第五十五段。
(45) 「府県産物表」、下川耿史・家庭総合研究会編、前掲書、掲載による。
(46) 永井荷風、『洋服論』、一九一六年、『荷風随筆集（下）』、岩波文庫、一九八六年に所収。
(47) 槌田満文、『明治大正風俗事典』、一九七九年、角川選書。

(48) 篠原三代平、前掲書、表3-9参照。
(49) 同上書、表3-8参照。
(50) 山田盛太郎、『日本資本主義分析』、一九三四年、岩波文庫、一九七七年。
(51) たとえば、横山源之助、前掲書、農商務省商工局編、『職工事情』、一九〇三年、犬丸義一校訂、『職工事情』上、中、下、岩波文庫、一九九八年。細井和喜蔵、『女工哀史』、一九二五年、岩波文庫、一九八〇年。井上貞蔵、『商業使用人問題の研究』、一九三七年、千倉書房、などを参照。
(52) 労務者を最大一人雇用するとしても、労務者を雇用できない業主数の割合は、(52.6-34.7)/52.6=34になる。

III

(1) 河上　肇、『貧乏物語』、一九一六年、岩波文庫、四七版、一九七八年。
(2) 横山源之助、『日本の下層社会』、一八九九年、岩波文庫、一九四九年。
(3) 長塚　節、『土』、一九一〇年、新潮文庫、一九五〇年。
(4) 屑屋金太郎談、幸徳秋水筆記、「世田ヶ谷の襤褸市」、平民新聞、一九〇三年一二月、中川　清編、『明治東京下層生活誌』、岩波文庫、一九九四年所収。
(5) 下川耿史・家庭総合研究会編、『明治・大正家庭史年表』、河出書房新社、二〇〇〇年、八五頁。
(6) 『第一回東京市統計年表』、一九〇一年。
(7) 小林多喜二、『争われない事実』、一九三一年、青空文庫 (http://www.aozora.gr.jp/)。
(8) 平出鏗二郎、『東京風俗志』、一八九九~一九〇二年、復刻版、八坂書房、一九九一年のデータより算出。
(9) 桜田文吾、『貧天地飢寒窟探検記 抄』、一八九〇年、幸徳秋水『東京の木賃宿』、一九〇四年、中川　清編、前掲書所収。
(10) 幸徳秋水、『東京の木賃宿』、一九〇四年、中川　清編、前掲書所収、二一三頁。

(11) 横山源之助、『下層社会の新現象 共同長屋』、一九〇三年、中川　清編、前掲書所収。
(12) 著者不詳、『東京の貧民』、一八九六年、中川　清編、前掲書所収。
(13) 横山源之助、『共同長屋探検記』、一九一一年、中川　清編、前掲書所収。
(14) 松原岩五郎、『最暗黒の東京』、一八九三年、岩波文庫、一九八八年。著者不詳、「昨今の貧民窟」、一八九七年、中川　清編、前掲書所収。
(15) 松原岩五郎、前掲書。著者不詳、同上書所収。
(16) 呉　文聰、『東京府下貧民の状況』、一八九一年、中川　清編、前掲書所収。
(17) 細井和喜蔵、『女工哀史』、一九二五年、岩波文庫、一九五四年、二〇五頁。
(18) 同上書、二一二頁。
(19) 同上書、七〇頁。
(20) 同上書、一七九頁。
(21) 井上貞蔵、『商業使用人問題の研究』、千倉書房、一九三六年。
(22) 志賀直哉、『小僧の神様』、一九二〇年、『小僧の神様―他十篇』、岩波文庫、改訂版、二〇〇二年に所収。
(23) 横山源之助、前掲書、一八九九年、二六三頁の事例による。
(24) 他の産業でも、労働者の生活状況はきわめて似かよっていた。犬丸義一校訂、『職工事情』(中)、岩波文庫、一九九八年における各産業職工の住居、生活に関する諸章を参照。
(25) 徳富健次郎、『みみずのたわごと』、一九一三年、岩波文庫(上)(下)、一九七七年。
(26) 路地の風景の詳細は、永井荷風、『日和下駄 一名 東京散策記』、一九一五年、『荷風随筆集(上)』、岩波文庫、一九八六年。
(27) 同上書。
(28) 田山花袋、『東京の三十年』、一九一七年、岩波文庫、一九八一年。

(29) 篠田鉱造、『明治百話』、一九三〇年、岩波文庫（上、下）、一九九六年の『明治の質素倹約風』の項を参照。
(30) 同上書、二二三頁。
(31) 永井荷風、『銀座』、一九一一年。『荷風随筆集（上）』、岩波文庫、一九八六年に所収。
(32) 同上書。
(33) 銀座文化史学会編、『明治三五年銀座の住人：『東京京橋区銀座付近戸別一覧図』より』、銀座文化研究 第二号、一九八七年九月号。
(34) 鈴木安昭、『昭和初期の小売商問題』、日本経済新聞社、一九八〇年。
(35) 柳田国男、『明治大正史 世相編』、一九三一年、中公クラシックス、二〇〇一年、三一四頁以下参照。
(36) 初田 亨、『百貨店の誕生』、一九九三年、ちくま学芸文庫、一九九九年。吉見俊哉、『都市のドラマトゥルギー 東京・盛り場の社会史』、河出文庫、二〇〇八年。
(37) 寺田寅彦、『銀座アルプス』、一九三三年、青空文庫（http://www.aozora.gr.jp/）
(38) 同上書。
(39) 篠田鉱造、『明治百話』、一九三一年、岩波文庫（下）、一九九六年、二二八頁。
(40) 寺田寅彦、前掲書。
(41) 柳田国男、前掲書、三一五—三一六頁。
(42) 初年度からn年経過した年度の間の成長年率は、（n年度商店数／初年度商店数）$^{1/n}$—1で計算する。
(43) 南 博＋社会心理研究所、『大正文化 一九〇五—一九二七』、勁草書房、一九六五年。
(44) 今 和次郎、『東京銀座風俗記録』、一九二五年、今 和次郎（藤森昭信編）、『考現学入門』ちくま文庫、一九八七年所収。
(45) 宣言内容については、神野由紀、『趣味の誕生：百貨店がつくったテイスト』、勁草書房、一九九四年、四八—四九頁に全文紹介がある。

（46）宣言当時の品揃えの内容の詳細は、向井鹿松、『百貨店の過去現在及将来』、同文舘、一九四一年、三八頁。
（47）同上書。
（48）南　博＋社会心理研究所、前掲書、一九六五年。
（49）神野由紀、前掲書。
（50）向井鹿松、前掲書、四一頁。
（51）下川耿史・家庭総合研究会編、前掲書、四〇七頁。
（52）週刊朝日編、『値段史年表：明治・大正・昭和』、朝日新聞社、昭和六三年。
（53）森　鷗外、『流行』、一九一一年、『森鷗外全集第二巻』、筑摩書房、一九五九年所収。
（54）W・ベンヤミン、今村仁司ほか訳、『パサージュ論Ⅰ：パリの原風景』、岩波書店、一九九三年。
（55）尾崎紅葉、『金色夜叉』、一九八七～一九〇二年、新潮文庫、一九六九年。
（56）『実業之日本』、一九一六年八月一五日号。
（57）白洲正子、『白洲正子自伝』、一九九一年、新潮文庫、一九九九年。
（58）P・ブルデュー、石井洋一郎訳、『ディスタンクシオンⅠ、Ⅱ』、藤原書店、一九九〇年。
（59）向井鹿松、前掲書。
（60）鈴木安昭、前掲書。

IV

（1）日本銀行調査、森永卓郎監修、『明治／大正／昭和／平成　物価の文化史事典』、展望社、二〇〇八年所収。
（2）竹内　宏、『昭和経済史』、筑摩書房、一九八八年。
（3）この運動の実施要項については、http://www.ndl.go.jp/horei_jp/kakugi/txt/txt00143.htm。
（4）谷崎潤一郎、『痴人の愛』、一九二四年。新潮文庫、一九四七年。

（5）福田敬太郎・本田　實、『生活必需品消費規正』、千倉書房、一九四三年。
（6）以下の諸例は、下川耿史・家庭総合研究会編、『昭和・平成家庭史年表　一九二六→二〇〇〇』、増補新訂、河出書房新社、二〇〇一年による。
（7）大川一司、『長期経済統計八　物価』、東洋経済新報社、一九八七年。
（8）向井鹿松、『百貨店の過去現在及将来』、同文舘、一九四一年、第一四章。
（9）同上書。
（10）三国一朗、『戦中用語集』、岩波新書、一九八五年。
（11）荒川祐吉、『戦時統制と中央卸売市場』、千倉書房、一九九〇年。風呂　勉、『第二次世界大戦　日米英流通史序説』、晃洋書房、二〇〇九年。
（12）福田敬太郎・本田　實、前掲書。
（13）同上書。
（14）中村隆英、『昭和経済史』、岩波現代文庫、二〇〇七年。
（15）野呂栄太郎、『日本資本主義発達史』、一九三〇年、岩波文庫、（上）（下）、一九八三年。山田盛太郎、『日本資本主義分析』、一九三四年、岩波文庫、一九七七年。
（16）中村隆英、前掲書、一八一―一八二頁。
（17）富永健一、『日本の近代化と社会変動』、講談社学術文庫、一九九〇年。
（18）総理府統計局、『消費者物価指数』、森永卓郎監修、『物価の文化史事典』、展望社、二〇〇八年所載。
（19）下川耿史・家庭総合研究会編、前掲書。
（20）同上書。
（21）山崎豊子、『暖簾』、一九五七年、新潮文庫、一九六〇年。
（22）下川耿史・家庭総合研究会編、前掲書。

（23）中村隆英、前掲書。

V

（1）W. W. Rostow, *The Stages of Economic Growth : A Non-Communist Manifesto*, Cambridge University Press, 1960（木村健康・久保まち子・村上泰亮訳、『経済成長の諸段階―一つの非共産主義宣言』、ダイヤモンド社、一九六一年）。

（2）G. Katona, *The Mass Consumption Society*, McGraw-Hill, 1964（南　博監修／社会行動研究所訳、『大衆消費社会』、ダイヤモンド社、一九六六年）。

（3）財務省貿易統計、「年別輸出入総額（確定値）」、http://www.customs.go.jp/toukei/suii/html/nenbet.htm より計算。

（4）厚生労働省職業安定局雇用政策課、『新規学卒者の労働市場』。

（5）厚生労働省、『毎月勤労統計調査』。

（6）アクロス編集室編、『ストリート ファッション 一九四五―一九九五』、パルコ出版、一九九五年。

（7）世相風俗観察会編、『現代風俗史年表』、河出書房新社、一九九九年。

（8）田村正紀、『マーケティング力』、千倉書房、一九九六年。

（9）広告効果の一例としては、田村正紀、『マーケティング・メトリクス』、日本経済新聞社、二〇一〇年。

（10）電通、「広告景気年表」、http://www.dentsu.co.jp/marketing/adnenpyo/index.html の総広告費データ参照。

（11）日本住宅公団、『住宅公団の成立』、水牛くらぶ編集、『モノ誕生『いまの生活』』、晶文社、一九九〇年所収。

（12）布野修司、『住の六〇年代』、水牛くらぶ編集、前掲書、所収。

（13）石橋信夫、『ミゼットハウス』、水牛くらぶ編集、前掲書、所収。

（14）以上の価格、性能情報については、森永卓郎、『明治・大正・昭和・平成、物価の文化史事典』、展望社、二〇〇八年、参照。

(15) 三菱電機社史（六〇周年）、一九八二年。三菱電機『クーラー』として、水牛くらぶ編集、前掲書、所収。

(16) 当該年度の『家計調査年報』。

(17) 同上書。

(18) 下川耿史・家庭総合研究会編、『昭和・平成家庭史年表 一九二六→二〇〇〇』、増補新訂、河出書房新社、二〇〇一年。

(19) 同上書。

(20) 鴨居羊子、『下着ぶんか論』、中央公論、一九五七年六月号、『下着革命』として、水牛くらぶ編集、前掲書、所収。

(21) W・ベンヤミン、野村　修訳、『複製技術時代の芸術作品』、多木浩二、『ベンヤミン「複製時代の芸術作品」精読』、岩波現代文庫、二〇〇〇年、に所収。

(22) H. Leibenstein, "Bandwagon, Snob, and Veblen Effects in the Theory of Consumer Demand", *Quarterly Journal of Economics*, 64, May 1950.

(23) オルテガ、寺田和夫訳、『大衆の反逆』、中公クラシックス、二〇〇二年。

(24) 鎌倉　昇、『消費者ローン』、中公新書、一九六六年。

(25) 中内　㓛、『わが安売り哲学』、日本経済新聞社、一九六九年。新装版、千倉書房、二〇〇七年。

VI

(1) 中村隆英、『昭和経済史』、岩波現代文庫、二〇〇七年。

(2) N. D. Glenn, *Cohort Analysis*, Second Edition, Sage Publications, 2005.

(3) 文部科学省生涯学習政策局調査企画課『文部科学統計要覧』。

(4) 総務省統計局統計調査部国勢統計課『国勢調査報告』。

（5）豊中市、『昭和六一年度　消費者買物行動調査結果報告書』、一九八七年。
（6）豊中市、『平成元年度　消費者買物行動調査結果報告書』、一九九〇年。
（7）国民生活研究所編、『国民生活統計年報　昭和四五年版』、一九七〇年、第四八表。
（8）豊中市、『昭和五五年度　消費者買物行動調査結果報告書』、一九八一年。
（9）下川耿史・家庭総合研究会編、『昭和・平成家庭史年表　一九二六→二〇〇〇』、増補新訂、河出書房新社、二〇〇一年。
（10）J・ラカン、宮本忠雄・関　忠盛訳、『家族複合』、哲学書房、一九八六年。新宮一成、『ラカンの精神分析』、講談社現代新書、一九九五年。福原泰平、『ラカン―鏡像段階』、講談社、一九九八年。
（11）山崎正和、『柔らかい個人主義の誕生』、一九八四年、中央公論社。上野千鶴子、『増補〈私〉探しゲーム』、ちくま学芸文庫、一九九二年。
（12）M. Sahlins, *Culture and Practical Reasons*, The Uiversity of Chicago Press, 1976（山内ひさし、『人類学と文化記号論』、法政大学出版局、一九八七年）、G. D. McCracken, *Culture and Consumption : New Approaches to the Symbolic Character of Consumer Goods and Activities*, Indiana University Press, 1990（小池和子訳、『文化と消費とシンボルと』、勁草書房、一九九〇年）。
（13）田中康夫、『なんとなくクリスタル』、一九八一年、新潮文庫、一九八五年。
（14）T. Levitt, *The Marketing Imagination*, The Free Press, 1983（土岐　坤訳、「マーケティング・イマジネーション」、ダイヤモンド社、一九八四年）。
（15）該当年度の『家計調査年報』。
（16）同上書。
（17）該当年度の『国勢調査』。
（18）法務省資料に基づく国土交通省総合政策局観光部集計。

(19)　田村正紀、『バリュー消費』、日本経済新聞社、二〇〇六年。
(20)　日本ショッピングセンター協会の資料（http://www.jcsc.or.jp/data/index.html）より計算。
(21)　田村正紀、『大型店問題』、千倉書房、一九八一年。
(22)　MCR統計、金顕哲、『コンビニエンス・ストア業態の革新』、有斐閣、二〇〇一年。
(23)　http://www.consumer.go.jp/seisaku/shohisha_dantai/2004dantai/file/hyou2.csv
(24)　田村正紀、『現代の流通システムと消費者行動』、日本経済新聞社、一九七六年。
(25)　国民生活センター編、『戦後消費者運動史』、一九九七年。
(26)　豊中市、「消費者買物行動調査結果報告書」、昭和五五、五八、六一年、平成元年の各版。
(27)　J. K. Galbraith, *The Affluent Society*, Houghton Mifflin, 1958（鈴木哲太郎訳、『豊かな社会』、岩波書店、一九六〇年）。
(28)　田村正紀、（一九七六年）前掲書。
(29)　博報堂生活総合研究所、『「分衆」の誕生―ニューピープルをつかむ市場戦略とは』、日本経済新聞社　一九八五年。藤岡和賀夫、『さよなら、大衆―感性時代をどう読むか』、PHP文庫、一九八七年。
(30)　小沢雅子、『新「階層消費」の時代』、日本経済新聞社、一九八五年。
(31)　中務哲郎訳、『イソップ寓話集』、岩波文庫、一九九九年。

【イラストの原画出典一覧】

I

❖行商人：喜田川守貞著・宇佐美英機校訂，『近世風俗史（一）』岩波文庫，1996をもとに描画

❖談笑する客と遊女：永井義男，『図説 吉原入門』学研，2008をもとに描画　原図は『北里十二時』（文化年間）

II

❖小作人：横山源之助，『日本の下層社会』岩波文庫，1949をもとに描画

❖着物の作りと部分名称：清紅株式会社資料をもとに作図

❖牛鍋屋：假名垣魯文，『牛店雑談安愚楽鍋』，1967をもとに描画

III

❖三越のパンフレット（今日は帝劇，明日は三越／写真）：三越伊勢丹ホールディングス資料

❖木賃宿内部：『風俗画報』1898. 11. 10　紀田順一郎『東京の下層社会』ちくま学芸文庫，2000に再録をもとに描画

❖残飯屋：松原岩五郎，『最暗黒の東京』岩波文庫，1988をもとに描画

❖勧工場の外観と内部：kodokei.com「新橋大通」2011年１月11日アクセス　などをもとに描画

IV

❖贅沢は敵だ：inuyama-h.aichi-c.ed.jp　2011年１月11日アクセスをもとに描画

❖日本人ならぜいたくは出来ない筈だ！：http://heiwa.yomitan.jp/4/3357.html　2011年１月11日アクセスをもとに描画

❖戦後のヤミ市：『大阪市100年』掲載の写真をもとに描画

執筆者紹介
神戸大学名誉教授　商学博士
専攻　マーケティング・流通システム
著書『マーケティング行動体系論』千倉書房　1971年
『消費者行動分析』白桃書房　1972年
『小売市場構造と価格行動』千倉書房　1975年
『現代の流通システムと消費者行動』日本経済新聞社　1976年
『大型店問題』千倉書房　1981年
『流通産業・大転換の時代』日本経済新聞社　1982年
『日本型流通システム』千倉書房　1986年（日経・経済図書文化賞）
『現代の市場戦略』日本経済新聞社　1989年
『マーケティング力』千倉書房　1996年
『マーケティングの知識』日本経済新聞社　1998年
『機動営業力』日本経済新聞社　1999年
『流通原理』千倉書房　2001年（中国語訳，China Machine Press，2007年
朝鮮語訳，Hyung Seoul Publishing Co. 2008年）
『先端流通産業』千倉書房　2004年
『バリュー消費』日本経済新聞社　2006年
『リサーチ・デザイン』白桃書房　2006年
『立地創造』白桃書房　2008年
『業態の盛衰』千倉書房　2008年
『マーケティング・メトリクス』日本経済新聞出版社　2010年

消費者の歴史

2011年4月20日　初版第1刷発行

著作者　田村正紀
発行者　千倉成示
発行所　株式会社千倉書房
〒104-0031 東京都中央区京橋 2-4-12
Tel 03-3273-3931　Fax 03-3273-7668
http://www.chikura.co.jp/

イラスト・装丁　島　一恵

印　刷　シナノ書籍印刷
製　本　井上製本所

ISBN978-4-8051-0968-7